당신의 뇌는
서두르는
법이 없다

당신의 뇌는
서두르는
법이 없다

양은우 지음

뇌과학으로
일상의 조바심을 덜어내고
삶의 균형을 되찾는 습관

whale books

13년 세월을 함께해준

사랑하는 이슬이에게 이 책을 바친다.

나의 뇌를 보는 시간

육상선수 두 명이 출발점에 나란히 서 있다. 10,000미터 장거리 경기에 출전하는 선수들이다. 출발을 알리는 총소리가 울리고 두 선수가 나란히 결승점을 향해 달려 나간다. 그런데 무언가 이상하다. 한 선수가 달리는 트랙에는 장애물이 없이 평평한데, 다른 선수가 뛰는 트랙에는 허들과 웅덩이 같은 장애물이 도처에 널려 있다. 장애물이 있는 트랙을 뛰는 선수는 있는 힘을 다해 달리지만, 허들에 걸려 넘어지거나 웅덩이에 빠져 허우적거리다 보니 속도가 전혀 나지 않는다. 결국 제풀에 지쳐 쓰러진 채 시합을 포기하고 만다.

　조바심을 가지고 사는 것은 육상경기에서 장애물을 두고 달리는 것과 다를 바 없다. 빨리 달리고 싶어도 장애물에 걸려 속력이 나지 않거나 넘어져 그 자리에 주저앉을 수밖에 없다. 그것이 반복되다 보면 사는 것이 피곤하고 삶에서 오는 행복감이나 만족도를 느낄 수 없게 된다. 조바심은 여유로운 삶을 갉아먹는 좀과 같다.

　한 사람이 있었다. 지나온 삶을 돌아보면, 그는 늘 조바심에 치여 살았다. 직장 생활을 할 때나 회사를 그만두고 하고 싶은 일을 시작했을 때도, 무엇을 하든 늘 결과를 빨리 보고 싶은 조급한 마음과 원하는 대로 결과가 나오지 않으면 어쩌나 하는 불안감에 휩싸여 지냈다. 그러다 보니 삶은 늘 고단했고 힘들었다. 물질적 피해도 많았으며, 지름길로 가고 싶은 생각과는 달리 먼 길을 돌아가는 일이 잦았다. 조금 더 빨리 승진하고 싶은 마음에 회사를 옮겼지만 다른 동기나 후배에 비해 오히려 뒤처졌다. 남보다 더 빨리 경제적 안정을 얻기 위해서 투자했지만 그것으로 더욱 힘든 경제적 상황에 놓였다.

　그런 일이 반복될 때마다 그는 스스로 열심히 사는데도 삶이 왜 이리 퍽퍽한지 이해할 수 없다며 하소연하곤 했다. 세상과 주변 사람에 대한 원망이 쌓여갔고 시간이 지날수록 자기 자신을 지지리 운도 없고 인복도 없는 사람이라며 비하했다. 자존감은 찾기 힘들었고 삶 자체가 부정적이었다. 또한 사람과의 관계도, 삶에 대한 만족도도 낮았다.

　그러다 문득, 조금 더 빠르게 조금 더 일찍 성과를 손에 쥐고 싶은 조바심이 오히려 스스로 삶의 질을 떨어뜨리고 먼 길을 돌아가도록 하는 근본 원인임을 깨닫는다. 조급하고 초조한 마음이 인생을 느긋하게 즐기지 못하게 했으며, 삶을 날림으로 만들었다는 것을 알게 되었다. 만약 조바심이 없었다면 인생이 지금과 많이 달라졌을지도 모른다는 생각이 들었다. 그것은 값으로 치기 어려운 상당히 큰 수업료를 내고 얻은 귀중한 소득이었다.

이후 오랜 시간에 걸쳐 그는 자신을 다스리는 마음 훈련을 시작했다. 가장 큰 목표는 마음속에 깊숙이 자리 잡은 조바심의 뿌리를 뽑아내는 것이었다. 그 과정은 꽤 지루하고 힘들었지만, 마음 훈련을 반복하면 할수록 내면에서 조바심의 안개가 걷히는 것을 보았다. 지금은 완벽하지는 않지만 삶의 발목을 잡던 조바심에서 상당 부분 벗어났다.

이미 눈치챘겠지만 여기서 '그'는 바로 나 자신이다. 앞선 이야기는 다른 사람의 이야기가 아니라 내 이야기이다. 지금도 완벽하게 극복한 것은 아니다. 가끔씩 조바심에 시달리는 일이 있곤 하지만 조바심으로 점철되었던 과거에 비해서 지금은 상당한 변화를 이뤄냈다. 조바심이 날 때마다 지나간 과거를 통해 얻은 교훈으로 마음을 다스린다. 그것은 내 삶을 조금 더 여유 있게 이끌어주는 원동력이다. 완벽하지는 않지만 조바심의 실체를 바라보고 그것을 이겨내려는 마음이 나를 좀 더 만족스러운 삶으로 이끌어준다.

지나온 삶을 돌아보면서 이런 깨달음이 조금 더 일찍 찾아왔다면 내가 지금과는 많이 다르지 않을까 하는 아쉬움이 든다. 그 아쉬운 마음을 담아 나와 같이 습관적인 조바심에 시달리는 사람에게 똑같은 실수를 거듭하지 말라고 이야기를 건네고 싶다. 그것이 이 책을 쓴 동기이다.

이 책은 주로 조바심을 다스리는 방법에 초점을 맞추었다. 도입부에서는 조바심이 무엇이며 일상생활에서 어떤 모습으로 나타나는지, 그것이 삶을 어떻게 망가뜨리는지 개념적인 측면에서 다룬다. 더불어 조바심이 나타났을 때 즉각적으로 그것을 조절하는 인지행동치료 방법을 제시한다. 이후에는 조금 더 긴 호흡에서 조바심을 다스리는 방법을 보여준다. 자신감과 실행력을 높이고, 긍정적 사고와 자신만의 정체성을 확립하고, 해야 할 일과 일의 우선순위를 명확히 함으로써 서두르지 않고 조바심에서 벗어나는 방안을 제시한다. 조바심이라는 것이 일면으로는 뇌가 만들어내는 현상이므로, 내용 전반에 걸쳐 뇌과학 이론을 인용한다.

조바심에서 벗어나기까지 꽤 오랜 시간이 걸렸지만 나는 그 순간부터 몸을 얽매던 쇠사슬에서 풀려난 것 같았다. 진정한 삶의 자유를 찾은 느낌이었다. 이제는 웬만해서는 조바심을 내는 일이 없다. 내 삶도 느긋해졌고 정신적 여유도 되찾을 수 있게 되었다. 부디 이 책이 조바심에 시달리는 모든 사람이 삶의 자유를 찾고 인생의 밝은 면을 바라보는 데 조금이나마 도움이 되기를 기원한다.

목차

1장

일상을 위협하는
조바심이란?

조를 타작하는 일

정도의 차이는 있지만 사람은 조바심을 느끼곤 한다. 때로는 감당하기 힘들 정도로 심하게 느끼거나, 아니면 대수롭지 않게 여긴다. 하지만 조바심과 완전히 동떨어져서 살 수는 없다. 겉으로 느긋해 보이고 여유 있게 행동하는 사람이라도 상황에 따라서는 조바심의 포로가 된다. 그 정도를 과학적으로 측정해본 것이 아니어서 장담하기는 어렵지만, 현대인치고 조바심에서 자유로운 사람은 별로 없을 것이다. 그만큼 우리 삶은 조바심에 빠지기 쉬운 환경에 처해 있다.

조바심이란 무엇일까? 한 번도 깊이 있게 생각해본 적이 없을 것이다. 조바심은 해야 할 일이 있을 때 그것을 잘하고 싶지만 제대로 되지 않을 것 같아 초조와 불안을 느끼는 일을 일컫는다. 사전적 정의는 '조마조마하여 마음을 졸임, 또는 그렇게 졸이는 마음'이다. 하지만 이 정의만으로는 개념이 불명확하다.

다시 '조마조마'의 뜻을 찾아보면 '닥쳐올 일에 대해 염려가 되어 마음이 초조하고 불안한 모양'이라고 되어 있다. 이 둘을 합쳐보면 조바심이란 '미래에 벌어질 일에 대해 뜻대로 되지 않을까 염려되어 마음이 초조하고 불안한 모양'이라고 할 수 있다. 원하는 대로 일이 잘 풀리지 않거나 지나치게 서둘러서 마음이 불편해지는 것이다.

조바심이라는 말은 그 유래가 뜻밖에도 곡식을 떠는 일과 관련되어 있다. 사전에서 정의하는 의미와는 상당히 다르다. 조바심은 '조'와 '바심'의 결합어이다. 알다시피, '조'는 곡식을 말한다. '바심'은 요즘에는 쓰이지 않아 낯설지만 타작을 뜻하는 순우리말이다. 이삭을 떨어서 낟알을 거두어들이는 일이 바심이다. 결합하자면, 조바심은 '조를 타작하여 낟알을 거두어들인다'는 뜻이다.

그런데 왜 조를 타작하는 일이 조마조마한 마음을 일컫는 말이 되었을까? 조는 꼬투리가 질겨서 이삭을 떠는 것이 쉽지 않다. 깨알보다 작은 낟알이 달아날까 지나치게 조심하여 힘을 주지 않으면 이삭이 떨어지지 않고, 반면에 힘을 지나치게 주면 깨알보다 작은 낟알이 엉뚱한 곳으로 날아갈 수 있다. 다른 농작물과는 달리 조를 타작할 때는 힘이 갑절로 들 뿐만 아니라 낟알도 잘 떨어지지 않아 마음이 급해질 수밖에 없다. 의도한 대로 알곡이 수확되지 않으면 어쩌나 우려가 되는 것이다.

여기에서 '조마조마하여 마음을 졸인다'는 의미로 조바심이라는 단어가 탄생했다.

조바심이 생기는 경우

우리는 주로 어떤 경우에 마음이 조마조마해질까? 조바심을 느끼는 상황을 몇 가지 예로 들어보자.

- 대학 입시를 앞두고 시험은 다가오는데, 아직 공부해야 할 것이 많을 때. 특히나 친구들과 비교하여 자신이 더 뒤처졌다는 생각이 들고 원하는 대학에 입학하기 어렵다고 여겨질 때.
- 요즘처럼 취업이 어려운 시기에 대학을 졸업하고 무직자로 지내는 기간이 길어질 때. 하루라도 빨리 취업해서 경제적인 문제를 스스로 해결해야 하지만 현실적인 돌파구는 보이지 않고 주위 사람의 시선이 따갑게 느껴질 때.
- 잘 다니던 직장을 그만두거나 여러 가지 이유로 직장에서 해고되어 경제활동이 중단되었을 때. 먹고사는 일이 막막하게 느껴져 서둘러 무언가를 해야겠다고 생각하지만, 생각처럼 일이 잘 풀리지 않을 때.
- 친구 혹은 같이 입사한 동료가 나보다 빨리 승진하거나 능력 있는 사람으로 인정받는 것을 볼 때.
- 사랑하는 사람과 결혼하고 싶은데 상대방이 미지근한 반응을 보일 때.
- 몸담은 직장을 떠나 조금 더 적성에 맞는 일을 찾고 싶지만 마음대로 되지 않을 때.
- 어렵사리 여윳돈을 모아 주식에 투자했는데 생각처럼 주가가 오르지 않거나, 경기가 나빠지면서 오히려 주가가 내려갈 때.
- 꼭 사야 하는 물건이 있지만 당장은 구매할 여력이 없어 경제적 여유가 생

길 때까지 기다려야만 할 때.

- 학교에서 돌아올 시간이 훨씬 지났는데도 아이가 집에 오지 않을 때.
- 강의 시작 시간까지 강의실에 도착하지 못할 것 같을 때.
- 사업상 중요한 약속이 있는데, 막히는 도로 때문에 시간을 지키지 못하여 거래가 틀어질까 우려될 때.
- 월말이나 연말이 다가오는데 정해진 목표를 달성하지 못할 것 같을 때.

누구나 이런 상황이라면 조바심을 느낄 것이다. 이 외에도 일상생활에서 조바심을 느끼는 경우는 수도 없이 많다. 모든 경우를 나열하자면 한도 끝도 없을 정도이다. 이제 공통점을 찾아보자.

우선은 무언가 해야 할 것 혹은 하고 싶은 것이 있다. 외부적 요인에 의해 강제적으로 하든, 내부적인 동기에 의해 자발적으로 하든 해결해야 하는 일 혹은 달성하려는 목표가 있다. 해야 할 일이 없다면 마음이 조마조마할 이유도 없다. 해야 할 일 혹은 하고 싶은 일이 있기 때문에 마음을 졸이는 것이다.

두 번째는 일이 잘못될 것을 우려하는 마음이다. 대학 입시, 승진, 전직, 결혼, 투자, 아이의 귀가, 마음에 드는 물건 구매, 약속 시간, 실적 등 의도한 목표와 실제 결과가 다르게 나타날 것으로 예상되면 마음이 조마조마하다. 하려던 일이 계획대로 잘 진행된다면 걱정할 이유가 하등 없다.

세 번째는 시간적 제약이나 압박을 느끼는 것이다. 일을 끝내야 할 시간 혹은 무언가를 시작해야 할 시간이 다가오는데 그 시간을 맞출 수 없을 것 같고, 그로 인해 결과가 틀어질 것 같을 때 초조한 마음이 생긴다. 데드라인이나 시작 시간이 정해지지 않은 일이라면 언제라도 시작하고 끝낼 수 있으니 굳이 초조할 이유가 없다.

정리하면 공통 요인은 다음과 같다.

- 해야 할 일 또는 하고 싶은 일이 있다.
- 일이 잘못될까 우려하는 마음이 든다.
- 시간적 제약이나 압박을 느낀다.

이 세 가지를 종합해본다면, 조바심은 해야 할 일 또는 이루고 싶은 일이 있으나 시간의 제약이나 압박으로 결과가 잘못될 것을 우려하는 상황에서 나타난다. 단순히 성격이 급해서 또는 인내심이 부족해서 나타나는 현상이 아니다.

조바심과 조급함의 차이

조바심과 조급함은 같은 뜻일까? 언뜻 생각하면 두 단어는 같은 뜻이라고 여길 수 있지만, 엄밀하게 따지자면 의미가 다르다. 조급함은 '참을성 없이 몹시 급한' 것을 나타낸다. 영어로 표현하자면 'impatient' 또는 'impetuous' 등이다. 어떤 일을 마치는 데 필요한 최소한의 물리적 시간을 기다리지 못하고 그것보다 빠르게 결과를 얻고 싶어 초조해하는 마음을 나타낸다. 한마디로 '참을성 없이 지나치게 서두르는 마음'이라고 할 수 있다.

반면 조바심은 영어로 나타내자면 'anxiety'나 'nervousness', 'worry' 등이다. 단어 뉘앙스를 보면 서두르는 것보다는 걱정이나 근심, 불안 등에 더 가깝다. 참을성 없이 서두르는 것이 아니라 '원하는 대로 결과를 얻지 못하는 것에 대한 근심'에 더욱 방점이 찍혀 있다. 비교하자면 조바심은 '결과에 대한 근심과 걱정으로 생긴 부정적인 마음'이고, 조급함은 '결과를 얻기 위해 지나치게 서두르는 것'을 일컫는다. 그러니 조바심과 조급함은 같은 것이 아니다. 조급함의 반대는 인내심이라고 할 수 있지만, 조바심의 반대는 걱정하지 않거나 여유롭게 생각하는 마음에 더 가깝다.

한편으로는 조급함이 조바심을 일으키는 원인이 될 수 있다. 조급하게 생각하지 않고 느긋하게 받아들이면 조바심을 내지 않을 수 있지만, 무엇이든 조급하게 생각하다 보면 조바심으로 감정적 전이가 일어날 수 있기 때문이다.

한국인의 특징 중 하나로 꼽히는 '빨리빨리'는 조바심일까, 아니면 조급함일까? '빨리빨리'의 기본적인 목적은 원하는 것을 손안에 쥐는 시간을 단축하는 일이므로 조급함이라고 할 수 있다. 커피 자판기의 버튼을 누르고 15초에서 20초의 짧은 시간을 참지 못해 배출구에 손을 넣고 기다리는 행위, 전자레인지 앞에서 음식이 가열되는 시간을 기다리지 못해 안을 들여다보는 행위, 막히는 길에서 서둘러 가고 싶어 안달을 내는 행위 등은 우리가 일상에서 흔히 겪는 일이기는 하다.

하지만 그 결과물에 대한 우려는 들어 있지 않다. 이러한 일들이 조급함이다.

반면 공무원 시험이나 자격시험 등 중요한 시험을 앞두고 합격하지 못할까 봐 안절부절 공부에 집중하지 못하거나, 노후 생활이 걱정되어 젊어서부터 안달을 내는 일, 해야 할 일은 많은데 시간이 턱없이 부족해 제시간에 일을 다 끝내지 못할까 싶어 초조하고 불안해하는 마음은 조바심이라고 할 수 있다. 결과에 대해 우려하는 마음이 담겨 있기 때문이다.

서로 다른 뉘앙스임에도 일반적으로 사람들은 두 단어를 거의 같은 의미로 사용한다. 조급함을 나타내는 상황에 조바심을 쓰기도 하고, 조바심을 의미하는 상황에 조급함을 쓰기도 한다. 이 책에서 다루고자 하는 내용은 조급함이 아니라 조바심이다.

정신과 신체의 반응

마음에 드는 이성과의 데이트를 위해 약속 장소로 나가는 길에 교통정체를 만났다고 해보자. 아무래도 30분쯤 늦을 것만 같다. 상대가 평소 생각하던 이상형이라 놓치고 싶지 않은데, 늦으면 좋지 않은 인상을 줄 것만 같다. 어쩌면 기다리지 못하고 돌아서 갈지도 모른다. 시간은 쏜살같이 지나가는데 아직도 갈 길은 멀다. 이제 슬슬 초조해지기 시작한다. 이 순간 우리 마음과 육체에서는 어떤 반응이 일어날까?

조바심의 근원지는 뇌이다. 뇌는 크게 호흡과 심장박동, 체온 조절 등 생명 유지를 위한 뇌간과 희로애락오욕애 등 온갖 정서를 관장하는 변연계, 그리고 이성적이고 논리적인 사고를 주관하는 대뇌피질 세 부위로 이루어졌다. 뇌의 가장 바깥 부분에 위치한 것이 대뇌피질이고 가장 안쪽에 자리 잡은 것이 뇌간이다. 대뇌피질과 뇌간 사이에서 인간의 모든 감정과 정서를 쥐락펴락하는 것이 변연계이다.

조바심을 느낄 때 가장 먼저 반응하는 부위는 변연계 안쪽에 자리 잡은 편도체이다. 편도체는 두려움이나 공포, 불안 등 부정적인 감정을 가장 먼저 느끼고, 그것을 대뇌피질에 전달하여 정서를 만들어낸다. 조바심은 달성하고자 하는 일이 위협을 받을 때 초조하고 두려워하는 마음이다. 그러므로 편도체가 제일 먼저 반응하는데, 시상하부와 뇌하수체 그리고 부신피질로 이어지는 스트레스 축이 활성화된다. 또한 주어진 상황을 위기로 인식하고 이를 해결하기 위해 교감신경이 활성화된다. 교감신경이 활성화되면 호흡과 맥박이 빨라지고 혈관이 수축되어 혈압이 상승한다. 심장박동이 빨라지므로 두근거리는 느낌이 들고 혈액이 심장으로 몰려들어 무거운 것에 가슴이 짓눌리는 듯 답답한 느낌이 든다. 근육이 굳어져 몸이 뻐근하게 느껴지고 식은땀도 난다. 스트레스 호르몬인 아드레날린과 코르티솔 등이 분비되어 긴장 상태가 더욱 강화된다.

편도체에 비상등이 켜지면 뇌는 문제 상황을 해결하기 위해 모든 에너지를 그곳으로 집중한다. 이성적이고 논리적인 사고를 하는 대뇌피질과 두뇌의 CEO라고 하는 전두엽의 에너지를 빼앗아 변연계로 배당하는 것이다. 에너지를 빼앗긴 전두엽은 정상적으로 기능할 수 없고, 정신을 집중할 수 없어 마치 혼이 빠져나간 것처럼 보인다. 이성적 사고가 마비되거나 기능이 현저하게 저하해 평소라면 하지 않을 실수가 잦아진다. 또한 근육의 움직임을 제어하는 운동 피질에 대한 명령이 정교하게 이루어지지 못해 정밀한 육체 활동이 어려워진다. 조바심이 날 때 실을 바늘귀에 꿰려고 하면 할 수 없는 것도 이러한 이유이다.

여유 있게 일찍 나오지 않은 자기 자신을 원망하며 자책하는 마음도 생긴다. 은근히 부아가 치밀어 오르고 짜증이 난다. 전두엽이 통제 기능을 상실하므로 자신에게 비난을 퍼붓는 등 감정의 폭발이 일어나거나 괜히 주위 사람에게 화풀이하는 감정적 대응이 일어나기도 한다. 정신적으로나 육체적으로나 정상적인 상태를 유지할 수 없게 되는 것이다.

오스트리아 출신의 캐나다 내분비학자 한스 셀리에Hans Selye는 일반 적응증후군general adaption syndrome이라는 이름으로 스트레스 반응을 3단계로 정리했다. 1단계는 경고로 위에서 언급한 신체 반응을 나타낸다. 2단계는 저항으로 몸의 신경과 호르몬에 변화가 발생한다. 위궤양 같은 소화기 질환이나 고혈압 같은 심혈관 질환, 기관지 천식 같은 순환기 질환이 나타나고 각종 질병에 시달린다. 마지막 3단계는 소진으로 신체가 스트레스에 저항하는 능력에 바닥이 드러나는 것이다. 에너지가 고갈되어 쉽게 질병에 걸리며 심할 경우 우울증과 죽음에 이를 수도 있다.

조바심이 습관처럼 이어지면 일반적응증후군의 저항과 소진 단계로 전이될 수 있다. 특별한 원인이 없어도 가슴이 두근거리거나, 초조와 불안을 느끼며 무엇을 하든 결과에 대한 의심이 생긴다. 그러한 증상이 계속되면 개인 성향을 결정짓는 요인이 될 수 있는데, 주위 사람에게 늘 초조하고 불안해하는 사람으로 비칠 수 있다. 심한 경우에는 불안장애anxiety disorder 등의 심각한 질병으로 발전할 수 있으며, 삶의 질을 현격히 떨어뜨리기도 한다. 조바심으로 인간적인 삶이 파괴될 수 있는 것이다.

조바심 테스트

이 글을 읽는 당신은 어떤가? 일상에서 느끼는 조바심의 수준이 어느 정도인지 점검해보자.

아래 항목을 보고 해당 사항이 있는 것에 모두 체크해보라.

1. 병원에서 진료 순서를 기다리거나 지하철이 도착하기를 기다리는 등 무언가를 기다리는 것이 힘들다.
2. 늘 시간이 부족하다고 생각한다.
3. 아무것도 하지 않으면서 시간을 무의미하게 흘려보내는 것이 아깝다.
4. 끊임없이 핸드폰을 만지작거린다.
5. 한 가지 일을 꾸준히 하지 못하고 이 일, 저 일 번갈아 가며 한다.
6. 자꾸 쓸데없는 걱정이 든다.
7. 짜증을 자주 내거나 조그만 일에도 화가 난다.
8. 결과가 나올 때까지 기다리는 것이 힘들다.
9. 다른 사람에 비해 밥을 빨리 먹는 편이다.
10. 잠자는 시간이 아깝게 여겨진다.

11. 자주 성과에 대한 압박감을 느낀다.

12. 운전 중에 길이 막히면 화가 난다.

13. 하루 동안 아무것도 한 것이 없다고 느끼는 경우가 많다.

14. 항상 무언가를 하지 않으면 불안하다.

15. 운전할 때면 이상하게 교통신호에 자주 걸린다.

16. 다른 사람의 이야기에 신경을 많이 쓴다.

17. 퇴근 무렵에는 늘 쫓겨 다니는 기분이다.

18. 편법이나 불법으로 성과를 얻고 싶은 충동을 느낄 때가 있다.

19. 다른 사람의 시선에 신경을 많이 쓰는 편이다.

20. 시간이 오래 걸리는 일은 쉽사리 시작하지 못한다.

21. 폭넓게 생각하지 못하고 단편적으로 사고하는 편이다.

22. 늘 일에 치여 산다.

23. 해야 할 일을 뒤로 미루는 경우가 많다.

24. 기회주의자처럼 행동할 때가 있다.

25. 긴 글은 보기가 힘들다.

26. 자주 딴짓을 한다.

27. 해야 할 일이 많아도 집중해서 하지 못한다.

28. 자주 심장이 뛰고 호흡이 가빠진다.

29. 무언가를 시작했다가도 쉽게 포기하는 경우가 많다.

30. 다른 사람보다 욕심이 많은 편이다.

진단 결과

위에 나열된 항목들은 모두 조바심의 증상 또는 조바심을 만드는 원인과 관련된 것이다. 그러므로 체크한 항목이 많을수록 조바심에 짓눌려 살고 있다고 할 수 있다. 만약 체크한 항목이 15개 이상이라면 일상생활에서 조바심에 시달릴 가능성이 높으며, 30개에 가까우면 심각한 수준이라고 할 수 있다.

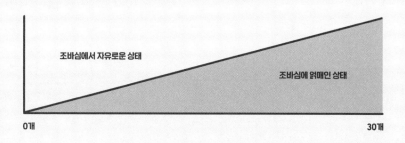

조바심에서 자유로운 상태

조바심에 얽매인 상태

0개   30개

2장

조바심이
삶에 미치는 영향들

조바심은 삶의 모습을 어떻게 바꿔놓을까? 같은 상황에서도 여유를 잃지 않고 느긋한 사람이 있는가 하면 안절부절못하고 가슴을 졸이는 사람도 있다. 하나의 원인이 아니라 복합적인 요인이 영향을 미치다 보니 사람마다 나타나는 행동이 다를 수 있지만, 대체로 다음과 같은 특징들을 보인다.

우왕좌왕하며 아무것도 못 한다

두뇌 가장 앞쪽에 자리 잡은 전두엽의 기능 중 하나는 해야 할 일의 결과를 예상하고 우선순위를 정해 실행하게 해주는 것이다. 조바심에 사로잡히면 이러한 기능을 하는 전두엽이 감정의 뇌인 변연계에 주도권을 빼앗기므로, 일의 우선순위를 정하기 어렵고 일에 집중할 수 없다. 주어진 상황을 벗어나기 위해 체계적으로 계획을 세우고 실행하기보

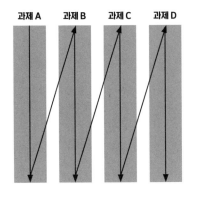

[조바심을 느끼지 않는 상태]

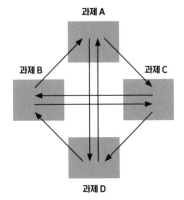

[조바심을 느끼는 상태]

다는 즉흥적으로 생각나는 것을 우선적으로 처리한다.

해결해야 할 일이 여러 가지일 경우 무엇을 먼저 해야 할지 몰라 우왕좌왕하다가 그 무엇도 제대로 끝내지 못한다. 한 번에 한 가지씩 깊이 있게 집중해 일을 마무리하는 것이 아니라 모든 일을 수박 겉 핥기로 처리한다. 마음이 불안하고 초조하다 보니 선택과 집중이 안 되는 것이다. 어느 것 하나도 중요하지 않은 것이 없어 보이고 버려야 할 것도 없어 보인다.

예를 들어, 한 대학생이 기말고사 일주일 전에 전공 수업과 교양 수업의 여러 과제를 수행해야 한다고 해보자. 이런 상황에서 조바심을 느끼지 않았을 때와, 느꼈을 때의 과제 처리 과정을 도식화하면 위와 같다.

첫 번째 그림처럼, 조바심을 느끼지 않는다면 한 과제를 끝까지 마무리한 후 다른 과제로 옮겨갈 것이다. 하지만 두 번째 그림처럼, 조바심을 느낀다면 과제 하나를 끝까지 마무리하지 못하고 해야 할 일 사이를 무작위적으로 옮겨 다닌다. 하나의 일을 붙잡고 있으면 다른 일이 중요하게 여겨지고, 그것을 붙잡고 있으면 또 다른 일이 더 중요하게 생각된다. 결국 일과 일 사이를 널뛰듯 오갈 수밖에 없는데, 그러다 보면 시간은 시간대로 흘러가지만 무엇 하나 제대로 끝내는 일이 없다. 당연히 손에 쥐는 성과도 없다.

자주 딴짓을 한다

초조하고 불안한 마음은 필히 집중력을 흐트러뜨린다. 집중력이 흐트러지면 한 가지 일에 몰입하지 못하기도 하지만 하던 일에서 벗어나 자주 딴짓을 한다. 과제를 하다가 포털 사이트를 열어 관련 없는 뉴스를 검색하거나 재미있는 영상을 찾아 유튜브를 들락거린다. 전혀 필요하지 않은 쇼핑몰을 둘러보기도 하고 책을 읽다가도 딴생각이 떠올라 방금 읽은 내용이 무엇인지 기억할 수 없다. 전화나 문자가 온 것이 아님에도 수시로 핸드폰을 들여다본다. 방금 전에 열어본 메일함을 다시 눌러보기도 한다. 괜히 물이 마시고 싶거나 평소에는 거들떠보지도 않던 책에 눈이 가기도 한다. 언뜻 보면 집중력 장애처럼 여겨진다.

  결과가 우려될수록 마음을 다잡고 더 열심히 과제에 몰입해야 하지만, 마음이 초조하고 불안하면 괜히 쓸데없는 짓으로 많은 시간을 보낸다. 심리적 위안이 필요하기 때문이다. 끝마쳐야 할 일이 있으면 긴장 상태가 되고 스트레스로 마음이 불편해진다. 이때 인터넷 서핑을 하거나 게임을 하면 기분이 좋아진다. 할 일을 피함으로써 기분이 나빠지는 상황을 피하는 것인데 이를 기분 회복mood repair이라고 부른다. 칼턴대학교 심리학과 부교수 티모시 파이카일Timothy Pychyl은 당장 눈앞에 놓인 일을 연기하는 것은 기분을 조절하는 효과적인 방법이라고 설명한다.

이는 일종의 보상 심리 혹은 상쇄 효과로, 불안하고 초조한 감정을 그런 식으로 해소하려는 것이다. 이렇게 기분 회복에 빠지면 아무리 오랜 시간을 자리에 앉아 있어도 집중하는 시간은 그리 많지 않고 그보다 더 많은 시간을 쓸데없는 짓으로 흘려보낸다. 종일 자리를 지키고 앉아 있어도 막상 하루를 마무리할 때쯤이면 무엇을 했는지 떠오르는 것이 없다.

이러한 생활 패턴은 하루 중 사용할 수 있는 시간을 절대적으로 짧게 만든다. 상대적으로 정신적 집중이 잘되는 오전과 이른 오후에는 해야 할 일에 집중하지 못하다가 오후 서너 시가 되면 그제야 '아차' 하며 할 일을 찾는다. 하루를 최대한 활용을 하는 것에 비해 성취도가 낮아지는 것은 당연하다. 그럼에도 불구하고 초조하고 불안한 마음이 큰 사람은 그 작은 성취에 만족스러워하는 경향이 있다. 하루 대부분 시간을 쓸모없이 흘려보내고 겨우 몇 시간 반짝 집중할 뿐임에도 그 집중이 끝나고 나면 대단한 일을 해낸 것처럼 뿌듯해한다.

이러한 상황 회피는 시간이 지나면서 부정적인 감정을 더욱 증가

시킬 뿐이다. 딴짓한다는 것은 당장 해야 할 일을 미루는 것이고, 그렇게 미룬 일은 미래에 좋지 않은 일로 부메랑이 되어 돌아올 것이기 때문이다. 실제 대학생들을 대상으로 한 연구에서 첫 학기에 공부 대신 즐거움을 추구한 학생이 처음에는 스트레스도 적고 건강해 보였다. 반면, 두 번째 학기가 되자 그 현상이 역전되었다는 결과가 나왔다. 순간적으로는 기분 회복으로 마음이 편해질 수 있겠지만 그것은 불편한 상황을 모면하기 위한 일종의 속임수일 뿐이다. 누적되면 될수록 더 큰 조바심으로 확대될 수 있다. 만일 자신이 자주 딴짓을 한다고 느낀다면, 집중력 장애일 수도 있지만 조바심 때문일 수도 있다.

발전이 없다

한 남자가 숲에서 나무꾼을 만났다. 나무꾼은 톱으로 큰 나무를 자르고 있었다. 그런데 남자가 자세히 보니 나무꾼의 행동이 어딘가 불편해 보였다. 지나치게 힘이 많이 들어 보였던 것이다. 조금 더 가까이 다가가 보니 나무꾼의 톱날이 모두 무디어져 있었다. 그 톱을 가지고 나무를 베려고 하면 힘은 힘대로 들고 나무는 나무대로 베어지지 않을 것 같았다. 보다 못한 남자가 나무꾼에게 말했다.

"제가 보기에는 톱날이 너무 무디어져 있네요. 잠시 쉬면서 날을 갈아 쓰면 훨씬 잘 베어질 것 같은데요."

그러자 나무꾼이 남자에게 하소연하듯 말했다.

"나도 알아요. 하지만 그럴 시간이 없어요. 빨리 이 나무를 베야 장작을 만들어 장에 내다 팔 수 있거든요."

잠깐만 짬을 내어 톱날을 갈면 더 많은 나무를 벨 수 있을 텐데, 한시라도 빨리 나무를 베어 내다 팔고 싶은 초조한 마음이 나무꾼을 어리석게 만들고 만 것이다. 속담에 "아무리 바빠도 바늘허리 매어 못 쓴다"라는 말이 있다. 급하다고 해서 실을 바늘귀에 꿰지 않고 허리에 감아서 쓰려고 하면 바느질할 수 없다. 조바심이 많은 것도 이와 다를 바 없다. 결과를 얻을 수 없거나 운 좋게 결과를 낸다고 하더라도 기대했던 질을 얻기 어렵다.

일을 잘하기 위해서는 본질을 파악하는 것이 중요하지만 마음이 급해 서두르다 보면 본질에 이르기도 전에 피상적인 문제만 다루게 된다. 중요한 것이 무엇인지 알 수 없고 핵심을 놓친다. 이성적인 사고와 합리적인 판단이 결여되므로 실수가 늘어나고 만족할 만한 결과를 얻기 어렵다.

박경리 작가의 《토지》는 중간에 공백이 있기는 했지만 집필을 시작한 시점에서 완결에 이르기까지 무려 26년이 걸렸다. 조정래 작가는 4년을 준비하고 6년간 집필 기간을 거쳐 《태백산맥》을 완성했다. 오로지 작품 하나만을 위해 무려 10년을 투자한 것이다. 황석영 작가가 쓴 《장길산》은 1974년부터 1984년까지 햇수로 11년에 걸쳐 신문에 연재되었다. 그 긴 시간 동안 글을 쓴다는 것이 쉬운 일은 아닐 테다. 만일 이들이 서둘러 책을 내고 싶다는 조바심에 사로잡혔다면 지금처럼 훌륭한 역작들은 우리 곁에 없었을지도 모른다.

된장과 간장은 오래 묵을수록 깊은 맛을 낸다. 갓 담근 장은 깊은 맛을 내지 못한다. 오랜 시간을 거치며 재료가 가진 본연의 맛이 우러나고 발효가 이루어져야 제대로 된 맛을 얻을 수 있다. 갓 담근 김치는 신선한 맛이 나기는 하지만 묵은지가 가진 깊은 맛을 따라갈 수 없다. 긴 시간 숙성된 묵은지는 어떤 요리 재료와 만나도 훌륭한 궁합을 이루지만, 갓 담근 김치는 다른 재료와 어울리지 못하고 자신의 맛만 낼 뿐이다. 포도주와 위스키 역시 마찬가지이다.

"시간 압축의 불경제"라는 말이 있다. 시간을 단축하기 위해 무리해서 많은 것을 한꺼번에 실행하려고 하면 시간을 들여 꼼꼼하게 만들어갈 때와 비교해 효율이 더 떨어지는 현상을 말한다. 건물의 공기를 단축하려고 콘크리트가 굳기도 전에 벽을 쌓아 올리다 보면 벽이 무너져 내리고 처음부터 다시 쌓아야 하는 일이 생길 수 있다. 처음부터 차근차근 일을 진행해나갔을 때보다 효율 측면에서 훨씬 뒤떨어진다. 결국 시간을 들이지 않고 제대로 된 성과를 만들어내기는 어렵다.

이처럼 조바심은 결과의 질을 떨어뜨리기도 하지만 개인의 역량을 저하시키기도 한다. 깊이 없이 이것저것 오가다 보면 아무리 시간이 지나도 실력이 깊어지지 않기 때문이다.

역량은 대체로 시간과 비례관계에 있다. 시간이 지날수록 경험치가 쌓이고, 경험을 통해 과거에는 가지지 못했던 역량이 갖춰질 수 있다. 그것을 노하우라고 부른다. 그러다가 어느 순간 임계점을 돌파하면 역량은 기하급수적으로 증가한다. 소위 전문가라고 하는 것, 마스터리 mastery라고 하는 것은 이렇게 해서 이루어진다.

역량이 전문가 수준에 이르기 위해서는 조건이 있다. 시간만 보내는 것이 아니라 매 순간 최선을 다해 자신을 업그레이드하려는 노력이 따라야 한다. 자신이 가진 역량을 최대한으로 발휘하고, 이뤄낸 성과에서 깨달음을 얻는다. 그리고 잘된 것과 잘못된 것을 성찰하고 반성하며, 그 결과를 다시 다음 일에 반영하는 순환적 행동이 뒤따라야 지속적인 역량 향상이 이루어질 수 있다. 주어진 일을 결과만 얻으면 된다는 생각으로 대충 하다 보면 아무리 시간이 지나도 역량이 향상될 수 없다.

자동차를 타고 고속도로를 달리는 것과 교차로가 많은 도시를 지나는 것은 효율 측면에서 큰 차이가 난다. 고속도로는 멈춰 서야 할 신호가 없으니 짧은 시간에도 꽤 많은 거리를 갈 수 있다. 반면 교차로가 많은 도심에서는 자주 멈춰 서야 하기 때문에 제대로 속력을 낼 수 없다. 긴 시간을 달려도 생각만큼 많은 거리를 가지 못한다. 막히지 않는다고 가정할 때, 동일한 시간을 달린다고 해도 고속도로가 도심에 비해 훨씬 먼 거리를 달릴 수 있다. 연비에서도 큰 차이가 나타난다. 동일한 자원을 활용하여 얻을 수 있는 효율이 달라지는 것뿐만 아니라 자동차의 성능과 수명에도 큰 차이를 가져온다.

조바심을 내는 것은 복잡한 도심에서 운전하는 것과 다를 바 없다. 이 일, 저 일을 번갈아 가며 메뚜기처럼 수행하는 것은 자주 교차로에 멈춰 서는 것처럼 효율을 기대하기 어렵다. 오랜 시간 일해도 전문성은 기를 수 없다.

조바심은 해야 할 일의 난이도에도 영향을 미침으로써 역량 발전을 가로막는다. 서둘러 결과를 얻고 싶어 마음을 졸이면 쉬운 일만 할 수밖에 없다. 자신이 가진 역량 범위를 넘어서는 어려운 일은 시간이 오래 걸리는 것은 당연하다. 조바심이 나면 이 시간을 참고 견뎌내기 어렵다. 그러므로 짧은 시간에 일을 끝내기 위해 쉬운 일만 찾아서 하거나 건성으로 할 수밖에 없다.

베스트셀러가 된 자기계발서 《그릿》에서 강조하는 것도 꾸준한 인내, 즉 끈기이다. 그런데 조바심이 많으면 끈기를 발휘할 수 없다. 무언가에 깊이 있게 몰입하고 끈기 있게 지속함으로써 통찰력을 얻어야 하지만 몰입에 이르기도 전에 늘 멈추곤 한다. 그러니 통찰력을 얻기가 어렵다. 한 우물을 파지 못하고 여기저기 조금씩 손을 댄다면 통찰력은 깊어질 수 없고 오랜 시간이 지나도 실력은 늘 그 자리에 머물 수밖에 없다.

핑계가 늘어난다

이유 없이 쫓기듯 마음이 초조하고 불안해지면 실행력도 약해진다. 해야 할 일을 제때 하지 않고 차일피일 뒤로 미루거나 각종 핑계를 만들어 흐지부지하기 일쑤이다. 그 결과 게으르게 보이거나 우유부단하게 보일 수 있다. 게으름은 한편으로 보면 조바심을 일으키는 원인이 될 수 있지만, 결과적으로 조바심이 많으면 게을러진다. 조바심에 시달리면 어떤 일을 하는 데 들어가는 시간이 낭비처럼 여겨져 실행을 주저한다. 그 시간 동안 다른 일을 할 수 없는 것이 걱정되기 때문이다. 이러한 마음이 들면 해야 할 일을 뒤로 미루거나 다른 구실을 찾아 미루는 일을 합리화하려고 한다. 아예 처음부터 안 해도 되는 일이거나 어쩔 수 없었다는 식으로 핑곗거리를 만드는 것이다.

예를 들어보자. 이 책을 쓰는 동안 반려견 이슬이의 눈에 문제가 생겼다. 낮에는 아무 이상이 없었지만 밤만 되면 한쪽 눈이 걱정스러울 정도로 빨갛게 충혈되곤 했다. 평소 다니던 동물 병원에서 몇 차례 진료를 받아보았지만 근본적인 원인을 찾을 수 없어 종합병원을 찾기로 했다. 그런데 막상 이슬이를 데리고 병원에 가려고 하니 오가며 걸리는 시간과 순서를 기다려 진료를 받는 시간 등 적지 않은 시간이 필요할 것 같았다. 그 시간 동안 내가 해야 할 일은 당연히 할 수 없을 것이다. 하루라도 빨리 책 쓰는 일을 끝내고 싶은데, 글은 마음대로 쓰이지 않아 조바심이 난 상태에서 하루 반나절 혹은 그 이상을 투자해야 한다고 생각하니 선뜻 내키지 않았다. 그때 머릿속에 떠오른 생각은 이런 것들이다.

'오늘은 사람이 많아 힘들 거야. 나중에 좀 한산해지면 가자.'

'별일 아닐 거야. 나중에 종합검진을 하면서 같이 진찰하면 되겠지.'

'어쩌면 오늘은 예약을 안 해서 진료받기 힘들 수도 있어. 괜히 갔다가 낭패 볼 수 있으니 먼저 진료 예약부터 하고 내일 찾아가자.'

이슬이를 데리고 병원에 갈 수 없는 갖가지 이유를 떠올렸지만 알고 보면 모두 조바심으로 행동에 옮길 수 없는 상황을 합리화하는 것일 뿐이다. 결국 진료는 한참 뒤로 미루어졌고 그만큼 치료는 늦어질 수밖에 없었다. 이처럼 조바심을 내면 할 일을 하지 못하고 자기 합리화를 하는 함정에 빠진다.

옳지 않은 일에 유혹을 느낀다

표현이 다소 기분 나쁘게 들릴 수도 있지만 조바심이 많은 사람은 기회주의자와 같은 모습을 보일 수 있다. 기회주의자란 한 가지 입장을 일관되게 지니지 못하고, 그때그때 상황 변화에 따라 유리한 쪽으로 처신을 바꾸는 사람이다. 서둘러 결과를 얻고 싶은 마음이 강하면 한 가지 일을 하다가도, 다른 일이 더욱 빨리 끝나거나 성과가 더 잘 나올 것 같을 때 하던 일을 버린다. 마치 놀이공원 매표소나 공항 검색대 앞에 길게 늘어선 줄의 중간에 서서 유리한 쪽으로 왔다 갔다 하는 모습처럼 말이다.

　취업하는 경우를 예로 들어보자. 대학을 졸업하고 꽤 오랫동안 무직 상태로 지내 마음이 초조하고 불안해져 있을 때, A라는 회사에서 채용하고 싶다는 의사를 밝혀왔다. A사는 규모가 그리 크지 않고 급여와 복리후생 수준도 그리 좋지 않다. 혹은 평소 자신이 탐탁지 않게 여기던 회사이다. 더 기다려보면 A사보다 조건이 좋은 회사에서 입사 제의를 할 수도 있다. 하지만 마음이 불안하다 보니 A사의 제안을 거절하고 나면 다시는 기회가 오지 않을 것같이 느껴진다. 아마 A사에 입사하기로 결정을 내릴 것이다. 자신을 뽑아준 A사에 감사한 마음도 든다.

안타깝게도 입사를 며칠 앞두고 B사에서 채용하겠다는 의사를 밝혀왔다. B사는 A사보다 규모도 크고 급여와 복리후생 측면에서 훨씬 뛰어나다. 평소 자신이 동경하던 회사이기도 하다. 이런 상황에 놓이면 고민이 될 것이다. 망설이다 의리를 지키기 위해 A사를 선택할 수도 있지만, A사를 포기하고 B사를 선택할 수도 있다. 조바심 때문에 A사를 택했지만 B사가 더 자신에게 유리하다고 판단되는 순간 손쉽게 자신의 의사 결정을 번복하는 것이다.

다른 사람들 눈에는 이러한 행동이 쉬운 일 혹은 자신에게 유리한 일만 찾아다니는 기회주의자처럼 비칠 수 있다. 조바심이 클수록 이런 경향은 더욱 커진다. 갈피를 못 잡거나 줏대 없는 사람, 더 나아가 이익에 따라 손바닥 뒤집듯 입장을 쉽게 바꾸는 신뢰할 수 없는 모습이 나타난다. 초조와 불안, 결과에 대한 두려움이 이성적이고 합리적인 사고를 가로막는 것이다.

마음이 편치 못하고 다급해지면 윤리적이지 못한 행동이나 심하면 불법적인 행위 등 옳지 않은 일을 저지를 수 있다. 짝사랑하는 사람과 사귈 수 없을 것 같은 불안과 놓치면 안 되겠다는 초조함이 생기면 상대방에게 해코지를 가할 수 있다. 지긋지긋하게 가난한 환경에서 자라난 사람이 가난에서 벗어나는 일에 조바심을 느끼면 쉽게 돈을 버는 방법에 마음을 빼앗길 수 있다. 큰 시험을 앞두고 결과에 대한 불안함을 느끼면 부정행위에 대한 유혹을 느끼게 된다. 진급에 대한 조바심을 느끼면 아부나 줄서기를 넘어 금품 수수 같은 잘못을 저지를 수 있다.

기업의 안팎에서도 마찬가지이다. 상사에게 인정받지 못해 초조하고 불안해하다 보면 동료의 실적을 가로채거나 다른 사람의 아이디어를 자신의 것인 양 포장할 수 있다. 기업에서는 경쟁사보다 빨리 신제품을 내야 한다는 다급함에 사로잡히면 힘없는 중소기업의 아이디어를 가로채거나 청탁이나 뇌물 등 불법적인 행위를 저지르기도 한다. 또한 편법적인 프로세스를 취하여 좋지 않은 결과를 가져올 수 있다. 예를 들어, 건물을 건설하는 데 공기가 계획보다 늦어지면 시공사 측에서는 조바심을 느낀다. 공기를 따라잡기 위해 정해진 공사 프로세스나 단일 작업에 소요되는 최소 필요 시간을 무시하고, 그것을 숨기기 위해 감리 단체에 뇌물을 제공할 수 있다. 우리 사회에서 벌어지는 크고 작은 사건, 사고가 모두 이런 이유로 일어났다.

물론 조바심이 생긴다고 해서 모든 사람이 부정이나 불법 등 옳지 않은 유혹에 휘말린다는 것은 아니다. 그것과 무관하게 정도를 지키려고 노력하는 사람도 많겠지만 지나치게 마음이 급해지다 보면 이성적인 판단의 끈을 놓아버릴 수 있다. 우선 일을 끝내야 한다는 강박감에 사로잡히면, 부정이나 불법이 눈에 들어오는 것이다.

시야가 좁아진다
~~~~~~~~~~~~~~~

조바심이 많은 사람은 대체적으로 자신의 일에 치여 주위 상황을 제대로 파악하지 못하거나 다른 사람을 살펴볼 여유를 잃는다. 마치 옆에서 달리는 다른 말의 모습을 보지 못하고 오로지 목표점만 바라보고 달리도록 눈에 가리개를 한 경주마와 같은 모습이 되는 것이다. 이런 사람은 무조건 앞만 보고 달린다. 이를 터널 비전tunnel vision이라고 한다. 터널 비전은 숲을 보지 못하고 나무만 보는, 제한된 사고와 시각을 일컫는 용어이다. 터널 안으로 들어서면 좌우가 가로막혀 있어 주위를 둘러봐도 잘 볼 수 없다. 터널 내부에서 볼 수 있는 것은 오로지 저 멀리 있는 출구뿐이다. 터널 비전은 집중이나 몰입과는 다르다. 집중과 몰입은 주위를 둘러보면서 조화를 이루도록 자신의 적절한 위치를 찾고 해야 할 일을 하는 것이다. 그런데 조바심이 큰 사람은 주변을 둘러볼 여유가 없다. 그러니 자신의 위치를 찾지 못하고 주변과 조화를 이루지도 못한다.

주식 투자의 경우, 마음을 느긋하게 먹고 장기적인 관점에서 큰 맥락을 읽으면 적절한 투자처를 찾을 수 있지만, 급한 마음에 빨리 성과를 얻으려다 보면 넓고 깊게 볼 수가 없다. 자신이 선택한 기업보다 더 좋은 기업이 있음에도 그것을 보지 못하고 무리한 투자를 한다. 손실을 입는 경우에도 합리적인 대안을 생각하지 못하고 오로지 자기가 가진 주식에만 매달린다. 탈출구를 찾지 못하고 같은 자리를 맴돌 뿐이다.

시야가 좁아지면 다양한 관점에서 사고하는 능력이 떨어진다. 주어진 상황이나 문제 원인을 바라보는 관점, 또는 해결책을 보는 방향이 다양하지 못하고 편향될 수 있다. 사고의 스펙트럼이 좁아지는 것이다. 사고력과 판단력도 저하할 수밖에 없다. 이로 인해 문제 해결 능력도 떨어진다. 문제 해결에 필요한 전략적 사고 중 가장 중요한 것이 시스템적 관점에서 문제를 바라보는 것이다. 이 세상의 모든 문제는 다른 문제와 얽혀 있고, 긍정적 측면이 있으면 부정적 측면도 있게 마련이다. 먹이사슬의 한 측면이 달라지면 전체 생태계에 변화가 생기는 것처럼, 하나의 문제는 다른 문제와 연관되어 있고 하나의 문제를 해결하고 나면 또 다른 문제가 발생할 수 있다.

영국 식민지 시절에 인도에서는 코브라로 사람들이 죽거나 다치는 인명 피해가 컸다. 이를 해결하기 위해 코브라를 잡아 오면 일정 금액을 보상해주는 정책을 실시하게 되었다. 사람들은 보상을 받기 위해 열심히 코브라를 잡았고, 그 결과 코브라로 인한 인명 피해는 상당히 줄어들었다. 하지만 시간이 지날수록 코브라를 잡아 보상을 받는 사람이 늘어났다. 보상을 노린 사람이 곳곳에 농장을 만들어 코브라를 사육했던 것이다. 정부에서는 문제의 심각성을 깨닫고 보상 정책을 폐지했다. 그러자 사람들은 더는 쓸모없게 된 코브라를 야산에 아무렇게나 내다 버렸고, 보상 정책을 시행하기 이전보다 더욱 심각한 피해가 초래되었다.

이렇듯 하나의 문제 해결이 또 다른 문제를 일으켜 연쇄적으로 문제가 발생할 수 있다. 따라서 문제를 해결할 때는 전체적인 시스템 측면을 간과하지 말아야 한다. 즉 문제를 하나의 독립된 것으로 보지 않고, 전체 시스템의 관점에서 바라본다. 문제 해결이 미치는 영향을 전체적인 관점에서 파악하고 대응해야 하는 것이다. 조바심에 사로잡힌 사람은 이렇게 전체적인 관점에서 문제를 바라보지 못한다. 당장 눈앞에 보이는 것에만 신경을 쓴다. 그러다 보면 잘 보이지 않는 이면의 문제를 놓치고 갈 수 있다. 문제를 엉뚱하게 해결하거나 부분적으로 해결하는 등 성과의 질이 낮아질 수 있는 것이다.

시야가 좁은 사람에게 있는 또 하나의 단점은 늘 앞서 나가지 못하고 뒤따라 다닌다는 것이다. 물고기를 잡을 때 요령 중 하나는 물고기 뒤를 쫓아다니는 것이 아니라 물고기가 지나다니는 길목을 지키는 것이다. 지나갈 만한 길목에 그물을 드리우고 물고기를 몰아오거나, 물고기가 지나가기를 기다려야 한다. 조바심으로 시야가 좁아진 사람은 길목을 볼 수 없으므로 물고기 뒤만 따라다닌다. 마음의 여유가 사라져 무언가를 끈기 있게 기다리기 어렵기 때문이다. 기다리지 못하면 취할 수 있는 행동은 눈에 보이는 것을 쫓아가는 것뿐이다.

무언가를 앞서 기다리기 위해서는 스스로 무한한 인내심을 발휘해야 한다. 자기 통제력이 필요한 것이다. 자신에 대한 통제력을 쥔 사람은 상황을 이끌 수 있지만 통제력을 잃어버린 사람은 상황에 끌려다닐 수밖에 없다. 주위에서 보면 늘 일에 치여 사는 사람이 있다. 그러면서도 성과는 성과대로 저조하다. 반면 늘 여유 있어 보이면서도 성과는 좋은 사람이 있다. 두 사람의 차이는 앞에서 기다리느냐, 뒤에서 쫓아가느냐의 차이다.

삶을 성공적으로 이끌기 위해서는 자기 통제self-control가 중요하다는 것은 이미 잘 알려진 사실이다. 자기 자신을 통제하지 못하고는 오랜 시간을 인내할 수 없다. 기다리려면 먼 미래를 내다볼 수 있는 혜안이 있어야 한다. 멀리 내다보고 변화의 흐름을 감지해야 길목이 내다보이는 것이다. 투자의 귀재 워런 버핏은 멀리 내다본 사람의 대표적인 경우이다. 뛰어난 기술을 가졌으면서도 저평가된 회사의 주식을 골라 긴 안목을 가지고 장기적으로 투자했고 그것이 대박을 가져다주었다. 반면 주식 투자에서 손실을 입는 사람은 대부분 기다리지 못하는 사람이다. 짧은 시간에 이익을 좇다가 변하는 상황에 적응하지 못하고 투자한 돈을 날리는 것이다.

인간관계가 어려워진다

조바심으로 전두엽의 기능이 저하하면 감정 조절에도 영향을 미친다. 전두엽은 변연계에서 올라오는 각종 감정을 조절하고 충동을 억제한다. 감정을 있는 그대로 드러내는 것은 짐승과 다를 바 없다. 아무리 화가 나거나 짜증이 나는 일이 있더라도 상황에 따라서는 참을 수 있어야 하며, 아무리 기쁘고 즐거운 일이 있더라도 그 감정을 제어해야 할 필요도 있다. 이러한 역할을 해주는 곳이 전두엽이다.

조바심은 이미 변연계에 불이 들어와 있는 상태이다. 습관적으로 조바심에 시달리는 사람은 늘 머릿속에서 비상벨이 울리는 것과 마찬가지이다. 마치 바람이 꽉 차 손만 대도 '펑' 하고 터질 것 같은 풍선과 같다. 변연계에 불이 들어오면 전두엽의 기능은 저하하고, 부정적인 감정은 제어되지 못할 가능성이 커진다. 불안하고 초조한 마음이 계속되면 그것을 해소하기 위해 에너지가 밖으로 분출되는데 주위 사람에게 괜히 짜증을 내거나, 말을 거칠게 하거나, 대수롭지 않은 일에도 화를 낸다. 하지만 일반적으로 초조나 불안으로 짜증을 내거나 화를 내는 경우, 그 상대방이 조바심을 일으킨 원인 제공자가 아닐 경우가 많다. 자신이 게으름을 피우다 중요한 약속에 늦어 급히 운전해 가는 경우, 정상적으로 깜빡이를 켜고 들어오는 옆 차선의 사람에게 거친 말을 하는 것이 그러한 예이다. 괜히 상관도 없는 애꿎은 사람에게 화풀이하는 것이다.

주변에 있는 사람이 이유 없이 화를 내거나 자주 짜증을 낸다면 그 사람을 좋아할 리 없다. 짜증을 내는 사람이야 그 이유를 알 수 있지만 짜증을 받는 사람은 기분이 상한다. 인간관계라는 것이 사소한 것으로 좋아지기도 하고 틀어지기도 한다. 작은 배려의 말 한마디가 인간관계를 좋게 만들기도 하고, 무심코 툭 내뱉은 말 한마디가 공들여 쌓은 관계를 망치기도 한다. 마음이 조급하고 불안할 때 튀어나오는 말이 좋을 리 없다. 의미 없이 툭 내뱉는 말일 수 있지만 상대는 그 말에 감정이 크게 상할 수도 있다. 내가 처한 상황을 이해하는 관계라면 '그럴 수도 있지' 하고 대수롭지 않게 넘어갈 수 있지만 대개는 나의 상황을 모르는 사람일 가능성이 높다. 그러므로 주위 사람은 피곤함을 느끼고 궁극적으로 인간관계에도 금이 갈 수밖에 없다.

예를 들어, 연애에 서투른 사람은 대체로 쉽게 조바심을 낸다. 상대방이 마음을 열고 다가설 때까지 느긋하게 기다리지 못하고 지나치게 서두르다가 잘 차려놓은 밥상을 발로 차서 엎곤 한다. 이런 사람은 인내심을 가지고 여유 있게 기다리지 못하고 서둘러 마음을 얻을 방법만 생각한다. 상대가 좋아할 만한 비싼 선물을 안겨주거나, 혼자서는 먹어볼 엄두조차 못 내는 고급 음식을 사주거나, 밤잠을 줄여가면서 먼 거리까지 바래다주는 등 모든 열정을 쏟아붓는다. 그러면서 자신은 상대방에게 최선을 다했으니 상대방도 내게 최선을 다해주기를 바란다. 이를 '연애 조급증'이라고 한다.

그런 마음에 사로잡히면 끊임없이 상대방에게 확인하려고 한다. "자기는 날 어떻게 생각해?" 혹은 "자기한테 난 어떤 존재야?"라는 식으로 확인하려고 하거나 "자긴 내가 자기를 사랑하는 만큼 날 사랑하지 않는 것 같아"라면서 단정을 내려버린다. 만약 상대가 중요한 약속이나 일정으로 만날 수 없게 되면, 화를 내거나 상대 입장을 고려하지 않고 쉼 없이 문자를 보내 무엇을 하는지 확인하곤 한다. 행여나 답장이 없으면 "얼마나 재미있길래 답장도 안 해?"라고 비아냥거리거나 "지금 OO에 있는 거 맞아?"라며 의심의 눈초리를 보내기도 한다.

때로는 피곤할 텐데 일찍 들어가서 쉬라는 상대방의 배려를 내가 싫어 일찍 보내려는 것으로 오해하고 "내가 일찍 가면 좋겠어?"라고 받아치거나 "자기 마음이 변한 것 같아"라며 섭섭함을 드러낸다. 심지어는 자기가 하는 만큼 상대방이 자신을 생각해주지 않는다며 "자기는 날 왜 만나?"라며 상대방을 궁지에 몰아넣고 취조하기도 한다.

하지만 사람의 마음을 얻는다는 것이 그리 쉬운 일이던가? 상대방 생각은 하지 않고 혼자서 전력 질주를 하면서, 상대방이 내 페이스에 맞춰 쫓아오기를 바라는 것은 지나친 욕심이 아닐 수 없다. 내가 너무 앞서 나가면 상대방은 페이스를 잃고 지쳐버린다. 그러면 상대방은 감정적으로 피곤함을 느끼고 이 사람과는 같이 뛸 수 없겠다는 생각이 들어 관계를 끊어버린다. 지나치게 서두르는 마음이 오히려 사랑하는 사람을 떠나가도록 하는 것이다.

인간관계가 어그러진 최악의 모습은 고립되는 것이다. 조바심은 자기 자신도 피곤하게 하지만 주위 사람도 덩달아 힘들게 한다. 무슨 일을 하든 늘 초조해하고 불안해한다면 옆에 있는 사람도 그 감정에 전염될 수 있다.

친구들과 여행을 떠났다고 해보자. 친구들 모두 즐거운 상상으로 들떠 있는데 그중 한 친구가 비가 올까 봐 걱정, 숙소가 불편할까 봐 걱정, 차를 놓칠까 봐 걱정, 위험한 일이 생길까 봐 걱정 등 모든 일에 전전긍긍한다면 다른 친구들이 마음 편하게 지낼 수 있을까? 처음에는 대수롭지 않게 생각하던 친구들도 시간이 지날수록 그런 친구의 모습에 신경이 쓰여 마음이 불편해지고 종국에는 짜증이 나고 말 것이다. 즐거웠던 여행은 불화로 막을 내리고 여행에서 돌아온 친구들은 '내가 두 번 다시는 개랑 여행하지 않는다'며 불쾌한 기억을 갖는다.

같은 그룹에 속한 사람들은 짧은 시간 안에 같은 감정 상태에 빠져들 수 있다. 이를 '감정적 전염'이라고 한다. 명랑하고 즐거운 사람 옆에 있으면 자신도 기분이 좋아지는 느낌이 들지만 침울하고 화가 난 듯한 사람 옆에 있으면 기분이 나빠지는 느낌이 든다. 이것이 모두 감정이 전염되어 나타나는 결과이다. 주위에서 조바심에 시달리는 사람이 있으면 그와 같이 있는 사람들은 '이 사람이랑 있으면 늘 초조하고 불안해져' 또는 '이 사람이랑 있으면 늘 기분이 안 좋아져'라는 식으로 느낄 테다. 그런 일이 잦아지면 누적된 피로감으로 그를 멀리할 것이다. 시간이 지날수록 슬금슬금 피하는 사람이 나타나고 주위 사람이 떨어져 나간다. 스스로 고립되고 마는 것이다.

먼 길을 돌아간다

조바심은 정상적으로 거쳐 가야 할 길을 제쳐두고 지름길의 유혹에 빠지게 한다. 또는 꼼꼼하게 따져보지 않고 눈앞에 보이는 성과에 혹해서 먹이를 덥석 물게 한다. 요행히 일이 잘 풀리면 다행이지만 대개는 일이 잘못되어 다시 처음으로 돌아간다. 조금 더 빨리 가려고 하다가 제자리로 돌아와 다시 출발해야 하는 것이다. 오히려 정상적인 절차를 거치는 것보다 더욱 안 좋은 결과를 얻을 수 있다.

2014년 9월에 《주식회사 고구려》라는 책을 집필했다. 고구려 역사를 배경으로 기업 경영의 시사점을 이끌어낸 책이었다. 오랜 기간의 집필을 끝낸 후 여러 출판사에 원고를 보냈다. 놀랍게도 출판사에 투고한 지 하루 만에 한 출판사로부터 연락이 왔고 계약하고 싶다는 의사를 밝혀왔다. 당시만 해도 조바심을 떨쳐버리지 못할 때였으므로 그 출판사와 덥석 계약하고 말았다. 당시에는 안정적으로 직장 생활을 하고 있었기에 서둘러야 할 이유가 전혀 없었음에도, 상식적으로 생각해도 무리한 출판 일정을 요구했다. 원고 욕심이 났던 출판사는 나의 요구를 들어주겠다고 했다. 그렇게 해서 처음 제안을 준 출판사와 계약을 체결하게 되었다.

불행하게도 이후 일정은 계획대로 진행되지 않았다. 일단 계약이 된 탓인지 출판사는 이리저리 핑계를 대며 일정을 미루기 시작했다. 계약할 때만 해도 3개월 내에 책을 내주겠다고 약속했지만, 막상 그 후에는 이미 예정된 출간 계획 때문에 어렵다며 말을 바꿨다. 애초에 약속했던 출판 일정은 시간이 지날수록 어그러져 갔고 그 사이 출판사 몇 군데에서 책을 내고 싶다고 연락해왔지만 모두 거절할 수밖에 없었다. 결국 출판사에 대한 신뢰는 무너져버렸고 출판 계약은 합의하에 해지하고 말았다. 몇 달이 지났지만 출판은 아무 소득도 없이 처음 상태로 돌아올 수밖에 없었다.

돌이켜 생각해보면 서두를 이유가 전혀 없었음에도, 조바심으로 지나치게 서둘렀고 결국 그 서두름은 더 먼 길을 돌아가도록 만들었다. 6개월이 지나서 처음 만난 출판사와 계약을 파기한 후 다른 출판사를 찾기 시작했지만 그 과정은 쉽지 않았다. 그동안 관심을 보였던 출판사들에 다시 연락해봤지만 괘씸하게 생각한 탓인지 모두 거절 의사를 밝혔다. 잘못은 내게 있으니 그들을 탓할 수는 없었다. 무려 1년이 지난 후 다른 출판사를 만나 책을 내게 되었지만 서두르지 않았을 때보다 훨씬 더 늦어져버렸다. 조금 빨리 가고 싶은 마음이 더욱 먼 거리를 돌아가도록 했던 것이다.

조바심은 공짜가 아니다. 조바심은 반드시 대가를 요구한다. 해야 할 일을 신속하게 처리하는 것은 꼭 필요하지만, 조바심이 개입하면 일은 오히려 더디어질 수 있다. 불안하고 초조한 마음에 사로잡히면 이루어 놓은 일은 모래 위에 쌓은 성과 마찬가지이다. 작은 충격에도 쉽게 허물어진다. 그러면 처음부터 다시 시작해야 한다. 오히려 더 먼 길을 돌아가게 함으로써 인생을 피곤하게 하는 것이 조바심이다.

물질적인 피해도 입을 수 있다. 주식 투자를 하는 경우가 그 예이다. 주식 투자의 경험이 있는 사람이라면 잘 알겠지만 주식은 사는 순간부터 조바심에 시달리도록 만든다. 자신이 투자한 주식이 어느 날 갑자기 하한가까지 폭락했다고 가정해보자. 아마도 패닉 상태에 빠지고 말 것이다. 이후로 며칠 동안 폭락 장세가 이어지면 그야말로 멘털이 붕괴되는 '멘붕' 상태에 빠진다. 있는 돈을 모두 날리면 어떻게 될까 불안한 마음 때문에 아무것도 들리지 않고 아무것도 보이지 않는다. 이성적인 상황이라면 취할 수 있는 여러 가지 대안 중에서 최대한 합리적인 선택을 하겠지만 전 재산을 날릴까 봐 두려운 상황에서는 그러한 여유가 없다. 따져보기도 전에 손절매를 하거나 물타기를 한다며 오히려 더 많은 자금을 투자한다. 물질적으로도 정신적으로도 손실이 아닐 수 없다.

《맹자》의 〈공손추〉 편에 우리가 잘 아는 알묘조장揠苗助長이라는 고사성어가 등장한다. 조바심이 일을 그르친 대표적인 사례 중 하나이다. 중국 송나라에 어리석은 농부가 살고 있었다. 어느 해, 모내기를 하고 난 후 벼가 얼마나 자랐는지 궁금해 논에 가 보았다. 어쩐 일인지 주위 다른 논들에 비해 자신의 논에 심은 벼만 성장이 더딘 것 같았다. 며칠을 지켜보았지만 여전히 자신의 논에 심은 벼가 이웃 논에 심어진 벼보다 성장이 더디었다. 농부는 혹시나 농사를 망치지나 않을까 조바심이 들었다.

농부는 자신의 벼가 이웃의 벼처럼 빨리 자라게 할 수 있는 방법이 없을까 고민하기 시작했다. 그러다가 자신이 도와주면 벼가 빨리 자랄 수 있을 것 같다는 생각이 들었다. 농부는 벼를 잡고 뿌리가 드러나지 않을 정도로 살짝만 잡아당겼다. 그러고 보니 다른 논의 벼처럼 키가 큰 것 같았다. 농부는 남은 벼를 모두 잡아당겨 키가 커 보이도록 했다.

안심이 된 농부는 기쁜 마음으로 집으로 돌아와 가족에게 논에서 있었던 일을 이야기했다. 놀란 농부의 아들이 한걸음에 논으로 달려가 보니 벼가 모두 말라 죽어 있었다. 농부는 벼의 순을 잡아 뽑으면 성장에 도움을 줄 수 있으리라 여겨 한 행동이지만 벼의 뿌리를 들뜨게 함으로써 벼를 말려 죽였다. 초조하고 불안한 마음이 자연의 순리를 거스르고 만 것이다. 농부는 그해 농사를 시작도 못 해보고 큰 손해를 입을 수밖에 없었다.

그 농부가 한두 해 농사를 지은 것도 아닐 텐데 뜻대로 되지 않을 것 같은 불안한 마음이 큰 손해를 보도록 만든 것이다. 만일 농부가 느긋한 마음으로 기다렸더라면 비록 조금 더디기는 해도 논에 심은 벼는 정상으로 자랐을 테고 물질적 손해도 적었을 것이다. 느긋하게 기다리지 못하는 마음이 큰 재물의 손실을 가져온 것이다.

정신적 장애가 생긴다
〰〰〰〰〰〰〰

조바심을 내면, 일의 성과가 좋지 않게 나타날 뿐만 아니라 자신의 재능이나 역량도 향상하지 못한다. 또한, 원하는 만큼 결과를 만들어내지 못하도록 한다. 이런 일이 반복적으로 일어나면 자신에 대한 신뢰가 무너지고 자신을 의심하는 일이 생긴다. 무엇을 해도 하는 일마다 안 풀리는 것 같고 스스로 자신이 운이 없는 사람처럼 여겨진다. 작은 일에도 자신감을 잃어버리고 무언가를 하려는 의지도 상실한다. 시간이 지나면서 점점 자기 비하와 무기력의 늪에 빠져들 수 있다. 심한 경우 우울증으로까지 발전한다.

초조하고 불안한 마음으로 안절부절못하다가 시간이 지나면서 점점 제한된 시간 안에 주어진 일을 마칠 수 없다고 느끼면, 지레 '안 될 거야'라고 생각해서 최선을 다하지 않는다. 또는 '될 대로 돼라' 하면서 자포자기의 심정이 된다. 더 이상 손쓸 수 없는 상태가 되면 '모르겠다. 어떻게든 되겠지'라는 무책임한 상태가 될 수도 있다. 시간적 여유가 있을 때 진작 서두르지 않았거나 손쓸 수 없도록 상황을 방치해버리면 자책감이 생기기도 한다. '조금 더 일찍 서둘렀으면 됐을 텐데 게으름을 피우는 바람에…' 또는 '평소에 좀 더 열심히 할걸. 너무 안일했어'라는 등 비난이 자기 자신에게로 향할 수 있다.

더 심해지면 '나는 무엇을 해도 안 되는구나' 또는 '나는 왜 늘 이 모양이지?'와 같은 생각에 사로잡힌다. 자기 자신을 형편없다고 여기거나 쓸모없는 존재로 보는 등 자기 비하가 늘어난다. 당연히 자신감은 찾아볼 수 없고 매사에 소극적이 될 수밖에 없다. 자주 주위 사람의 눈치를 보며, 늘 기가 죽어 있다. 그리고 자존감은 사치처럼 여겨진다.

시간이 지나면 무기력한 상태로 발전할 수도 있다. '어차피 안 될 텐데…'라는 생각이 사고를 지배하고 새로운 일을 시도해보기도 전에 포기하는 일이 잦아진다. 조바심이 실패를 부르고 실패가 반복되다 보면 자포자기의 심정이 되는 부정적 사이클이 반복된다. 그러면서 자신에 대한 신뢰 상실로 분노를 느끼고 심한 무기력감에 빠진다.

이는 학습에 의한 무기력이라고 할 수 있다. 말 그대로 반복적인 학습에 의해 무기력한 상태에 이르는 것으로, 긍정심리학의 창시자라 할 수 있는 마틴 셀리그만Martin Seligman에 의해 알려진 이론이다. 회피하거나 자신의 힘으로 극복할 수 없는 환경을 반복적으로 경험한 사람은 자신이 실제로 그 상황을 극복할 능력이 있음에도 시도조차 하지 않으려고 하는데, 이것이 학습된 무기력이다.

마틴 셀리그만은 개 24마리를 여덟 마리씩 세 집단으로 나누고 탈출할 수 없도록 철창을 두른 방에 가두었다. 이후 바닥을 통해 전기 충격을 가하는 실험을 진행했다. 첫 번째 집단은 방 한쪽에 차단 장치를 설치했다. 개들이 발이나 코로 우연히 차단 장치를 건드리면 전기 충격이 멈추도록 한 것이다. 바닥에서 전기 충격이 오면 개들은 극심한 고통에 몸부림친다. 우연히 차단 장치가 있다는 것을 알게 되고 반복적인 학습이 일어나면, 다음에는 바닥에 전기 충격이 오자마자 차단 장치를 눌러 전기 충격을 차단한다. 두 번째 집단은 아무런 차단 장치 없이 철창에 가두었다. 이 집단에 속한 개들은 바닥을 통해 전기 충격이 가해지면 속수무책으로 그 고통을 받아들일 수밖에 없었다. 아무리 피하고 싶어도 피할 수 있는 방법이 없으므로 고통스러운 순간을 그대로 감당할 수밖에 없었다. 마지막으로 세 번째 집단은 대조군으로 전기 충격을 가하지 않은 채 철창에 가둬두기만 했다.

24시간이 지난 후 마틴 셀리그만은 실험 조건을 변경했다. 이번에는 높은 울타리를 제거하고 탁구 네트처럼 낮은 울타리로 나누어진 분리된 공간 두 개를 마련했다. 한쪽 바닥에는 전기 충격 장치를 설치했지만 다른 쪽 바닥에는 아무런 장치도 설치하지 않았다. 바닥에서 전기 충격이 전해질 때 낮은 울타리를 뛰어넘어 다른 공간으로 넘어가면 전기 충격을 피할 수 있도록 한 것이다.

앞서 실험한 세 그룹의 개들을 이 실험 장치에 집어넣고 전기 충격을 가하자 놀라운 일이 벌어졌다. 차단 장치가 있었던 첫 번째 집단에 속해 있던 개들은 전기 충격이 가해지자 마자 모두 낮은 울타리를 뛰어넘어 안전한 공간으로 대피했다. 대조군으로 전기 충격을 받지 않았던 세 번째 집단에 속해 있던 개들도 깜짝 놀라 안전지대로 옮겨 갔다.

두 번째 집단은 달랐다. 철창에 갇혀 전기 충격의 고통을 고스란히 받아들여야 했던 두 번째 집단의 개들은 조금만 움직이면 손쉽게 고통을 피할 수 있음에도 처음 있던 자리에서 꼼짝도 하지 않은 채 고통을 고스란히 받아들였다. 여덟 마리 중 두 마리는 안전한 공간으로 대피했지만 나머지 여섯 마리는 대피할 생각조차 하지 않았다.

마틴 셀리그만의 실험은 학습된 무기력의 무서움을 보여준다. 피할 수 없는 상황이 반복적으로 계속되다 보면 스스로 극복할 수 있는 상황이 주어져도 그것을 벗어나려는 시도를 하지 않는다. 지레 포기하고 마는 것이다.

조바심은 낮은 성과와 실패를 불러올 수 있고 이것이 지속적으로 반복되다 보면 자신감의 상실과 자신에 대한 분노, 더 나아가 자기 비하가 일어난다. 자존감이 떨어지고 무기력에 빠질 수 있다. 즉, 무기력이 학습에 의해 일어나는 것이다.

무기력에 빠지면 매사가 귀찮고 아무것도 하기 싫은 상태가 된다. 단순히 무언가 하기 싫거나 귀찮게 여기는 정도라고 가볍게 생각할 수 있지만, 무기력은 심각한 정신적 질환 중 하나이다. 세계적으로 유명한 심리치료사 프랭크 미너스Frank Minirth는 무기력한 사람은 '육체적으로나 정서적으로 탈진한 상태이다. 미래가 불확실하다고 느끼고 지인과 사회로부터 자신을 고립시키려고 하며 감정적인 허탈감에서 수반되는 정신적 고통을 느낀다'고 한다. 그가 제시한 무기력 테스트 24개 항목 중에는 "매사에 자꾸 조바심이 생긴다"라는 항목이 포함되어 있다.

마틴 셀리그만과 프랭크 미너스 모두 무기력을 방치하면 우울증으로 발전할 수 있다고 경고한다. 무기력이 오래 지속되면 우울증이 나타날 수 있고, 우울증은 무기력을 동반하므로 상호 부정적인 연결 고리를 만들어내는 것이다. 무기력과 우울증이 얼마나 무서운 질병인지는 굳이 설명하지 않아도 잘 알 것이다. 평소에 자주 초조와 불안을 느낀다면 경중의 차이는 있겠지만 어느 정도는 무기력이나 우울증 증상을 경험한다.

만성적인 조바심은 불안장애anxiety disorder를 가져올 수도 있다. 다양한 형태의 비정상적이거나 병적인 공포와 불안으로 일상생활에 장애를 일으키는 질병이 불안장애이다. 일상생활이 불가능할 정도로 불안감을 느끼는 것인데, 대표적으로 다음과 같은 것들이 있다.

· 범불안장애 GAD

과잉 불안장애라고 한다. 바람직하지 않은 어떤 일이 일어나리라는 불특정한 불안감이 6개월 이상 지속적으로 나타난다. 지나칠 정도로 걱정하고 안절부절못하거나 입이 마르고 식은땀을 흘리거나 어지러움을 느끼는 등 다양한 증세가 나타난다. 신경이 예민하여 특별한 일이 없는 상황에서도 부정적 요소에 현저하게 주의를 기울이거나, 부정적인 일이 일어날 확률을 과대평가하고 결과를 두려워한다. 반면 자신의 대처 능력은 과소평가하는 등 부정적인 요소는 증폭하고 긍정적인 요소는 축소한다.

· 공포증 phobia

고대 그리스어로 '소테리아 soteria'는 극단적이고 비이성적인 기쁨을 의미한다. 반대로 '포비아 phobia'는 병적이고 비이성적인 공포를 뜻한다. 공포증은 특수한 상황이나 대상에 대해 공포와 불안을 느끼고 이를 피하려는 증상이다. 다른 사람과의 상호작용을 두려워하고 불안해하는 사회공포증 social anxiety도 이에 포함된다.

· 공황장애 panic disorder

아무 이유 없이 주위의 모든 것이 두려워지고 불안해서 호흡이 제대로 안 되고, 땀이 나거나 맥박이 늦게 뛰며 어지러움을 느끼는 등의 증상이 나타난다. 발작을 동반하기도 한다.

이 외에도 충격적인 사건을 경험하고 난 후 불안 상태가 지속되는 외상 후 스트레스 장애PTSD와 분리불안장애 등도 있다.

통계에 따르면 전 세계 인구의 5~7퍼센트가 이러한 불안장애를 가지고 있다. 그런데 무기력이나 우울증, 불안장애까지 발전하지 않더라도 조바심은 육체적, 정신적 측면에서 피해를 줄 수 있다. 만성적으로 조바심을 내면 만성 스트레스가 되고 아드레날린이나 코르티솔과 같은 과다한 스트레스 호르몬이 분비된다. 이로 인해 비만이 되거나, 면역 시스템의 균형이 파괴되어 질병에 취약해진다. 사회적 관계 형성과 언어 활용에도 지장을 가져올 수 있는데, 사소한 일에도 조급함을 드러내거나 감정을 통제하지 못하는 감정조절장애 등의 증상으로도 발전할 수 있다.

화가 많아지는 것도 만성적인 조바심으로 나타날 수 있는 현상이다. 기분이 좋거나 편안한 상태에서는 화가 나지 않는다. 이성적 사고를 하는 전두엽이 최대한으로 가동되면서 외부 압박감을 이겨내고 변연계에서 올라오는 감정을 잘 억제하기 때문이다. 감정 통제가 원활하게 이루어지는 것이다. 반면에 초조하거나 불안을 느끼는 부정적인 감정 상태에서는 전두엽의 억제 기능이 떨어진다. 이미 많은 에너지를 변연계에서 일어나는 부정적 감정을 해소하는 데 사용하고 있어 전두엽이 이용할 수 있는 에너지가 줄어들기 때문이다. 조바심을 느끼는 상황이 되면, 평소에는 쉽사리 흥분하거나 화를 내지 않는 사람도 뜻하지 않게 화를 낼 수 있다.

영국 헐대학교 과학자들은 불안감을 느끼는 사람들이 위협에 직면하면 어떤 반응을 나타내는지 알아보기 위한 실험을 했다. 일단 실험 참여자들을 모집한 후 컴퓨터를 통해 위협적인 이미지와 중립적인 이미지를 노출 시간을 달리하며 보여주었다. 그 결과 나쁜 일이 일어날 것이라고 불안한 감정에 휩싸인 사람은 위협을 과대평가하고 공포감을 더 많이 표현했다. 조바심으로 평소 부정적 감정에 사로잡히거나 자기 비하가 심한 사람은 중립적인 상황에서도 그것을 불필요하게 확대 해석하고 감정적으로 대응할 가능성이 크다는 이야기이다.

심리학 용어 중에 투사projection라는 것이 있다. 프로젝터에서 영상을 스크린에 비추는 것처럼 나의 감정 상태를 다른 사람에게 비추어 그 사람의 감정 상태라고 여기는 것이다. 자신이 누군가를 싫어하면 상대방도 날 싫어한다고 여기거나, 자신이 불안함을 느끼면 다른 사람도 불안함을 느낀다고 생각하는 것이다.

늘 불안하고 초조한 마음을 가슴에 담고 다니면 주위 단서들을 잘못 인식하고 중립적인 자극에도 화를 낼 가능성이 많아진다. 불안하고 초조한 마음이 언제든 화를 낼 준비를 하게 만든다. 화를 낼 상황이 아니거나 위협적인 상황이 아님에도 불구하고 화를 낸다. 이런 일이 잦아지면 분노조절장애 증상으로 나타날 수 있다. 막히는 길에서 갓길로 끼어든 차량과 시비 끝에 야구방망이를 휘두르는 극단적 상황도 이미 그 사람의 머릿속에 초조와 불안이 가득 차 있었기 때문일 수 있다. 그 사람의 평소 생활 모습을 보면 쉽게 조바심을 내는지도 모른다.

참을성 없이 쉽게 화를 내고 고함을 치는 사람은 나이 들어서 심장마비에 걸릴 확률도 상대적으로 높다고 한다. 육체적, 정신적으로 삶을 망가뜨리는 지름길인 셈이다.

지금까지 언급한 내용들은 조바심에 시달리는 사람에게서 쉽게 발견할 수 있는 특징이다. 하나의 특징은 다른 특징과 연결되어 있다. 우왕좌왕하다 보면 하는 것 없이 시간을 흘려보내고 시간이 오래 걸리는 일은 하지 못하며, 실행력도 약해진다. 이것 조금 저것 조금 하다 보니 성취감도 낮아진다. 마음이 급해지니 자기 통제력을 잃어 일을 끌고 가는 것이 아니라 뒤좇아 다니고, 눈앞에 보이는 것만 좇다 보니 시야도 좁아질 수밖에 없다. 이런 사이클이 반복되다 보면 자기도 모르게 삶 자체에 의욕을 잃을 수 있다. 사는 게 즐거운 일이 아니라 지겹고 고통스러운 경험으로 바뀐다. 조바심의 굴레는 한번 빠져들면 빠져나오기 힘든 미궁과 같다.

　조바심을 내는 것은 인생을 늘 시험 마감 5분 전의 상태로 사는 것이나 다를 바 없다. 시험이 시작되고 5분이 지난 후에는 집중력이 가장 높아질 시간이지만 시험 마감 5분 전에는 대부분 사람이 시간에 쫓겨 아무것도 할 수 없다. 아직도 풀지 못한 문제가 남아 있지만 초조하고 불안한 마음 때문에 문제조차 제대로 읽지 못한다. 곰곰이 생각하고 답을 찾기보다는 답을 못 쓴 문제를 훑어보고 가장 맞을 거 같은 답을 찾아 '찍기'에 바쁘다. 요행을 바라면서.

　그 시간이 되면 더 이상 의미 있는 사고 작용은 이루어지지 않는다. 다행히 찍은 답이 맞을 수도 있지만 매번 그런 행운이 반복되지는 않는다. 만일 객관식이 아닌 주관식 시험이라면 시험 마감 5분 전은 이미 포기 상태나 다름없다. 시험 장소에 앉아 있는 것 자체가 고통처럼 느껴질 테다. 시간이 어서 지나 시험이 끝나기만 기다릴 뿐이다.

이렇듯 조바심이 깊어지면, 심한 경우 요행을 바라거나 체념한 상태로 인생을 살게 된다. 누군가는 이런 말을 했다. "조바심은 땀은 흘리지 않고 열매만 얻고 싶은 욕심이다." 이런 삶이 즐겁거나 행복하게 느껴질 리가 없다. 피곤하고 힘들게만 여겨질 뿐이다. 그러므로 조바심은 반드시 던져버리지 않으면 안 될 삶의 독소이다.

3장
조바심을 떨쳐버리기 위한
뇌 습관 만들기

초등학교 교과서에는 '윤회와 거위' 이야기가 나온다. 윤회는 고려 말에서 조선 초기까지 주요 관직을 거친 정치인이기도 하고 성리학을 조선의 국교로 자리매김하는 데 큰 공을 세운 인물이기도 하다. 윤회가 젊은 시절, 하루는 길을 가다가 날이 어두워져 주막에 묵으려 했으나, 행색이 변변치 않은 윤회를 본 주인이 탐탁지 않게 여겨 방을 내주지 않았다. 하는 수 없이 처마 밑에 앉아 있다가 주인집 아들이 진주를 가지고 노는 모습을 보았다.

그런데 아이가 실수로 진주를 바닥에 떨어뜨렸는데 날이 어두워 찾지 못하자 그만 방으로 들어가 버렸다. 잠시 후 거위 한 마리가 다가오더니 땅에서 무언가를 주워 먹는 모습이 윤회의 눈에 들어왔다. 얼마 지나지 않아 주인이 윤회에게 다가오더니 귀한 진주가 없어졌다며 그를 의심했다. 그러고는 날이 밝으면 관가에 고발하겠다며 나무 기둥에 묶었다. 윤회는 기가 막혔지만 당황하지 않고 침착하게 거위도 도망가지 못하도록 기둥에 묶어달라고 말했다.

다음 날 아침, 주막 주인이 윤회를 관가로 끌고 가려고 하자 그는 주인에게 거위의 배설물을 살펴보라고 말했다. 주인이 마땅치 않은 얼굴로 배설물을 뒤적이자, 과연 거기에서 잃어버린 진주가 나왔다. 무안해진 주인이 왜 간밤에 거위가 진주를 먹었다고 말하지 않았냐고 묻자 윤회는 이렇게 대답했다.

"만약 내가 어젯밤에 거위가 진주를 먹었다고 얘기했으면 당신이 조바심에 거위 배를 갈랐을 것 아니오. 하룻밤만 지나면 거위를 살릴 수 있기 때문에 꾹 참은 것뿐이오."

누구나 아는 이야기이지만 윤회가 인내심을 발휘하지 못했다면 조급한 주인에 의해 거위는 목숨을 잃었을 것이고 주인은 재산 손실을 입었을 것이다. 조바심 내지 않고 침착하게 대응한 윤회 덕분에 그 누구도 손해 보는 일은 없었다. 비록 그 자신은 조금 고생했을지라도 말이다.

앞서 살펴본 것처럼 조바심은 삶 자체를 힘들고 피곤하게 만든다. 여유롭고 행복한 삶을 누리기 위해서 조바심을 방치해서는 안 된다. 보다 각별한 관심과 치유가 필요하다. 애석하게도 조바심은 단기간에 떨쳐버리기 힘들다. 특히나 습관이 된 경우에는 더욱 그렇다. 조바심이라는 것이 심적인 불안과 초조를 느끼는 부정적인 감정이므로 그것을 고치기 위해서는 꽤 오랜 시간에 걸쳐 반복적인 노력을 해야 한다. 역설적이지만 조바심을 고치기 위해서는 인내가 필요하다. 더불어 조바심은 노력하면 얼마든지 고칠 수 있다는 굳은 믿음, 자기 자신에 대한 확신을 가지고 여유 있는 자세로 대처하는 것이 중요하다.

이번 장에서는 조바심을 떨쳐버릴 수 있는 3단계 인지행동치료 방법을 알아보고자 한다. 무엇보다 먼저 자신이 조바심을 낸다는 것을 알아차려야 한다. 즉 자기인식self-awareness이 필요하다. 자기인식이란 자신의 심리 상태와 행동 특성에 대해 스스로 깨닫는 것을 말한다.

한편으로는 메타인지meta-cognition의식을 활용하는 것이라고도 볼 수 있다. 메타인지 또한 자신의 감정 상태에 대해 자각하는 것으로 스스로 조바심이 나서 불안하고 안절부절못하고 있음을 인지하는 것이다. 이것이 조바심 나는 마음을 다스리는 첫 번째 단계이다.

자신이 조바심을 낸다는 사실을 인지하고 나면, 다음 단계에서는 그 감정을 누그러뜨려야 한다. 알면서도 그 감정을 누그러뜨리지 못하면 감정을 알아차려도 소용이 없다. 적극적인 심리적 대응을 통해 조바심을 억누르고 평정심을 찾아야 한다. 이 단계에서는 긍정적인 방향으로의 인지 전환이 필요하다. 과거에 조바심으로 인해 일을 망쳤거나 물질적인 피해를 봤던 사례를 떠올리거나, 조바심을 긍정적인 관점에서 바라보는 것이다.

마지막 단계에서는 조바심이 나는 마음에서 즉시 벗어나도록 조치를 취하는 것이다. 인간의 뇌는 부정적인 생각을 하면 그 굴레에서 벗어나기가 쉽지 않다. 사소한 부정적 감정을 반복해 생각할수록 그 감정은 더욱 커져 걷잡을 수 없게 된다. 그러므로 조바심이 고개를 들면 적극적인 감정의 다스림을 통해 머릿속에서 부정적인 생각을 쫓아내야 한다. 이를 정리하면 다음과 같다.

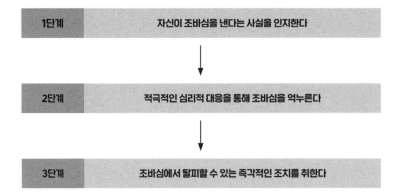

1단계	자신이 조바심을 낸다는 사실을 인지한다
2단계	적극적인 심리적 대응을 통해 조바심을 억누른다
3단계	조바심에서 탈피할 수 있는 즉각적인 조치를 취한다

[즉각적으로 조바심에서 탈출하는 방법]

1단계 명명 :
자신이 조바심을 낸다는 사실을 인지한다

조바심으로 인한 불안과 초조 등을 방치하면 정신에너지가 불필요하게 고갈되어 내면세계가 피폐해질 수 있다. 사고력이나 판단력이 흐려지고 주위 사람에게 짜증이나 화를 낼 수 있다. 당연히 일을 그르치고, 좋은 결과보다는 좋지 못한 결과를 얻을 가능성이 커진다. 그러므로 조바심이 날 때 서둘러 그 감정 상태에서 벗어나야 한다. 제일 먼저 해야 할 것은 자기인식이다. 자신이 현재 느끼는 감정이나 정서, 의식이 어떠한지를 정확하게 파악하는 것으로, 자기가 조바심을 낸다는 사실을 알아차려야 한다.

자신의 감정이나 정서, 의식을 최우선으로 이해해야 하는 것은 그것을 알아야만 감정을 통제할 수 있기 때문이다. 내부에서 어떤 감정의 변화가 일어나는데 그것이 어떠한 것인지 정확히 알지 못하면 그에 맞춰 적절한 조치를 할 수 없다. 스스로 움츠러들어 방어적이 되거나 거꾸로 공격적이 될 수 있다. 이렇게 되면 자신의 주변 세계를 인식하고 상호작용을 하는 데 혼란을 가져오게 된다.

예를 들어 누군가에게 화가 날 때 사실은 그 이면에는 상대방에 대한 배신감이나 얄미운 마음 등이 있을 수 있다. 빙산처럼 수면 밖으로 드러나 보이는 감정은 분노이지만, 수면 밑에는 배신감이나 얄미운 마음이 숨어 있어 그것이 '화'라는 형태로 나타난 것이다. 화가 날 때, 배신감을 느낄 때, 얄미운 감정이 들 때 취할 수 있는 행동은 조금씩 다를 것이다. 배신감을 느끼거나 얄미운 감정을 느낄 때는 상대방으로 하여금 잘못을 깨닫도록 해야 하지만, 화가 날 때는 감정을 폭발시키거나 반대로 억제하는 행동을 취해야 한다. 상대방에게 배신감을 느껴 화를 내면 상대는 화를 낸 것만 받아들일 뿐 자신의 행동에 대해서는 생각해보지 못한다. 그러면 잘못은 오로지 화를 낸 사람에게 돌아갈 뿐이다. 이렇듯 자신이 현재 느끼는 감정이나 정서, 혹은 의식 등을 정확히 알아야만 그 감정을 통제할 수 있다. 그리고 상황에 맞는 행동을 취하며 그 상황에서 벗어날 실마리를 찾을 수 있다.

그렇게 자신의 내면세계에서 조바심이 고개를 드는 것을 알고 나면, 그다음은 그 감정에 짧게 이름을 붙인다. 예를 들어 '초조하다'거나 '불안하다' 혹은 '짜증이 난다' 등 짧게 감정 상태를 표현하는 것이다. 주의할 점은 '나는 지금 조바심으로 초조하고 불안해서 짜증이 난다'와 같이 자신의 감정 상태를 길게 표현하는 것이 아니다. 감정 상태만 드러나도록 짧게 이름을 붙이는 것이다. 감정 상태를 길게 나열하면 오히려 그것으로 감정이 더욱 자극되고 더 나쁜 감정으로 확산할 수 있다. 그러므로 감정 상태를 인식하도록 짧게 이름을 붙이고 눈으로 볼 수 있게 메모지나 노트에 적어본다.

메모할 수 없는 상황이라면 자신이 현재 느끼는 감정 상태를 말로 표현해도 괜찮다. "화가 났어", "초조해", "불안해" 등 감정을 입으로 소리 내어 말하는 것이다. 사람이 많은 장소라면 자신만 듣도록 작게 말해도 괜찮다. 이처럼 짧게 쓰거나 말로 하는 것만으로도 자신이 느끼는 감정에 집중할 수 있다. 이를 명명labelling이라고 한다.

아주 단순하지만 명명은 큰 효과를 낸다. 초조하거나 불안하거나 더 나아가 화가 나는 경우, 뇌의 에너지는 감정과 정서를 담당하는 변연계로 흘러 들어간다. 이 순간에 이성적인 사고를 하는 전두엽은 뇌에서 주도권을 잃어버리고 변연계가 이끄는 감정에 휩싸여버릴 수 있다. 이때 자신이 느끼는 감정이나 정서에 이름을 붙이려고 하면, 논리적이고 분석적인 사고를 하는 전두엽으로 에너지가 들어간다. 변연계에 잃어버렸던 주도권을 다시 전두엽으로 되찾아오는 것이다. 이 단순한 행위를 통해 다시 의식의 흐름을 감정적인 상태에서 이성적인 상태로 되돌릴 수 있다. 실제로 fMRI(기능성자기공명영상장치)를 이용하여 뇌의 움직임을 촬영해보면 자신의 감정에 이름을 붙이는 순간 변연계의 활동이 줄어드는 것을 볼 수 있다. 감정에 대한 짧은 명명만으로도 감정적 상태를 가라앉히고 이성적 상태로 돌아갈 수 있는 것이다.

이는 특히 화가 날 때 유용한 기법 중 하나이다. 화는 감정의 뇌에서 순간적으로 치밀어 오른다. 그러나 사람 대다수가 그렇듯 화를 내고 나면 반드시 후회하곤 한다. '만일 그때 조금만 참았더라면 좋았을 텐데…' 하고 뒤늦게 자책할 때도 많다. 화가 날 때 감정에 따라 분노를 폭발시키기보다는 '화를 내면 안 돼. 분명 나중에 후회할 거야'라고 이성적인 사고를 할 수 있다면 자신의 감정을 다스리기 용이해질 것이다. 조바심도 마찬가지이다.

그리고 우리가 일반적으로 화가 나거나 짜증이 났을 때 하는 것처럼 "아, 열받아"나 "짜증 나" 등 습관적으로 툭 내뱉듯이 해서는 안 된다. 이것은 조바심이 나는 감정을 해결하는 데 전혀 도움 되지 않는다. 그냥 자신의 감정 상태를 그대로 외부로 드러내는 행동일 뿐이다. 이미 이성적 사고를 관장하는 전두엽을 거치지 않고 감정 상태가 드러난 것이다. 그렇게 무의식적으로 자신의 감정을 툭 내뱉기 전에 의식을 집중하여 감정이나 정서에 정확한 이름을 붙여주어야 한다.

감정이나 정서 상태를 명확히 알아내기 위해서는 자신의 인지 상태를 객관적으로 바라보는 것이 필요하다. 마치 유체이탈 상태처럼 자신의 밖에 서서 자신이 느끼는 감정을 있는 그대로 바라보아야 한다. 감정을 잘 조절하는 사람은 자신이 어떤 감정을 얼마나 느끼는지 잘 안다. 그리고 그러한 감정이 어떠한 영향을 미치는지 예상할 수 있다. 이를 메타인지의식이라고 한다. 메타인지란 초超인지 또는 상위上位인지라고 하는데 자신이 인지하는 감정 자체를 스스로 인식하는 것을 말한다. 자신에게 일어나는 감정 변화를 마치 제삼자가 관찰하듯 외부에서 바라보는 것이다. 자신이 수행하는 인지 과정 자체를 인지하는 상위의 인지 과정이라고 할 수 있다.

원래 메타인지는 학습적인 측면에서 주로 활용된다. 메타인지라는 용어는 존 H. 플라벨John H. Flavell이 만든 것으로, 자신이 아는 것과 모르는 것을 인지하는 일이라고 할 수 있다. 성적이 상위권에 드는 학생과 학습 능력이 떨어지는 학생의 가장 큰 차이는 자신이 무엇을 알고 무엇을 모르는지 아느냐 여부이다. 즉, 자신이 무엇을 알고 모르는지 아는 것이 메타인지이고, 그것을 가능하게 하는 것이 '메타인지의식'이다.

자신의 감정이나 정서, 의식 등에 이름을 붙이기 위해서는 감정 변화를 명확하게 인지해야 한다. 정확한 용어의 정의를 보면 메타인지가 자신의 감정 상태 변화를 인지하는 것을 일컫는 말은 아닐 수 있지만, 자신이 내면에서 일어나는 감정 변화를 객관적으로 바라보고 의식할 수 있다는 측면에서 메타인지라는 용어를 차용해도 무방할 것 같다.

2단계 인지 전환 :
적극적인 심리적 대응을 통해 조바심을 억누른다

1단계에서 자신이 조바심을 낸다는 사실을 인지하면 의식은 순간적으로 변연계를 떠나 전두엽으로 돌아온다. 감정보다는 이성을 통해 자신을 다스릴 수 있는 환경을 조성한 셈이다. 이때를 놓치지 말고 보다 적극적인 행동을 취해 이성적 사고가 감정적 사고를 밀어내고 지속될 수 있도록 해야 한다.

2단계에서는 자신이 느낀 초조하고 불안한 감정에 적극적인 인지 전환을 시도함으로써 조바심을 억누른다. 인지 전환은 말 그대로 인지하는 것을 바꾼다는 의미이다. 아직 일어나지 않은 미래에 대해 초조하고 불안해한다는 측면에서, 조바심은 일종의 정신적인 문제라고 할 수 있다. 상당수 정신적인 문제는 믿음의 오류에서 기인한다. 즉 시간적 압박을 느끼는 상황에서 느긋하게 있으면 안 된다는 잘못된 생각에서 비롯하는 것이다.

이러한 생각은 자기 자신에 대한 자책으로도 이어질 수 있다. 하지만 이미 늦어버린 일에 대해 아무리 불안해하며 자책해봐야 소용이 없다. 부정적인 감정은 가만히 놔두면 언덕을 굴러 내려오는 눈덩이처럼 갈수록 크게 불어날 뿐이다. 이를 '눈덩이 효과snowball effect'라고 한다. 영국의 추리소설 작가 G. K. 체스터턴G. K. Chesterton은 '걱정거리란 어린아이와 같다'고 했다. 관심을 가지고 바라볼수록 쑥쑥 자라는 어린아이처럼 성장하기 때문이다. 조바심과 같은 부정적인 감정도 마찬가지이다. 가면 갈수록 이성의 끈을 놓게 하기만 할 뿐, 초조하고 불안해한다고 해서 달라질 것은 없다.

조바심이 문제 해결에 도움이 되지 않음을 깨닫는다

인지 전환은 다시 세부적인 단계로 나뉜다. 첫 번째는 조바심이 문제 해결에 전혀 도움이 되지 않는다는 사실을 깨닫는 것이다. 예로, 사장

님을 비롯한 고위 임원들이 모인 자리에서 중요한 프로젝트 결과를 보고하는 날에 예상치 못한 교통 상황으로 늦는다고 해보자. 식은땀이 흐르고 손발이 저려올 것이다. 입술이 바짝바짝 마르고 심장은 터질 듯이 뛰다 못해 고통마저 느낄지도 모른다. 그런데 생각해보면 그렇게 마음을 졸이는 것이 약속 시간에 늦지 않게 하는 데 어떠한 도움이라도 주는가? 조바심을 내면 제시간에 늦지 않고 도착할 수 있을까? 조바심을 내면 임원들이 내가 늦는 것을 이해해줄까? 달라질 상황은 아무것도 없다. 조바심을 내든 그렇지 않든 상황은 바뀌지 않는다.

대학 입시에서 좋은 성적을 얻을 수 없을 것 같다고 초조하고 불안해해봐야 소용이 없다. 오히려 아무것에도 집중할 수 없어 성적만 더 나빠질 수 있다. 그럴 바에는 차라리 마음을 느긋하게 먹고 차근차근 부족한 과목을 공부해나가는 것이 더 좋은 결과를 얻는다.

나의 경우, 책을 빨리 내고 싶다고 발을 동동 구르며 조바심을 내봐야 아무 소용이 없다는 것이다. 조바심을 내면 낼수록 허술한 책이 나올 뿐이다. 조바심이 고개를 들 때마다, 그러한 감정이 어떠한 문제도 해결해주지 못한다는 사실을 떠올릴 필요가 있다. 이는 일종의 마인드 컨트롤이다. 조바심이 나는 마음을 털어버리려고 노력하는 것이다.

하버드대학교 심리학과의 분석에 의하면, 사람이 하는 걱정 중 99퍼센트 이상은 현재 상황에서 불필요한 것이다. 사람의 걱정을 분석해보니 40퍼센트는 미래에 대한 걱정이었고, 30퍼센트는 과거에 대한 것이었다. 22퍼센트는 생활 중 부족한 부분에 대한 걱정이었고 4퍼센트는 바꿀 수 없는 것에 대한 걱정이었으며, 나머지 3퍼센트는 하는 일

자체에 대한 걱정이었다고 한다. 다시 말해 걱정하는 대부분 일이 처음부터 해결 방법이 없거나 걱정해도 해결될 수 없는 일이라는 것이다. 그럼에도 우리는 늘 걱정을 몸에 붙은 살처럼 끼고 산다. 그래서 티베트에는 이러한 속담이 있다.

"걱정을 해서 걱정이 없어지면 걱정이 없겠네."

티베트 속담처럼 걱정하는 마음 그 실체를 바라보고, 마음속에서 그 마음을 쫓아내야만 한다.

냉전 시대 미국과 소련, 그리고 동독 간의 스파이 사건을 다룬 스티븐 스필버그 감독의 영화 〈스파이 브릿지〉에 인상 깊은 장면이 나온다. 영화는 톰 행크스가 연기한 미국의 보험 전문 변호사 '제임스 도노반'이 소련의 스파이 '루돌프 아벨'이 스파이 활동을 하지 않았다는 것을 변호하는 내용이다. 이 영화에서 톰 행크스는 시종일관 열정적인 변호사의 모습을 보여준다. 제임스는 루돌프의 목숨을 살리기 위해 위험을 무릅쓰고 상당한 노력을 기울인다. 반면에 스파이 활동을 하지 않았다는 것을 증명하지 못하면 목숨이 위태로워지는 상황임에도 루돌프는 스파이 짓을 부인하거나 살려달라는 애원 한 번 하지 않고 늘 침착하고 차분한 모습을 보여준다. 그 상황에서 자신이 할 수 있는 일은 아무것도 없음을 알기 때문이다.

이를 이상하게 여긴 제임스가 세 차례에 걸쳐 걱정스럽지 않으냐고 물어본다. 어떻게 그렇게 태연할 수 있느냐는 의문이다. 그때마다 루돌프는 이렇게 대답한다.

"걱정한다고 달라질 게 있소?"

그 대답을 들을 때마다 오히려 질문을 던진 제임스는 말문이 막힌다.

조바심에 대처하는 자세도 이렇게 초연함이 필요하다. 조바심은 기본적으로 일이 제대로 되지 않을 것을 걱정하는 마음이다. 그런데 걱정은 앞서 언급한 것처럼 대부분 의미 없는 것들뿐이다. 즉 일어날 일은 일어나고 일어나지 않을 일은 일어나지 않는다. 그리고 대부분은 걱정한 것보다 가볍게 지나간다.

보고 시간에 늦었다고 해서 욕을 바가지로 먹고 인사고과에서 나쁜 점수를 받을 수도 있지만, 사정을 이해하고 별일 없이 넘어갈 수도 있다. 염려하고 가슴 졸이며 걱정했던 대입 시험에서 예상외로 좋은 결과를 얻을 수도 있다. 뒤늦게 나의 책에 관심을 가져주는 출판사가 나타날 수도 있다. 결과는 어떻게 될지 아무도 모른다. 이미 지나간 일, 일어나지 않은 일, 내 힘으로 어쩔 수 없는 일로 근심 걱정에 휩싸여 지내봐야 아무 소용이 없다.

조바심이 날 때도 마찬가지이다. 티베트의 속담을 변형하여 '조바심을 내서 조바심이 사라지면 조바심을 낼 필요가 없겠네'라는 마음가짐이 필요하다. 조바심을 낸다고 해서 일이 해결되는 것도 아니고 오히려 그 조바심으로 일이 더디어지고 결과가 허술해질 수 있다고 생각하면 조바심이 결코 이롭지 않다는 것을 인지해야 한다.

나는 충동적으로 회사를 그만둔 후 거의 18개월 동안 경제적 절벽과 마주해야 했다. 물론 책을 쓰거나 대학에서 강의하거나 기고해서 얼마만큼의 돈을 쥘 수는 있었지만, 대학생 아들과 고등학생 딸을 거느리고 가계를 꾸려가기에는 턱없이 부족한 돈이었다. 물론 퇴직금과

저축한 돈 등 당분간 생활할 수 있는 자금은 있었지만, 무직자 생활이 길어지면 견디기 힘들었기에 하루빨리 생계 수단을 찾아야 하는 상황이었다.

하지만 모든 노력이 쉽지 않았다. 힘들게 쓴 책들은 우여곡절을 겪으며 출판이 좌절되었고 믿고 있었던 강의는 의뢰조차 없었다. 창업하려고 시도해봤지만 나이 든 사람에게 돈을 대주겠다는 마음씨 좋은 혹은 어리숙한 자본가들은 없었다. 마지막 수단으로 재취업하려고 해봤지만 이미 오십을 넘은 사람을 써주겠다는 기업도 없었다. 그러다 보니 하루하루가 마치 깊은 물속을 걷는 것처럼 힘들었고 빨리 해결하지 않으면 안 된다는 조바심에 시달렸다.

서둘러서 해결책을 찾지 않으면 안 된다는 조바심 때문에 무엇 하나 끈질기게 집중할 수 없었다. 시간이 걸릴 만한 일은 초조한 마음 때문에 할 수 없었다. 그래서 무엇이든 빨리 결과를 내고 싶어 늘 서둘렀다. 그 때문에 추진하는 모든 일이 더욱 꼬여만 갔다. 여유 있게 생각하면 더욱 좋은 결과를 얻을 수 있었을 텐데 급한 마음에 서두르다 보니 안 좋은 결과를 얻을 수밖에 없었다. 눈앞에 놓인 경제적 절벽은 도저히 극복할 수 없을 것만 같았다.

그러던 어느 날 거짓말처럼 모든 걱정이 사라졌다. 다시 일할 수 있게 되었고 예전보다 부족하지 않을 만큼의 생활비를 벌 수 있었다. 게다가 시간적으로도 여유가 있었고 무엇보다 내가 하고 싶었던 일을 할 수 있게 되었다. 지금 와서 생각해보면 조바심을 낸다고 해서 일이 해결되는 것도 아니었건만 괜히 애만 태웠다. 물론 그 당시 상황에서는 누구보다 절박한 심정이었지만 그 조바심이 결코 나의 어려운 상황을 벗어나는 데 도움이 되지는 못했다.

조바심은 수많은 문제점을 만들어낼 뿐이다. 지나치게 서두름으로써 자주 실수하거나 경솔하게 설익은 행동을 하고 더 좋은 기회를 놓친다. 때로 자존심이 상하는 행동으로 마음의 상처를 입을 수도 있다. 게다가 비굴해지거나 부도덕해질 수도 있다. 그러므로 조바심이 날 때 제일 먼저 해야 할 일은 조바심을 내봐야 소용이 없다는 사실을 깨닫고, 조바심을 내지 않으려 의식적으로 노력하는 것이다.

막히는 길 위, 차 안에서 발을 동동 구르기보다는 '이런다고 빨리 갈 수 있는 것도 아니고 차라리 음악이나 즐기자'라고 생각해야 한다. 사랑하는 사람과 결혼하고 싶어 안절부절못하기보다는 '그렇게 조바심을 내다가는 될 일도 안 되고 사랑하는 사람도 잃을 수 있다'고 여겨야 한다. 친구의 승진에 조바심을 내고 질투하기보다는 '뒤늦게 피는 꽃이 더 화려할 수 있다'고 마음에 새겨야 한다.

해결할 수 없는 문제를 붙잡고 가슴을 졸이기보다는 차라리 마음 편하게 주어진 상황을 받아들이는 것이 정신 건강 측면에서 더 낫다.

이 글을 읽는 독자 중 상당수는 이 이야기를 받아들이기 힘들지 모른다. 어떻게 일이 틀어지거나 잘못될 수 있는 상황에서 걱정하지 않고 한가하게 받아들일 수 있느냐고 반문할지 모른다. 하지만 난 이러한 방법으로 조바심을 치료하고 있고, 그 효과는 무척 크다. 과거 같았으면 이 책을 쓰는 동안에도 빨리 작업을 끝내고 싶어 초조하고 불안했겠지만 지금은 서두르지 않고 느긋하게 글 쓰는 것을 즐긴다. 서두르면 서두를수록 형편없는 글이 나오고 공을 들이면 들일수록 좋은 책이 나온다고 생각하니 오히려 서두르고 싶은 마음이 사라졌다. 이제는 전혀 조바심이 나지 않는다. 이렇게 되니 글 쓰는 일도 정말 편해졌다.

그렇다면 왜 많은 사람이 이를 알면서도 실천하지 못하는 것일까? 그것은 아마도 심리적인 부담감 때문일 테다. 일종의 인지부조화 cognitive dissonance라고 할 수 있다. 인지부조화는 개인이 옳다고 여기는 신념과 다른 행동을 하는 것이다. 예를 들어 담배를 피우는 것이 건강에 나쁘다는 것을 알면서도 담배를 피우는 행위가 그러하다.

스탠퍼드대학교 교수였던 미국의 심리학자 레온 페스팅거Leon Festinger는 인지부조화를 밝혀내기 위한 한 가지 실험을 계획한다. 실험 참여자를 모집한 후 몇 시간 동안 초보적인 계산 문제를 풀도록 한다. 그러고는 말도 안 되는 설명을 하면서 참여자들을 혼란스럽게 한다. 실험은 참으로 지루했지만 모든 참여자가 끝까지 과정을 마쳤다.

실험이 끝나고 레온 페스팅거 교수는 참여자들을 두 그룹으로 나누어 수고비로 한 그룹에는 1달러를, 다른 그룹에는 20달러를 지급했다. 실험이 진행된 시기는 1970년대이므로 20달러라면 꽤 큰 돈이다. 그리고 실험이 얼마나 즐거웠으며 얼마나 과학적으로 의미가 있을 것 같은지 질문했다. 그러자 의외로 20달러를 받은 참여자보다 1달러를 받은 참여자가 더 긍정적인 반응을 보였다.

이 실험 결과에 대해 페스팅거 교수는 이렇게 말했다. 1달러라는 적은 보수를 받은 참여자들은 무엇을 하는지도 모르는 우스꽝스러운 실험에 참여하고 보수도 제대로 못 받은 자신들을 멍청이라고 생각하지만, 그것을 드러내지 않기 위해 자신이 모르는 중요한 의미가 있다고 여긴다고 말이다. 즉, 자신은 보상을 바라지 않고 실험에 기여한 셈이라고 생각한다는 것이다. 누구든 자기 자신이 멍청하다고 생각하고 싶은 사람은 없을 것이다. 그러기에 의미 없고 우스꽝스럽다고 여기는 실험이었지만 참여자들은 자신의 판단을 합리화하기 위해 실험이 의미 있다고 대답한 것이다.

반면에 20달러를 받은 참여자들은 그러한 압박이 없으므로 자신의 신념대로 자유롭게 답변했던 것이다. 이처럼 어떤 상황에서 자신이 믿고 있던 신념과 모순되는 일이 벌어질 때, 사람은 평소 자신의 신념과 반대되는 행동을 선택할 수 있다. 이것이 인지부조화이다. 아무리 어리석은 일일지라도 그것을 선택하고 난 후에는 자신의 선택이 옳다고 여기는 것이다.

조바심이 문제를 해결하는 데 하등 도움이 되지 않는다는 것은 모든 사람이 다 안다. 하지만 실제로는 특정 상황에 맞닥뜨리면 조바심을 떨쳐버리지 못한다. 자신의 믿음과는 상반되는 행동을 하는 것이다. 그 바탕에는 현실적인 갈등이 숨어 있을 것이다. 조바심을 내며 애를 태우는 것이 문제 해결에는 전혀 도움이 되지 않겠지만, 그렇다고 속 편하게 지내는 것도 용서받을 수 없는 일이라고 여기기 때문이다.

만일 조바심이 날 만한 상황에서 속 편하게 지낸다면 주위 사람의 손가락질을 감당하기 힘들거나 '속 없는 사람'이라는 비난을 감수해야 할지도 모른다. 일이 잘못되는 경우에는 적어도 걱정은 했다는 마음의 위로를 받기 때문일 수도 있다. 역설적이게도 조바심을 냄으로써 마음의 위로가 된다고 생각하는 것이다. 하지만 그건 어디까지나 자기 위안일 뿐이다.

길게 보면 조바심은 문제 해결에 전혀 도움이 되지 않는다는 것을 인식해야 한다. 조바심을 내서 문제가 해결되면 얼마든지 조바심을 내도 상관없다. 하지만 조바심에 사로잡히면 오히려 집중하기 어려워 일은 더디어지고 질은 떨어질 수 있다. 조바심을 내지 않는 것만 못하다. 그렇다고 서두르지 말라는 말은 아니다. 행동은 서둘러 하되 심적인 측면에서는 여유를 찾아야 한다. 그래야만 원하는 대로 일을 풀어나갈 수 있다. 속담에도 '급할수록 돌아가라'는 말이 있다. 이미 선조들은 급하다고 해서 조바심을 내면 될 일도 안 된다는 것을 꿰뚫었던 것이다. 조바심이 나거든 이 말을 명심해야 한다.

과거 조바심을 냈던 사례와 결과를 떠올린다

하지만 그것만으로는 조바심을 떨쳐내기가 쉽지 않다. 다음 단계에서는 좀 더 구체적으로 과거에 조바심을 냈던 사례와 그 결과를 떠올려보는 것이 좋다. 일반적으로 조바심을 냈을 때 얻어지는 결과는 부정적인 것이 많다. 조바심 때문에 안절부절못하다가 시간을 무의미하게 흘려보내거나, 판단력이 흐려져 중요한 의사결정을 잘못하거나, 무리하게 일을 추진하다가 역효과를 내거나, 인간관계에 금이 가거나 경제적 손실을 입는 등 대체로 좋은 일보다는 나쁜 일이 많았을 것이다. 조바심이 마음을 짓누를 때 이런 일들을 떠올려보면, 조바심을 낼수록 결과가 좋지 않음을 예상할 수 있고 조바심을 내서는 안 된다고 생각할 수 있다. 과거 조바심을 내서 얻었던 부정적인 결과를 떠올림으로써 조바심이라는 부정적인 감정을 다스리는 것이다. 이것이 인지 전환의 두 번째 방법이다.

나는 주로 이러한 방법을 통해서 조바심을 다스렸고, 지금도 꾸준히 훈련 중이다. 앞서도 이야기했지만 나는 조바심으로 얻은 것보다는 잃은 것이 더 많았다. 안정적인 직장을 뛰쳐나와 굴욕적인 일을 겪기도 하고 경제적으로 큰 고생을 했으며 까마득한 후배들이 나를 제치고 앞으로 나아가는 모습을 지켜봐야만 했다. 자존심에 상처를 입기도 하고 주변 사람과의 관계에 금이 간 경우도 많았다. 모두 조바심이 가져온 결과들이다.

조바심이 날 때면 '아, 지금 내가 너무 서두르고 있구나. 너무 조급하게 생각하고 있구나'라며 스스로 조바심을 낸다는 사실을 인식한 후 과거에 경험했던 좋지 못한 사례를 떠올린다. 그때의 안 좋았던 결과들을 바탕으로 조바심이 가져올 부정적인 상황을 예상해본다. 그러면 '지금 조바심을 내면 또다시 과거의 실패했던 일을 답습할 수 있다'는 생각이 들고 조바심을 내서는 안 되겠다고 마음먹는다. 어느 정도는 마음을 다스릴 수 있는 상황이 되는 것이다.

정리해보면 이렇다.

- 조바심이 문제 해결에 전혀 도움이 되지 않는다는 사실을 인지한다.
- 과거 조바심을 내서 잘못된 사례를 떠올린다.

- 이번에도 조바심을 내면 과거의 잘못된 사례가 반복된다고 생각한다.

    조바심을 내는 상황이 반드시 나쁜 결과로 이어지는 것만도 아니다. 흔히들 조바심이 나는 경우 그 결과가 좋지 않다고 여긴다. 하지만 곰곰이 생각해보면 조바심을 내고 안달을 부릴 때도 그 결과가 꼭 잘못된 경우만 있는 것은 아니다. 물론 부정적인 결과를 가져오거나 크게 잘못된 경우도 있겠지만 대수롭지 않게 끝날 때도 많다. 나는 쉽게 조바심을 내곤 했지만 돌이켜보면 조바심을 낸 일로 크게 손해를 본 일도 없는 것 같다. 나의 사례를 몇 가지 들어보겠다.

- 아침 9시부터 서울에 있는 병무연수원에서 강의가 예정되어 있었다. 아침 일찍 서둘렀음에도 그날 따라 유난히 차가 막혔고 자칫하면 강의 시작 시간에 맞춰 도착하지 못할 것 같았다. 자동차 전용도로였기 때문에 중간에 내려 택시를 탈 수도 없었다. 이러지도 저러지도 못하는 상황이 되자 심장이 두근거리며 조바심이 나기 시작했다.

  차를 갈아타야 하는 지점인 영등포에 도착한 시간은 8시 30분쯤이었다. 그 시간쯤이면 이미 강의실에 도착하여 준비를 끝마쳐야 할 시간이었다. 너무 늦은 탓에 버스를 탈 수도 없었고 택시를 타기로 했다. 하지만 아침 출근 시간이다 보니 빈 택시가 보이지 않았다. 시간은 속절없이 흘러가는데, 빈 택시는 보이지 않고 심장은 마치 숯덩이처럼 까맣게 타 들어갔다. 이성적인 사고 작용은 이미 멈추었고 어떻게 해서든 강의장까지 가야 한다는 생각밖에 없었다. 목숨 같은 시간을 흘려보내다가 겨우 15분을 남기고 택시를 잡아 탔다. 이미 시간상으로는 10분 이상 늦을 것 같았다. 긴 시간은 아니지만 강사로서 있어서는 안 되는 일이었다. 택시 안에서도 심장이 졸아버리다 못해 터져버릴 것만 같았다.

하지만 그날 강의 시간에 늦지 않았다. 불가능하다고 여겼지만 다행히도 5분 전에 강의실에 도착할 수 있었고 아무 문제 없이 강의를 무사히 마칠 수 있었다.

• 마지막으로 근무했던 회사에서 신사업 담당 임원으로 발령을 받은 후 같은 부서에서 함께 일할 임원들과 회의가 잡혔다. 회의 장소는 서울이 아닌 부산이었고, 예정 시간은 오후 4시였다. 서울에서 내려가야 하는 일정이었기에 늦어도 오후 2시에는 비행기를 타야 늦지 않게 도착할 수 있었다. 하지만 서울에서도 회의가 열렸고, 그 회의가 조금 늦게 끝나는 바람에 1시가 넘어서야 순화동에 있는 사무실에서 공항으로 출발할 수 있었다.

거리상으로는 충분히 시간 안에 갈 수 있었지만 그날 따라 교통 상황이 무척 안 좋았다. 가는 곳마다 길이 막혔고, 시간은 점차 흐르는데 공항에 제시간에 도착할 수 있을 것 같지는 않았다. 만약 비행기를 놓치면 다음 비행기가 있는지도 알 수 없었다. 사무실을 떠나 공항으로 가는 내내 가슴이 난도질당하는 것만 같았다. 그렇게 발을 동동 구르며 안달을 냈지만 마음과는 달리 교통 흐름은 최악이었다.

우여곡절 끝에 공항에 도착한 시간은 비행기 출발을 겨우 15분 앞둔 시간이었다. 주차 대행에 차를 맡기고 전속력으로 달렸다. 걱정했던 것과는 달리 검색에 소요된 시간도 짧았고 아직도 탑승하는 승객들이 있었다. 심장에

통증을 느낄 정도로 마음을 졸였지만 결과적으로 비행기를 놓치지 않았고 예정된 회의 시간에도 여유 있게 도착할 수 있었다.

• 사회 생활을 하는 동안 직장을 세 번 옮겼다. 몸담았던 직장에서 떠나가겠다고 생각하는 순간부터 조바심이 나기 시작했다. 혹시 직장을 옮기지 못하면 어쩌나, 이직이 진행되는 회사에서 일이 틀어지면 어쩌나, 퇴사하겠다고 말해놓고는 문제가 생겨 오도 가도 못하는 신세가 되면 어쩌나. 하지만 결과적으로 이직할 때마다 연봉과 직급의 상승이 있었고, 이전 회사보다 전혀 뒤떨어지지 않는 복리후생을 지원받았다. 운이 좋았던 것일까? 운인지 아닌지는 모르겠지만 지금 돌이켜보면 그렇게 조바심을 낼 필요는 없었던 듯싶다.

• 《처음 만나는 뇌과학 이야기》 책을 내고 YTN 생방송 뉴스에 출연하게 되었다. 15분이라는 길지 않은 시간이지만 혹시라도 생방송 도중에 말을 못해서 방송 사고를 내거나 실수하지는 않을까 무척 조바심이 났다. 심장이 두근거리고 손에 땀이 났다. 방송 시간이 가까워질수록 무거운 쇳덩이가 얹힌 것처럼 가슴이 답답했다. 하지만 방송이 시작되고 비록 생각만큼 잘하지는 못했지만 아무런 사고 없이 방송을 무사히 마칠 수 있었다. 이후 몇 차례 더 생방송 기회가 있었고 그때마다 조바심이 나곤 했지만 모두 별 탈 없이 무사히 끝냈다.

몇 가지 예만 들어보았지만, 이처럼 조바심을 냈던 일들 중 상당수는 결과가 그리 나쁘지 않았다. 이것은 비단 내 경우에만 해당하는 것이 아니라 많은 사람에게서 공통적으로 해당하는 일일 듯하다. 비록 조바심이 나는 순간에는 가슴이 터질 것 같은 고통을 느끼지만 지나고 나면 대수롭지 않은 일도 많이 있다. 그러므로 조바심이 나는 경우에도 지나고 보면 큰 문제가 되지 않고 원만하게 해결된 경우가 많았다는 것을 상기하며, 조바심을 다스릴 필요가 있다.

조금 더 분석적으로 접근하기 위해 과거에 조바심을 냈던 일을 떠올려보자. 그리고 다음 질문에 신중하게 답해보자. 1번부터 5번까지 답의 합이 100퍼센트가 되어야 한다.

우리가 하는 대부분 걱정은 일어나지 않거나 쓸데없는 것이라는 이야기처럼 조바심도 그러할 수 있다. 진심으로 조바심을 내야 할 정도로 일이 잘못되는 경우는 그리 많지 않다. 나의 경우에 한정하자면 4번과 5번을 합쳐서 50퍼센트, 3번이 40퍼센트, 1번과 2번을 합쳐 10퍼센트 정도 된다. 그렇다면 굳이 발을 동동 구르며 아드레날린과 코르티솔로 샤워할 필요가 있을까? 몸만 축날 뿐인데 말이다. 조바심이 나는 경우에는 지나간 일의 결과를 되돌아보면서 좀 더 여유를 되찾으려고 노력하는 것이 바람직하다.

1. 과거 조바심을 냈던 일 중 결과가 아주 심각하게 나빴던 경우가 어느 정도나 되는가? (   ) %

2. 결과가 아주 심각하게 나쁘지는 않았지만 그리 좋지 않았던 경우는

   어느 정도나 되는가? (   )%

3. 결과가 나쁘지도 않고 좋지도 않았던 경우는 어느 정도나 되는가? (   )%

4. 결과가 좋았던 경우는 어느 정도나 되는가? (   )%

5. 생각보다 결과가 훨씬 좋았던 경우는 어느 정도나 되는가? (   )%

다음 표를 보면 조바심을 낼 때는 극심한 스트레스와 초조, 불안에 시달리며 심장이 얕은 냄비 속 장조림처럼 조려진다. 조바심을 내지 않을 때는 평온한 마음을 유지할 수 있다. 아이러니하게도 조바심을 낼 때와 내지 않을 때의 결과는 크게 다르지 않을 수 있다. 그렇다면 굳이 조바심을 내봐야 소용없는 것 아닐까?

'과연 이 방법이 효과가 있을까?' 하고 의심할 수 있겠지만, 이 방법은 분명 효과가 있다. 자신의 의지로 마음을 다스리는 일이기 때문에 쉽지는 않지만 말이다. 그래서 조바심이 날 때는 잠시 시간을 내어 다음 사항을 메모지나 노트에 적어보면 좋다.

- 조바심을 내면 어떤 결과를 얻는가?
- 조바심을 내면 결과가 달라지는가?
- 과거 조바심으로 어떤 부정적인 일이 일어났는가?
- 과거 조바심으로 어떤 긍정적인 일이 일어났는가?

	조바심을 낼 때	조바심을 내지 않을 때
증상	극심한 스트레스 초조와 불안 짜증과 화	평온한 마음
결과	달라지지 않음	

[조바심을 낼 때와 내지 않을 때의 비교]

　글을 적는 동안 앞서 메타인지의식 단계에서 설명한 것처럼 의식의 흐름은 변연계에서 전두엽으로 바뀐다. 일단 전두엽으로 의식의 흐름이 넘어가면 감정적인 대응은 줄어들고 이성적이고 논리적인 사고가 자리 잡는다. 논리적이고 이성적인 사고가 주도권을 잡으면 시야가 좀 더 넓어지고 합리적인 관점에서 사고하는 능력이 커진다. 조바심으로 판단력이 흐려지고 일을 그르치는 일도 훨씬 줄어든다.

　자신의 성격 자체가 늘 크고 작은 근심거리를 안고 사는 사람이라면 이러한 훈련이 당장 효과를 발휘하기는 쉽지 않다. 하지만 꾸준히 실천하면 분명 효과가 나타날 것이다. 조바심은 단기간에 고칠 수 있는 성질의 것이 아니다. 단기간에 조바심 내는 습관을 고치겠다는 마음을 버리는 일부터 시작해야 한다. 조바심을 하루빨리 뿌리 뽑겠다는 조급한 생각을 가지면 오히려 조바심만 더욱 키울 뿐이다.

　《논어》에 나오는 공자 말을 한번 들어보자. 공자의 제자인 자하가 노나라의 '거보'라는 지역의 관리 자리를 맡게 되었다. 이에 공자에게

"정치는 어떻게 하는 것입니까?"라고 묻자 공자가 이렇게 말했다.

"일을 빨리빨리 서둘러 하려고 하지 말게. 작은 이익에 눈이 돌아가서도 안 되네. 지나치게 서둘러 가려고 하면 오히려 목적지에 이르지 못하고 작은 이익에 사로잡히면 큰일을 이루지 못하는 법이라네."

우리가 많이 쓰는 '욕속부달欲速不達'의 유래가 바로 이 글이다. 초보 정치가로서 서둘러 성과를 내야 한다는 조바심에 사로잡히면 마음이 급해질 수밖에 없고 전체적인 틀을 보지 못한다. 작은 성과에만 연연하게 되고 장기적인 관점에서의 큰 그림은 보지 못하기에 결과적으로 큰 성과를 얻기는 어렵다는 이야기이다.

조바심이 나는 상황을 인지적으로 재해석한다

인지 전환의 세 번째 단계에서 할 일은 조바심이 나는 상황을 다른 관점에서 해석해보는 것이다. 감정 조절 분야의 세계적 권위자인 스탠퍼드대학교 교수 제임스 그로스James Gross는 어쩔 수 없이 화가 난 경우 화를 내기보다는 화가 난 상황을 다르게 해석해보면 화를 다스리는 데 도움이 된다고 말한다. 예를 들어 친구가 나를 도와주기 위해 대신해서 일하다가 실수했다고 해보자. 친구의 실수로 인해서 화가 났을 때 그것에 매몰되어 분노의 감정을 드러내기보다는 그 실수를 다른 관점에서 보는 것이다. 친구가 실수한 일은 의도적으로 나를 곤란에 빠뜨리기 위한 것이 아니라 나를 돕기 위한 것이므로 그에게 고마워해야 한다고 생각한다. 결과는 비록 잘못되었더라도 말이다. 그렇게 생각하면 화가 나지 않을 수 있다.

주어진 상황을 바라보는 관점을 바꿈으로써 다른 감정을 이끌어내는 것을 인지적 재해석이라고 한다. 조바심 역시 감정적 상태이므로 이러한 인지적 재해석을 통해 초조하고 불안한 마음을 다스릴 수 있다. 나처럼 강의하는 사람에게는 '보릿고개'가 있다. 매년 1월이나 2월이 되면 강의가 거의 없다. 새로 한 해가 시작되는 시점인 만큼 모든 직장인이 각오를 다지고 일에 몰두하려는 시기이다. 일에 대한 우선순위가 높아짐으로 교육에 대한 우선순위는 뒤로 밀릴 수밖에 없다. 그래서 1월이나 2월이 되면 강의 시간이 형편없이 줄고 수입도 크게 줄어든다. 같은 직업에 종사하는 사람들끼리 농담처럼 하는 이야기이지만 '쌀 살 돈도 없는' 시기가 바로 이때이다. 그래서 종종 이 시기가 되면 경제적인 문제에 대한 고민이 앞서고 조바심이 나기 시작한다.

　이때 조바심이 난다고 해서 가슴을 졸이며 애를 태워봤자 아무 소용이 없다. 속만 상하고 건강만 해칠 뿐이다. 강의하고 말고는 내가 결정하는 것이 아니라 수요자인 기업에서 결정하는 것이다. 이럴 때 관점을 달리하면 다소 마음의 여유를 찾을 수 있다.

　강의하는 사람은 평소 시간적인 부족에 시달리곤 한다. 끊임없이 공부하고 경쟁력 있는 새로운 콘텐츠를 개발해야 하는데 강의 시간에 쫓기다 보면 그러한 준비를 할 시간이 부족하다. 강의 하나가 끝나면 또 다른 강의를 준비해야 하고, 휴일이나 주말도 없이 강의 준비에 시달려야 한다. 강의 질을 높일 수 있는 다양한 스킬 개발에 투자할 시간도 여의치 않다.

　이렇듯 시간에 쫓기다 보면 자신을 업그레이드하기 위한 투자가 미흡해지고 하루살이처럼 눈앞에 보이는 것만 바라보며 정신없이 지내게 된다. 정신을 차려보면 어느 사이엔가 내가 하는 강의는 낡고, 강의 방식도 곰팡이 냄새가 난다. 그렇게 되면 강사로서의 경쟁력이 저하할 것은 불을 보듯 뻔하다.

따라서 강의가 없는 1월이나 2월을 힘들다고 푸념하며 애를 태울 것이 아니라 재충전과 자기 업그레이드의 좋은 기회라고 여기는 것이다. 성수기에 부족했던 공부를 하고 시대에 뒤떨어진 낡은 콘텐츠를 보완한다. 그리고 좀 더 나은 강의를 위한 스킬을 높이기 위해 고민한다면 나의 경쟁력을 끌어올리는 데 도움이 될 수 있다고 생각하는 것이다. 넋 놓고 앉아서 한탄해봐야 아무 소용이 없다. 그 상황을 긍정적으로 받아들이고 그 시간을 좀 더 알차게 보내는 것이 장기적으로도 훨씬 도움이 된다.

이처럼 주어진 상황을 다른 관점에서 바라봄으로써 부정적인 상태를 긍정적인 상태로 탈바꿈하는 것이 인지적 재해석의 포인트이다. 앞선 인지 전환보다 조금 더 적극적이고 능동적으로 조바심에서 탈피하려는 노력이라고 볼 수 있다. 부정적인 사고를 방치하면 정신에너지가 고갈되어 정신적, 육체적으로 각종 부작용이 나타날 수 있다. 하지만 이를 긍정적인 측면으로 바라보면 훨씬 큰 효용을 얻는다.

말은 쉽지만 부정적 상황을 완전히 관점을 뒤집어 긍정적 상황으로 바라본다는 것은 쉽지 않다. 꾸준한 노력과 훈련이 필요하다. 그러나 숙달만 된다면 무엇보다 큰 효과를 낼 수 있는 방법 중에 하나가 인지적 재해석이다. 막연히 조바심에서 벗어나겠다는 생각만으로는 조바심을 떨쳐버릴 수 없다. 버둥거리면 거릴수록 더욱 몸에 달라붙는 끈 끈이처럼, 조바심은 떨치려고 하면 할수록 더욱더 뇌리에 강하게 달라 붙기 때문이다.

　부정적 상황을 긍정적인 관점으로 재해석하는 훈련은 끈끈이가 제 역할을 할 수 없도록 만드는 방법이다. 내 몸에 기름칠하는 것이나 다름없다. 미끈거리는 기름을 온몸에 바르면 끈끈이가 달라붙지 않을 수 있다. 부정적 생각을 확산하는 끈끈이 말이다. 그러므로 꾸준히 인지적 재해석의 습관을 몸에 익히도록 노력할 필요가 있다.

3단계 상황 대처 :
조바심에서 탈피할 수 있는 즉각적인 조치를 취한다

일시적인 조바심을 극복하기 위한 세 번째 단계의 조치는 조바심이 나는 상황에서 벗어날 수 있도록 즉각적인 행동을 취하는 것이다. 조바심을 느낄 때 가장 좋지 않은 대응책 중 하나가 계속 머릿속으로 상황을 되새기는 것이다. 앞에서도 이야기했지만 부정적인 생각은 가만 놔두면 우후죽순처럼 자라난다. 아쉽게도 부정적인 생각은 조바심을 더욱 부추기기만 할 뿐, 일이 해결되도록 하는 것은 아니다. 그러므로 '어떻게'를 연발하며 조바심의 포로가 되기보다는 조바심에서 벗어나 그 상황을 해결하도록 즉각적인 조치를 취하는 것이 더욱 현명한 행동이다.

미국 신경학자 제임스 파페즈James Papez는 감정 경험이 대뇌피질 영역과 더불어 대상피질에서 유발되는 신경 활동에 의해 결정된다는 이론을 제시했다. 뇌의 가장 바깥 부분에 위치한 대뇌피질은 주로 이성적이고 합리적인 판단에 관여하고 그 안쪽에 자리 잡은 변연계는 감정적인 정서를 처리하는 데 관여한다. 이 두 개의 영역은 서로 연결되어 있는데, 두 영역을 연결해주는 도로를 파페즈 회로Papez circuit라고 이름 붙였다. 이 파페즈 회로로 감정이 정서에 영향을 미치고 대뇌피질에서 일어나는 이성적인 판단 활동에 영향을 미친다. 이것은 부정적인 사고의 증폭 작용과 관련이 있다.

이것을 간략하게 도식화하면 다음 그림과 같다. 정서적인 경험이나 감정이 신체의 감정 '종합통제센터'라고 하는 시상에 도착하면 시상은 그 정보를 대뇌피질과 시상하부로 전달한다. 시상하부로 전달된 정보는 전시상핵이라는 부위를 거쳐 대상피질로 전해지고 그것은 다시 대뇌피질에서 보내는 정보와 결합되어 기억을 관장하는 해마로 전달되며, 뇌궁이라는 부위를 통해 시상하부로 전해진다.

이 회로에서 각 부위의 역할을 보면 대상피질은 감정 경험을 담당하고 시상하부는 감정 표현을 담당하며 대뇌피질은 그 감정에 채색하는 일을 담당한다. 즉 어떠한 감정을 경험하면 그것을 대상피질을 통해 받아들이고 시상하부를 통해 표현하며 대뇌피질에서 그것이 좋은지 나쁜지를 결정짓는 일을 한다.

파페즈 회로는 다음 그림처럼 폐쇄적인 연속 흐름을 가진다. 폐쇄적이라는 말은 뫼비우스 띠처럼 한번 발을 들여놓으면 쉽게 나오기 힘들다는 것을 나타낸다. 그래서 한번 부정적인 생각을 하면 그 흐름에서 벗어나기가 쉽지 않다. 문제는 시상하부와 대뇌피질을 오가는 이 순환 회로를 반복하면서 점점 더 감정이 두텁게 덧칠이 된다는 것이다.

우리가 경험한 사건은 해마에서 정보의 분류와 의미 부여 작업을 거쳐 변연계에 자리한 편도체에서 감정을 입힌 후 대뇌피질에 저장된다. 파페즈 회로에서 감정의 흐름이 반복되는 동안, 대뇌피질을 거치면서 과거에 쌓였던 부정적인 기억이 되살아나 꼬리를 물고 딸려올 수 있다. 이 기억들은 다시 시상하부를 거치면서 감정의 증폭 과정을 겪고, 다시 대뇌피질에서 관련 없던 과거 기억이 부정적인 기억을 끌어오는 악순환이 반복된다. 그래서 부정적인 생각을 하면 할수록 다른 생각으로 번지고 감정은 더욱 악화되는 것이다. 그림을 그릴 때 물감을 자꾸 덧칠하면 할수록 그림을 망치는 것과 같다.

조바심을 내는 경우도 마찬가지이다. 누구나 경험이 있겠지만 조바심은 내면 낼수록 점점 더 커진다. 처음에는 가벼운 걱정으로 시작하지만 시간이 가면 갈수록 호흡이 빨라지고 심장이 쪼그라드는 것 같은 심한 증상으로 발전한다. 이렇게 점점 더 조바심이 커지는 이유도 파페즈 회로의 부정적인 순환과 관련이 있다. 생각이 반복되면서 점점 더 감정에 물감칠이 더해지고, 그것이 쌓여 더욱 큰 불안감으로 증폭되는 것이다.

따라서 조바심이 날 때는 초조나 불안과 같은 부정적인 감정이 더욱 나쁜 방향으로 흐르기 전에 서둘러 그것에서 빠져나오는 것이 중요하다. 가만히 놔두면 이러한 생각은 끝없이 이어지고 정신을 황폐

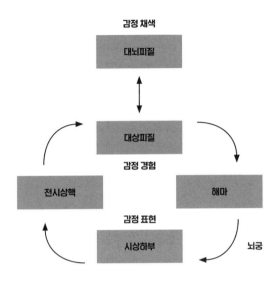

감정 채색

대뇌피질

대상피질

감정 경험

전시상핵

해마

감정 표현

시상하부

뇌궁

[파페즈 회로(출처_신경과학: 뇌의 탐구(제3판)]

화할 수 있기에 서둘러 그 상황을 해결할 수 있는 조치를 하는 것이 필요하다.

중요한 약속이 있는데 차를 몰고 가다가 길이 막힌다고 해보자. 차 안에 앉아 자신을 비난하거나 애꿎은 다른 운전자를 욕해봤자 소용이 없다. 자신이 내뱉는 욕은 자신의 귀로 들어가 정신만 피폐하게 할 뿐 이다. 이때는 주변 주차장에 차를 세우고 버스나 지하철 등 막히지 않 는 대중교통을 이용하여 조금이라도 빨리 도착하도록 해야 한다. 미적 거릴수록 시간만 지나고 조바심만 커질 뿐이다. 상대에게 미리 전화해 서 양해를 구할 수 있다면 그러한 조치도 필요하다.

나처럼 정해진 강의 시간에 늦을까 봐 조바심이 날 때라면 미리 주관부서에 연락을 취해 대책을 찾아야 한다. 혹시라도 늦어지는 시간만큼 시간을 메꿔줄 사람이 있다면 그렇게 하는 편이 낫다. 대체할 사람이 없다면 시작 시간을 늦출 수도 있다. 사전에 솔직히 상황을 말하고 양해를 구하면 그나마 비난이 덜하다. 하지만 조바심이 난다고 발만 동동 구르다가는 더 큰 비난에 직면할 수 있다.

다른 생각을 하거나 다른 행동을 함으로써 조바심의 증폭을 막는 것도 중요하다. 다른 생각이라고 하는 것은 기쁘거나 즐거운 것 혹은 긍정적인 것이어야 한다. 안 좋았던 과거를 떠올리는 일은 조바심이라는 감정에 어두운 색 물감을 덧칠하는 것과 같다. 좀 더 구체적으로는 조바심을 느끼는 상황에서 일이 잘 되었을 때를 상상해보는 것이다.

나의 경우를 예로 들어보자. 강의가 없으면 자괴심도 느끼고 경제적인 문제로 초조함도 느낀다. 그렇다고 해서 앞서 말한 것처럼 조바심을 내봐야 아무 소용이 없다. 대신에 강의가 없는 시간을 이용하여 책을 쓰고 그 책이 좋은 반응을 얻어 강의로 채우지 못한 경제적 수입을 대신하는 생각을 해보는 것이다. 그러면 조바심 대신에 지금 해야 할 일에 더 몰입할 수 있는 상태가 된다.

생각에서 벗어나 주의를 딴 데로 돌리는 것도 방법이다. 예를 들어 막히는 차 안에 있다면 마음이 편안해지는 음악을 듣거나 노래를 부르는 것이 좋다. 상황에 따라서는 가벼운 영화를 보거나 부담 없는 소설을 읽는다. 운동하는 것 또한 좋은 방법이다. 해야 할 일에 방해받지 않는 선에서 적절한 수단을 선택하여 주의를 전환하는 것이 필요하다.

곰팡이가 피지 않도록 하려면 햇빛을 쪼여주어야 한다. 아무리 관리를 잘한다고 해도 어둡고 침침한 곳에서는 자주 곰팡이가 필 수밖에 없다. 정신적으로 약한 상태에 놓이면 부정적인 생각이 차오르게 마련이다. 곰팡이가 피지 않게 하는 가장 좋은 방법은 음지를 양지로 만드는 것이다. 햇빛을 쬐어주면 곰팡이는 자라지 못한다. 마찬가지로 정신세계에도 햇빛을 쬐이면 부정적인 감정이 사라질 수 있다.

물론 3단계의 행위는 1, 2단계가 전제되어야 효과를 발휘한다. 조바심을 느낄 수밖에 없는 긴박한 상황에서 태평하게 영화를 보거나 노래를 흥얼거리는 사람은 없다. 먼저 자신의 감정 상태를 명확히 파악하여 이름표를 붙인다. 그다음 적극적인 인지 전환을 통해 조바심을 누그러뜨린다. 이렇게 2단계까지 오면 3단계를 시행하기가 수월하다.

이 장에서 다루었던 내용을 종합적으로 정리해보자.

1단계 명명 : 자신이 조바심을 낸다는 사실을 인지한다

- 조바심이 날 때 조바심을 없애기 위해 메타인지의식을 이용하여 자신의 감정을 정확히 인지한다.
- 자신이 인지한 감정 상태에 짧은 이름을 붙인다.
- 감정 상태는 '초조하다', '불안하다', '화가 난다' 혹은 '짜증이 난다' 등으로 짧게 붙여야 한다. 중요한 것은 표면에 드러난 감정이 아니라 수면 밑에 있는 보다 솔직한 감정을 찾아 표현하는 것이다.

- 그렇게 느낀 감정 상태를 메모지나 노트에 짧게 기록하거나 입으로 소리 내어 말한다.
- 이를 통해 변연계에 빼앗긴 의식의 흐름을 전두엽으로 되돌림으로써 이성적 사고를 높인다.

2단계 인지 전환 : 적극적인 심리적 대응을 통해 조바심을 억누른다

- 적극적인 인지 전환으로 조바심을 억누른다.
- 인지 전환은 다음 단계를 따른다. 첫 번째 방법은 조바심이 문제 해결에 전혀 도움이 되지 않는다는 사실을 인식하는 것이다. 조바심을 낼수록 결과는 나빠지고 스트레스는 심해진다는 점을 깨닫는다.
- 두 번째 방법은 과거의 조바심으로 부정적 결과를 얻었던 사례를 떠올리는 것이다. 과거의 조바심 때문에 망쳐버린 일 또는 그 결과를 떠올리고 그것을 기록하면서 초조하고 불안한 감정을 가라앉힌다.
- 세 번째 방법은 조바심이 나는 상황을 긍정적인 관점에서 재해석함으로써 마음을 다스리는 것이다.

3단계 상황 대처 : 조바심에서 탈피할 수 있는 즉각적인 조치를 취한다.

- 조바심 나는 상황이 잘 해결되었을 때 얻을 결과와 같이 긍정적 생

각을 한다.

- 주의를 딴 곳으로 돌릴 수 있는 활동을 한다.
- 이러한 조치를 통해 조바심이라는 부정적인 감정이 머릿속에서 눈덩이처럼 불어나지 않도록 한다.

4장

나에게 '싫어요'를
누르지 않는 마음가짐

자신감과 조바심

L사에 근무할 때, 같은 그룹에 속한 컨설팅 회사의 직원들과 함께 일한 적이 있었다. 그중 늘 목소리가 크고 자신감이 넘치는 사람이 있었다. 하루는 아침에 회의를 하는데 헐레벌떡 뛰어 들어오더니 자신의 회사에서 아주 귀중한 스킬을 배워왔다며 자랑했다. 말만으로는 대단히 뛰어난 문제 해결법을 배워온 듯했다. 어떤 내용인지 지금은 너무 시간이 흘러서 전혀 기억이 나지 않지만 모든 사람이 그 사람의 이야기에 관심을 가지고 들었다. 당시 팀장으로 있던 사람도 호기심을 보이며 그 사람의 설명에 주목하기 시작했다. 그런데 듣다 보니 하루 전날 내가 팀장에게 넘겨준 내용과 백 퍼센트 일치했다. 그가 자랑스러운 듯 말을 마치고 나자 팀장이 이렇게 말했다.

"지금 얘기한 내용이 어제 양 차장이 정리한 것과 뭐가 달라요?"

아마도 2000년 초에 있었던 일이니 거의 20년 전 이야기이지만 지금도 그때 상황이 잊히지 않는다. 돌이켜보면 그의 업무 실력은 그다지 뛰어나지 않았다. 컨설팅 회사에 있었다고 했지만 오히려 컨설팅 회사의 도움을 받는 나보다 모든 면에서 부족했다. 실력이나 역량 측면에서는 내가 한 수 위였다. 같이 일하던 모든 사람이 그렇게 인정했다. 하지만 그는 이후 회사를 떠나 세계적인 인터넷 장비 회사의 아시아-태평양 총괄 부사장으로 승승장구했고, 난 평범하게 직장 생활을 계속해야 했다.

나와 그 사람의 차이가 무엇일까? 차이는 단 하나이다. 자신에 대한 신뢰. 다시 말해 자신감이다. '잘나가는 사람'과 그렇지 못한 사람 간의 차이는 여러 가지가 있겠지만 가장 근본적인 것이 자신감이다. 인생의 성공은 개인이 가진 능력에 의해 좌우되는 것처럼 보인다. 하지만 개인 능력이 두드러지려면 자신이 가진 능력에 대한 신뢰와 그것을 알아보고 이끌어줄 인간관계가 밑바탕 되지 않으면 안 된다.

오십 줄을 넘어 돌이켜보니 실력 차이는 사람에 따라 그다지 크지 않은 것 같다. 오히려 실력은 다소 부족해도 자신감이 뛰어난 사람이 그렇지 못한 사람보다 성공할 가능성이 높은 듯하다. 자신감이 부족한 실력을 덮어주고 그것이 좋은 결과를 가져오면, 시간이 지나면서 실력도 향상되기 때문이다.

당시 그 사람과 나의 차이는 자신감에 있었다. 그는 늘 긍정적이고 낙관적이었으며 자신이 하는 일에 신뢰가 넘쳤다. 반면 나는 늘 조용하고 신중하며 하는 일에 확신이 부족했다. 그 사람이 실력이 없다고 하는 것은 이야기를 극적으로 하기 위해서 꾸며낸 말이 아니다. 그의 실력은 절대로 뛰어나다고 볼 수 없었지만 자신감만큼은 정말 어디 내놔도 모자라지 않을 만큼 충분했다. 자신감은 그 사람을 어떠한 두려움도 갖지 않도록 만들었다. 늘 모든 일을 자신만만하게 추진해나갔다. 비록 실력은 조금 모자랐을지라도 자신에 대한 확신과 그것을 바탕에 둔 강력한 추진력이 그 부족한 실력을 메울 수 있었다.

대개 조바심은 잘못된 사고나 습관으로 나타나는 경우가 많다. 따라서 조바심을 없애려면 이러한 잘못된 사고나 습관을 고치는 것이 필요한데, 가장 먼저 생각해야 할 것이 자신감이다. 자주 조바심을 느끼는 사람들 중에는 자신에 대한 신뢰, 다시 말해 자신감이 부족한 사람이 많다. 2015년 국제 교육연구 학술저널에는 '성인 사이에서의 인내심과 자신감, 스트레스 수준의 상관관계'에 관한 연구 논문이 실렸다. 인도의 한 도시 아우랑가바드의 마라트와다 교육대학교 조교수 칸 탄비어 하비브Khan Tanveer Habeeb는 지역의 남녀 대학생 100명을 선정하여 학생 스트레스 척도와 사회지능 척도를 검사했다. 그 결과 인내심과 자신감, 스트레스 수준 사이에는 밀접한 관련이 있음이 나타났다고 한다. 즉 인내심과 자신감이 높으면 스트레스 수준은 적당하게 나타나지만 인내심과 자신감이 부족하면 스트레스 수준은 높게 나타난다는 것이다. 조바심은 일종의 스트레스 반응이므로 자신감이 낮을수록 조바심이 커진다는 것을 유추할 수 있다.

사실 평범한 사람이라면 누구에게나 일정 정도는 그런 성향이 있다. 무엇이든 자신 없는 부분이 있다는 것이다. 어떤 콤플렉스이든 그 콤플렉스와 관련된 분야에서는 자신이 없다고 느낀다. 자신감의 깊이가 차이 날 뿐, 이 세상을 완벽한 자신감으로 사는 사람은 그리 많지 않다. 간혹 지나치게 자신감이 넘치는 사람도 있기는 하지만 그런 사람은 실제 자신감보다는 맥락 파악 능력이 떨어지는 경우라고 할 수 있다.

문제는 자신의 콤플렉스와 상관없이 매사 자신을 신뢰하지 못하고 자신 없는 모습을 보이는 것이다. 자기 자신을 믿지 못하고 자신이 하는 일에 확신이 없으며 사소한 일에서도 쉽사리 의사결정을 못하는 사람이 많다. 그러면 결과가 좋게 나타날 수 없고 그러한 행동 패턴이 반복적으로 일어나면 자신감 저하로 이어진다. 결국 무슨 일을 하든 자신이 하는 일에 믿음이 가지 않고 결과를 의심하게 되며 불안과 초조를 느낀다. 자신에 대한 신뢰 수준이 낮아지면 낮아질수록 조급하고 불안한 마음을 쉽게 떨쳐버릴 수 없다. 그러므로 조바심을 없애기 위한 첫걸음은 자기 자신에 대한 낮은 신뢰를 떨쳐버리고 자신감을 회복하는 것이다.

자존감, 자기 효능감, 자신감

자신감은 자신이 가진 역량에 대한 믿음이다. 우리는 일반적으로 자신감을 자존감과 거의 동일한 의미로 사용하는 경향이 있다. 최근 들어서는 자기 효능감이라는 용어도 자주 보이지만 자존감이나 자신감만큼 실생활에서 많이 쓰이는 말은 아니다. 자신감과 자존감과 자기 효능감, 비슷비슷해 보이는 이 용어들에 대해 심리학 전문가들은 의미가 살짝 다르다고 말한다.

자존감은 스스로 자신을 가치 있는 사람이라고 여기는 것으로, 가치 지향적이며 현재 상황에 초점이 맞춰져 있다. 자기 효능감은 미래 지향적인 믿음이다. 특정한 과제가 주어졌을 때 자신이 그것을 할 수 있는 역량이 있느냐에 대한 믿음이다. 자신감은 주어진 과제와 상관없이 전반적으로 자신이 가진 능력에 대해 확신하는 것을 말한다.

심리학자 엘렌 레니Ellen Lenney는 자신감을 '성과에 대한 자신의 기대이며, 자신이 보유한 역량과 과거 성과에 대한 자기 평가'라고 정의한다. 온라인 심리학 사전에 의하면 자신감은 일상생활에서 맞닥뜨리는 크고 작은 도전이나 해결해야 할 요구 사항에 대한 자신의 능력, 역량, 판단이나 믿음에 대한 신뢰이다. 또 호주 퀸즐랜드대학교에 따르면 자신감은 '우리 자신에 대해 생각하고 느끼는 것으로 구성된 내부 상태'를 나타낸다.

자신감은 개인의 미래 성과에 초점을 맞추는 경향이 있다는 면에서 자기 효능감과 유사해 보이지만, 일면으로는 과거 성과를 바탕으로 한다는 점에서 과거에 초점을 맞추고 있기도 하다. 즉, 과거 성과를 바탕으로 미래 성과에 대해서도 기대감을 갖는 것이 자신감이다. 이러한 정의에 비추어 볼 때 자신에 대한 신뢰는 자존감을 바탕으로 한 자기 효능감 또는 자신감이라고 할 수 있다. 이제부터는 주로 자신감으로 표현하겠지만 때로는 자기 효능감으로 생각해도 무방할 것 같다. 중요한 것은 자기 자신에 대해 어떻게 생각하고 평가하는지이다.

가면 증후군

자신감이 부족하다는 것은 자신이 가진 역량이나 이뤄낼 수 있는 일의 결과, 자신이 지닌 가치, 타인과의 관계 등에 대한 믿음이 강하지 못한 것을 말한다. 매사 자신을 의심하고, 의기소침하거나 주위 사람의 눈치를 보는데, 이로 인해 결과가 신통치 않게 나타날 수 있다. 이러한 사이클은 뫼비우스 띠처럼 폐쇄적으로 순환된다.

자신감이 강한 사람은 무슨 일을 하더라도 신념을 가지고 강하게 밀어붙인다. 결과에 대해 조급해하거나 불안해하지 않고 느긋하게 자신이 해야 할 일을 한다. 주변 사람을 의식하거나 눈치를 보는 일도 별로 없다. 반면에 자신감이 부족한 사람은 자기가 하는 일의 결과에 대해 확신하지 못한다. 확신이 없으므로 결과를 의심하고 안절부절못하며 불안해한다. 열심히 노력하여 얻은 결과에 대해서도 자신의 실력을 인정하지 못하고 우연이거나 어쩌다 얻은 행운이라고 여긴다. 이것은 겸손과는 다르다. 겸손한 사람은 스스로 자신의 공을 인정하면서도 예의를 갖추려고 자신을 낮춘다. 자신감이 부족한 사람은 자신이 한 일이 대수롭지 않다고 과소평가하는 경향이 있다. 대표적인 것이 가면 증후군imposter syndrome이다.

가면 증후군이란 심리학자 폴린 클랜스Pauline Clance와 수잔 아임스Suzanne Imes가 처음 만들어낸 용어로, 분명 자신이 노력하여 만들어낸 훌륭한 성과임에도 그것을 운으로 여겨 지금껏 주위 사람을 속여왔다고 생각하며 불안해하는 심리이다. 다른 말로 '사기꾼 증후군'이라고도 한다. 성공 요인이 자신에게 있다고 여기지 않고 외부에 기인하는 것으로 생각하며, 자기 자신은 주위 사람에게 칭찬받을 자격이 없는 사람 또는 사기꾼 정도로 생각하는 것을 말한다.

폴린 클랜스와 수잔 아임스에 의하면 이 증후군은 주로 성공한 여성에게서 많이 나타난다. 그 여성들은 자신이 똑똑하지 않으며, 사람들이 자신을 과대평가한다고 생각했다. 또한 그들은 자신이 운으로 성공한 것이라는 사실을 들키지 않기 위해 다른 사람에 비해 지나치게 성실하거나 근면하게 일하려 노력했다. 게다가 상사에게 인정받으려고 자신의 직관이나 매력을 사용하기도 했다고 한다. 할리우드 배우 엠마 왓슨과 나탈리 포트만도 이 증후군에 시달린 것으로 나타났다.

나탈리 포트만은 하버드대학교를 졸업하고 여섯 개 국어를 구사할 만큼 뛰어난 인재이다. 그럼에도 스스로 자신은 하버드에 다닐 자격이 없으며, 멍청한 배우라는 것을 들키지 않기 위해 어려운 과목만 골라서 수강했다고 고백하여 세상을 놀라게 했다. 이는 일종의 방어기제로 다른 사람에게 높은 기대를 받는 사람이 최악의 상황이 발생할 경우 충격을 완화하려는 심리적 조치라고 할 수 있다. 이런 심리는 자신감이 견고하지 못하기 때문에 나타난다.

자신감이 강하지 못하면 자기 자신을 가볍게 여기거나 하찮은 존재로 여길 수 있으며, 이는 자기 비하로 연결된다. 자기 비하는 자존감과 대비되는 개념으로 스스로 자기 가치를 낮게 평가하는 일이자 자신의 마음에 구멍을 뚫어 자존감에 상처를 내는 행위이다. 자기 비하 상태에서는 늘 초조하고 불안할 수밖에 없다.

가면 증후군에 걸린 사람처럼 자신이 노력하여 성취한 일도 실력이 아닌 우연 혹은 행운이라고 여기면, 자신감은 사라진다. 또한 행운이 소멸될 것을 우려할 수밖에 없다. 자신감이 강한 사람은 한 번 성공 경험을 하면 그 경험이 다음에도 되풀이되리라고 믿는다. 반면, 자신감이 약한 사람은 그 성공이 우연이나 행운에 의한 것이므로 기회가 되풀이되지 않으리라고 여긴다. 그렇게 되면 눈앞에 찾아온 기회를 놓치지 않기 위해 전전긍긍할 수밖에 없다. 집착이 늘어나는 것이다. 더 나아가 불필요하게 서두른다. 이성적인 사고는 사라지고 감정적이고 즉흥적인 의사결정만 남는다. 그러한 의사결정은 반드시 잘못된 결과를 가져올 수밖에 없다.

자신감은 타인의 기대가 만들어낸 산물

가면 증후군은 다른 사람의 기대를 의식하는 것에서 비롯하는데 자신감이 낮은 사람은 필히 다른 사람의 시선을 의식한다. 다른 사람이 나자신 또는 내가 한 일의 결과를 어떻게 평가하는지 의식하는 것이다. 사실 다른 사람의 시선을 의식하지 않고 내가 정한 기준대로만 살아갈 수 있다면 자신감이라는 말은 존재하지 않을지도 모른다. 나를 지켜보는 누군가가 있고 그 사람이 나를 평가한다는 상대적인 개념이 있기 때문에 자신감이라는 용어가 존재한다고 할 수 있다.

실제로 자신감과 타인의 기대에는 일정한 상관관계가 있다. 유니버시티칼리지런던UCL의 학자들이 2017년에 과학 《eLife》지에 발표한 자료에 따르면, 자기 자신에 대한 타인의 평가가 자신감을 높이거나 낮추는 데 작용한다.

실제 이 실험에서 사용된 표현은 자신감이 아니라 자존감이었다. 하지만 이 책에서는 자존감과 자신감, 자기 효능감을 혼합하여 자기 자신에 대한 신뢰라는 측면에서 사용하기로 했으므로 자신감으로 표현하고자 한다.

연구진은 자신감이 변화할 때 진행되는 신경과정 모델을 개발한 후 건강한 피실험자 40명을 대상으로 사회적 평가 작업을 수행하고, 그동안 MRI를 이용하여 뇌 활동 변화를 측정했다.

피실험자들은 자신의 프로필을 본 사람들이 '좋아요'를 누를지 '싫어요'를 누를지 예측하도록 요구받았다. 연구진은 피실험자들이 예측한 것과 실제 결과가 나왔을 때의 뇌 반응을 측정했다. 이 실험에서, 타인에게 '좋아요'를 받을 것으로 예상했던 사람이 기대했던 평가를 받지 못할 경우, 즉 '싫어요'라는 평가를 받을 경우 자신감이 낮아지는 것으로 나타났다. 다른 사람에게 좋은 평가를 받을 것이라는 사회적 예측이 빗나갔을 때 자신감의 변화가 나타났다. 이 실험의 결과는 '나에 대한 다른 사람의 평가'가 자신감을 결정하는 핵심이라는 것이다.

이 연구를 진행한 헤이르트-얀 빌Geert-Jan Will 박사는 과제를 수행하는 동안 자신감이 크게 변동하는 사람이 일반적으로 더 자신감이 낮고 우울증과 불안의 증상이 있다는 것을 발견했다고 한다. 즉 일관적으로 자신감을 가지지 못하고 다른 사람의 평가에 따라 자신감이 좌우되는 사람일수록 절대적인 자신감이 낮고, 섭식장애나 불안장애 그리고 우울증과 같은 정신 질환이 나타날 가능성이 높다는 말이다.

자신감이 낮은 사람은 자신이 하는 일에 강한 신념을 가지지 못한다. 주어진 일을 자신이 하고 싶은 대로 밀어붙이지 못하고 다른 사람의 눈치를 본다. 만일 실패하면 어쩌지 하는 두려움이 크고 실수를 민감하게 받아들인다. 어떤 일이나 사람들을 앞에서 주도적으로 끌고 나가지 못하고 늘 뒤에 따라다니는 경향이 있다. 자신감이 강하다면 자기가 하는 일에 소신을 가지고 밀어붙이거나 이끌어가지만, 그렇지 않으니 다른 사람의 눈치를 보면서 뒤쫓아가는 것이다. 그리고 다른 사람보다 뒤처진다는 생각이 초조하고 불안하게 하는 원인이 된다.

자유의지와 잠재의식

자신감은 고칠 수 있을까? 다시 말해 노력하면 자신감을 높일 수 있을까? 사람들은 흔히 어떤 행동을 하는 것이 자신의 자유로운 의지에 따르는 것이라고 생각한다. 자유의지라는 것은 사고하는 방식과 행동을 자신이 자유롭게 선택하는 것이지만 실은 무의식의 영향을 받는 것일 수 있다. 최근 신경과학이 발달함에 따라 과연 인간이 자아라고 부르는 자유의지를 가졌느냐 하는 논쟁이 벌어지고 있다. 뇌과학자 게르하르트 로트Gerhard Roth나 신경철학자 토마스 메칭거Thomas Metzinger는 '자아'는 착각에 불과하고 뇌가 만들어낸 허구라고 하며 자아 자체를 의문시한다.

  인간의 자유의지에 대한 논란은 1980년대 생리학자 벤저민 리벳 Benjamin Libet의 실험에서 비롯했다. 핀으로 손을 찌르면 그것을 뇌가 인지하는 데 얼마나 시간이 걸리는지 밝혀내고자 했다. 그가 핀으로 환자의 손을 찌르자 그 신호가 뇌에 도착하기까지 불과 20밀리 초밖에 걸리지 않았다. 그런데 환자가 뭔가를 느꼈다고 할 때까지는 거의 500밀리 초가 걸렸다. 이는 뇌가 외부 감각에 대해 무의식적으로 정보를 처리할 수 있지만, 그것을 인지하는 데는 더 긴 시간이 필요하다는 것을 의미한다. 0.5초라고 하면 동시라고 생각하겠지만 순간적 인지와 판단이 이루어지는 뇌에서의 0.5초는 상당히 긴 시간이다. 이는 의식과 행동이 나타나는 시점이 다를 수 있다는 것을 말한다.

이후 유니버시티칼리지런던 생리학자 패트릭 해거드Patrick Haggard 가 벤저민 리벳의 실험을 재현했다. 피실험자들의 두개골에 뇌파측정 EEG 장치를 부착하고 언제든 누르고 싶을 때 버튼을 누르라고 지시했다. 컴퓨터 모니터 화면에는 시계가 있었고 피실험자들은 언제든 원하는 시간에 버튼을 누르기만 하면 되었다. 일반적인 예상은 이렇다. 뇌에서 버튼을 누르고 싶다는 욕구가 발현되면 그것은 운동 피질에 전달된다. 그러면 운동 피질이 근육을 움직이도록 명령을 내리고 그 명령에 따라 손가락이 움직여 버튼을 누르게 되는 것이다. 즉 의식적인 욕구가 먼저 생기고 그 후에 운동이 따른다는 것이다.

그런데 놀랍게도 결과는 정반대였다. 운동 피질이 활성화되고 난 후 거의 1초가 다 지나서야 비로소 의식에서 버튼을 누르라고 명령을 내렸다. 다시 말해 운동 명령이 먼저 내려진 후 의식이 그것을 깨달은 것인데, 의식적인 결정이 앞서는 것이 아니라 이미 뇌가 행동을 준비하고 있었던 셈이다. 이때 나타난 뇌파를 분석해보면 다음 그림과 같다.

이 실험 결과가 의미하는 바가 무엇일까? 인간은 자신이 하는 모든 생각과 행동이 자신의 의지에 의해 생겨난다고 생각한다. 아침에 원하는 시간에 일어나고, 하고 싶은 일을 하고, 먹고 싶은 음식을 먹고, 자고 싶은 시간에 잠자리에 든다. 그리고 읽고 싶을 때 책을 읽고, 보

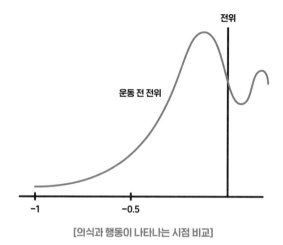

전위

운동 전 전위

−1

−0.5

[의식과 행동이 나타나는 시점 비교]

고 싶을 때 영화를 보고, 하고 싶을 때 운동한다. 모든 행위가 자신이
조종 장치를 손에 쥔 채 스스로 제어한다고 생각한다. 그래서 인간은
자신을 이성적이고 의식적으로 행동하는 인간이라고 규정한다. 철학
이나 정신분석학에서 말하는 자아의 존재도 이러한 바탕 위에서 형
성되었다.

위 실험은 전통적인 자유의지의 개념에 의문을 제기하는 것이다. 내
가 의식하기 전에 뇌가 먼저 나를 움직였기 때문이다. 잠에서 깨어나
회사에 가고, 친구를 만나고, 무언가 새로운 것을 배우려는 등 모든 것
이 나의 의지인 줄 알았는데 알고 보니 뇌가 시켜서 하는 일이다. 즉
나는 뇌에 의해 조종당한다고 말하는 것과 같다.

이것은 우리의 일상적인 행위가 자유의지가 아니라 잠재의식에 의
해 이루어진다는 것을 의미한다. 진짜 나 자신을 지배하는 세력은 자

유의지가 아니라 저 수면 밑에 깊숙이 감추어진 잠재의식인데도, 인간은 의식적인 자아가 사고와 행동을 지배한다고 생각하는 것이다. 그러기에 신경과학자들은 우리가 의지라고 부르는 것은 사실 자유의지가 아니라 무의식적 사고가 만들어낸 과정이라고 말한다.

이것이 자신감과 무슨 관련이 있다는 말인가? 1990년대 후반에 들어서면서 신경학자들을 중심으로 인간의 의사결정 과정에서 감정이 미치는 중요성에 대한 연구가 활발하게 이루어졌다. 이들은 의사결정 과정에서 감정이 중요한 역할을 하며 이성적인 부분보다는 감정적인 부분이 더 많은 영향을 미친다고 주장했다.

최근에는 이러한 이론이 더욱 적극적인 지지를 받고 있다. 대부분 신경학자가 뇌에서 감정이 주도권을 쥔다고 한다. 감정을 통해서야 비로소 인식된 관계가 의미를 획득한다는 것이다. 감정이 결정에 미치는 영향은 70~80퍼센트나 되지만 이는 거의 무의식적으로 이루어진다. 고작 20~30퍼센트의 의사결정만이 의식적인 과정을 거쳐 이루어지지만 이것도 앞서 살펴본 것처럼 자유의지에 따른 것은 거의 없다는 이론이 설득력을 얻고 있다.

중요한 것은, 자유의지가 실제로 존재하느냐 그렇지 않으냐가 아니다. 만일 인간의 사고와 행동이 잠재의식을 통해 발현된다면, 그 잠재의식을 바꿈으로써 미래의 어느 순간에 나도 모르게 내리는 뇌의 판단이 더 바람직한 방향으로 나를 이끌지 않을까 하는 것이다. 어차피 뇌의 주인도 바로 자기 자신이니까 말이다. 그래서 좋은 습관, 바른 습관을 축적하고 그것이 자연스럽게 무의식 속에 쌓이도록 하면 필요한 순간에 힘을 발휘할 것이다. 뇌가 더욱 바람직하고 좋은 방향으로 자기 자신을 이끌어가도록 말이다.

이렇게 보면 자신감도 결국은 잠재된 무의식에서 비롯한다고 할 수 있다. 의식의 뇌가 인지하기도 전에 다른 사람과의 관계를 통해 학습된 효과가 무의식적으로 잠재되고 내면의 감정을 형성하는 것이다. 이는 자신감 있는 모습으로 나를 드러내거나 소극적으로 행동하도록 만드는 요인이 될 수 있다.

실제로 뇌는 어린 시절부터 외부에서 여과 없이 받아들인 정보들이 잠재적인 무의식으로 내면에 쌓였다가 어떤 판단이 필요할 때 그것을 준거로 활용한다. 바로 뒤에서 자세히 살펴보겠지만 자신감을 상실하는 경로 중 하나는 후천적인 것이다. 그런데 외부의 비난이나 실패가 누적되면서 잠재의식 속에 쌓이면 그것이 무의식중에 자신 없는 모습으로 드러날 수 있다. 그러므로 자신감을 높이기 위해서는 꾸준한 노력으로 잠재의식 속에 자신감을 심어주고 그것이 무의식적으로 발현할 수 있도록 해야 한다.

비록 겉으로 드러나지는 않지만 잠재의식 속에 새겨진 것들은 뉴런과 뉴런을 통해 신경회로를 형성하고 자신을 나타내는 모습의 일부로서 선천적으로 새겨진다. 그것이 학습을 통해 강화되면, 다시 말해서 자신감을 가지고 잠재의식 속에 각인된 신경회로의 사용을 늘려나가면 그것이 잠재의식을 넘어 습관으로 자리 잡는 것이다. 자신감도 얼마든지 훈련을 통해 끌어올릴 수 있다는 말이다.

자신감이 낮아지는 이유

선천적 기질과 학습된 효과

1990년대에 법정 상황에 대한 한 가지 실험이 진행되었다. 이 실험에 의하면, 배심원들은 초조해하고 망설이는 증인보다 자신감 있고 확실하게 의견을 진술하는 증인의 의견을 채택할 가능성이 훨씬 높았다. 동일한 사실을 말하는 경우에도 자신감의 차이가 증언의 신빙성을 좌우하는 결정적 요소로 작용한다는 것이다.

그렇다면 개인별로 자신감의 차이는 왜 나타날까? 왜 어떤 사람은 자신감이 넘치고 어떤 사람은 그렇지 못할까? 자신감을 상실하는 이유는 크게 두 가지라고 할 수 있다. 하나는 타고난 소심한 성격 때문이고 다른 하나는 후천적 학습 때문이다.

이 두 가지가 결합하면 더욱 큰 자신감의 상실로 이어진다. 타고난 성격은 선천적인 것이므로 어쩔 수 없다. 하지만 문제는 후천적 학습에 의한 자신감 상실이다. 자신감을 상실하게 하는 후천적 학습은 부정적인 피드백으로 형성된다. 아무리 뛰어난 실력을 가진 사람도 자주 야단을 맞거나 결과에 대해 비난을 받으면 자신감을 크게 상실할 수밖에 없다.

지금 내가 몸담은 곳은 교육기관이고, 그곳에서 전임강사로 활동 중이다. 기업 직원을 대상으로 전략이나 기획과 관련된 과목을 강의하는 것이 내 직업이다. 이 일은 오래전부터 하고 싶었던 일이었다. 평범한 회사원으로 직장을 다닐 때도 늘 나의 꿈은 사람을 상대로 강의하는 것이었다. 그랬기에 오래도록 하고 싶었던 일을 하게 되었을 때는 무척 기쁘고 행복했다.

그런데 첫 강의부터 꼬이기 시작했다. 과거 몸담았던 대기업 중 하나에서 신사업과 관련된 강의를 하게 되었다. 긴장을 많이 하긴 했지만 나름 정성껏 준비했으며, 대학에서 강의했던 경험도 있었기에 자신이 있었다. 안타깝게도 그 강의에서 그리 좋은 평가를 받지 못했다. 하루 다섯 시간씩 3일을 연속으로 진행하는 강의인데, 2일 차 강의가 끝난 후 긴급하게 연락이 왔다. 수강자들의 클레임이 빗발치듯 쏟아졌다는 것이다. 직장인 수강자를 대상으로 강의하기보다는 학교에서 강의하는 듯한 느낌이 난다고 했다. 뒤집어 이야기하면 어렵고 잘 못 알아듣겠다는 이야기이다. 이미 이틀을 진행했기 때문에 강사를 교체하기 어려우니 나머지 하루 교육만이라도 신경 써서 해달라는 것이었다. 그날 나는 괴로운 마음에 밤새도록 잠을 이룰 수 없었다.

낯선 사람과의 만남에서 첫인상이 중요하듯 강사로서의 경력도 첫 강의가 중요한데, 그 첫 강의에서 낙제점에 가까운 점수를 받고 말았다. '어쩌다 운이 나빠 그랬겠지'라고 생각할 수도 있겠으나 이후에도 이상스러울 정도로 기업 강의에서는 좋은 평가를 받지 못했다. 동일한 과목을 다룬 공개 강의에서는 나쁘지 않은 평가를 받았는데도 말이다. 물론 강의하는 과목이 전략이나 기획과 관련된 것이니 재미와 흥미 위주로 쉽게 가르쳐주기를 바라는 수강자에게는 어렵게 여겨질 수 있다. 하지만 그것은 어디까지나 스스로 합리화하는 핑계일 뿐, 결과는 숫자로 나타난 평가 점수가 전부이다. 스스로 강의를 못한다고 생각하지 않았지만, 내 생각과 수강자의 반응 사이에서는 늘 좁힐 수 없는 간극이 한동안 계속되었다.

이러한 일이 반복적으로 일어나다 보니 점점 나에 대한 신뢰가 무너지기 시작했다. 하고 싶었던 일을 하면서도 행복을 느낄 수 없었다. 강의로 먹고사는 사람으로서 자신감이 사라지자 강의가 점점 힘들어졌다. 강의하면서도 즐겁다는 생각이 들지 않는 시간이 많아졌다. 좋지 못한 강의 평가 때문인지 기업 강의를 의뢰해오는 건수도 줄어들었다. 당연히 조바심이 났다. '이러다 강의가 없으면 어쩌지? 더 이상 강의를 못 하게 되는 건 아닐까?' 하는 불안이 떠나지 않았다. 한번 조바심이 들자 그 감정은 시간이 지날수록 더욱 커져만 갔다.

다행스럽게도 시간이 지나 경력과 스킬이 쌓이면서 수강자의 평가가 좋아졌다. 극찬하는 교육 담당자들도 생겼고 강의 내용이 좋았다며 감사 인사를 보내오는 수강자도 늘어났다. 강의 평가에서 백 점 만점을 받아 사내에 자자하게 소문이 나는 일도 생겨났다. 그런 일이 늘어나자 잃어버렸던 자신감도 회복되었다. 지금은 어떤 강의를 해도 자신이 있지만 마음 한구석에서는 혹시라도 또 그런 일이 생길까 하는 두려운 마음이 있는 것도 사실이다.

이렇듯 자신감 상실은 후천적인 학습으로 이루어지는 것이 크다. 주위에서 좋지 못한 소리를 많이 들은 사람일수록 그렇다. 어려서부터 부모나 선생에게 야단을 많이 맞은 사람은 성인이 되어서도 자기가 하는 일에 자신을 갖기 어렵다. 그렇게 자신감을 상실하면 시간이 지나면서 결국에는 조바심으로 이어지게 마련이다. 후천적인 신뢰 상실이 선천적으로 타고난 소극적인 성격과 결합하면 그야말로 원자폭탄급이 된다. 그렇지 않아도 소극적인 성격에 외부에서의 비난이 겹치면 자신에 대한 신뢰는 봄날 햇볕에 눈이 사라지듯 푹푹 줄어든다. 그리고 그 빈자리는 조바심이 채운다.

한번 자신에 대한 신뢰를 잃으면 그것이 가속화할 우려가 있다. 뉴햄프셔대학교 박사 에드워드 레메이Edward Lemay의 연구에 따르면 자신감이 없는 사람으로 보일까 봐 걱정하는 사람일수록 자신감을 잃기 쉽다. 사람들이 나를 '자신 없는 사람'으로 본다고 느끼면, 뇌에서는 그것을 '나를 가치 없는 존재로 여긴다'라고 받아들이기 때문이다. 자신에 대한 사소한 신뢰의 상실이 조금 더 큰 신뢰의 상실을 불러오고, 조금 더 큰 신뢰의 상실은 더욱 큰 신뢰의 상실을 가져온다. 그러다 보면 회복하기 어려울 정도로 자신감을 잃고 만다. 자신 없는 모습이 자신감 상실을 더욱 부추기고 상실된 자신감은 분노와 불안, 초조를 일으킨다. 자신감이 낮을수록 조바심은 늘어날 수밖에 없다.

자신에 대한 신뢰가 강한 사람과 그렇지 않은 사람을 정리하여 비교하면 다음과 같다.

다음 표에서 컴포트 존comfort zone은 쾌감대, 쾌적대, 안락지대 등으로 말하기도 하는데 물리적으로는 인체가 가장 쾌적하게 느끼는 온도와 습도, 풍속을 가진 범위를 말한다. 다른 의미에서는 사람이 가장 편안함을 느끼는 영역이다. 비유적으로는 요령 피우면서 일을 적당히 하는 것을 말하기도 한다. 대체적으로 사람은 컴포트 존에 머무르려는 성향이 강하다.《이카루스 이야기》를 쓴 세스 고딘은 이렇게 말했다.

자신감이 강한 사람	자신감이 약한 사람
· 다른 사람이 비난하거나 놀리는 한이 있어도 자신이 옳다고 여기는 것에 기반하여 행동한다. · 위험을 감수하고 더 나은 것을 쟁취하기 위해 더 나아간다. · 실수를 인정하고 그것에서 배우려고 한다. · 자신의 성공을 다른 사람이 인정하고 칭찬할 때까지 기다린다.	· 다른 사람의 생각을 바탕으로 자신의 행동을 다스린다. · 실패를 두려워하고 회피하려고 하며 컴포트 존에 머물려고 한다. · 다른 사람이 눈치채기 전에 실수를 감출 수 있기를 바라면서 바로잡기 위해 죽어라 일한다. · 자신이 가진 장점을 되도록 많은 사람에게 알리려고 애쓴다.

"안락지대 안에 머물 때 당신은 기분이 느긋해지고 긴장감 없이 일하거나 생활할 수 있으며, 그 안에서는 실패의 두려움도 크지 않다. 오랜 시간에 걸쳐 자신에게 익숙해진 영역이어서 습관적으로 행동하면 되기 때문이다." 뒤집어 말하면 컴포트 존을 벗어나면 불편해지고 긴장한 상태로 지내야 한다는 것이다. 그런데 컴포트 존을 벗어나서도 잘할 수 있다는 자기 자신에 대한 확신이 없으면 그곳을 벗어나려고 하지 않는다. 그러다가 자신이 가진 역량의 한계에 맞닥뜨리는 일을 만나면 불안과 초조를 느낄 수밖에 없다.

뇌가 알려주는 자신감의 정도

다트머스대학교의 연구 결과는 흥미로운 사실을 알려준다. 이 대학의 연구원들은 사람의 자신감 수준을 예측할 수 있는 두뇌 영역을 확인하는 실험을 했다. 이 실험을 주도한 로버트 차베스Robert Chavez 박사는 전전두엽과 선조체를 연결해주는 신경다발이 활성화된 사람일수록 자신감이 높다고 말한다. 선조체는 주로 보상이나 쾌감을 느끼는 뇌 부위로 즐거운 일이 있거나 좋은 측면에서 흥분 상태에 있을 때 활성화된다. 이를 두고 해석하자면, 기쁘고 즐거운 일이 있을 때 그것을 강하게 인지하고 오래 지속하는 사람은 자신감이 강하다. 반대로 기쁘고 즐거운 일이 있어도 즐겁게 받아들이지 못하거나 오래 지속하지 못하는 사람은 자신감이 낮다고 할 수 있다. 앞서 말한 가면 증후군에 있는 사람도 어쩌면 이런 사람일 수 있다. 자신의 성공을 기쁘고 즐겁게 받아들여야 하는데 어쩌다 얻은 행운 정도로 여기면 그것을 오래 붙잡고 있기 어렵기 때문이다.

이를 역으로 생각하면 자신감이 높은 사람은 작은 일에도 기쁨을 느끼고 즐거워하며 그 감정을 지속할 수 있지만, 자신감이 낮은 사람은 그렇지 못하다고 볼 수 있다. 즉 앞에서 이야기한 자신감과 스트레스 간의 상관관계를 이해할 수 있는 것이다. 이 내용은 긍정적 사고와도 직접적으로 연관되어 있다. 긍정적 사고가 강한 사람은 전전두엽과 선조체 사이의 신경다발 연결이 강하다.

반면에, 부정적으로 사고하는 사람은 그렇지 못하다. 즐거운 일을 즐거운 일로 받아들이고 오래 지속시키는 능력이 부족하다. 그래서 자신감은 다른 한편으로 긍정적 사고와도 관련된다. 자신감을 갖기 위해서는 긍정적인 삶의 태도를 가져야 하는데, 이 내용은 자신감만큼이나 중요하므로 이 장에서 다루지 않고 별도의 장을 할애하겠다.

자신감을 높이기 위한 훈련 방안

자신감이 부족할 경우 쉽사리 머릿속에 있는 생각을 드러내기 어렵고 주위 사람의 눈치를 보기 쉬우므로 어떤 일을 하든 움츠러들 수밖에 없다. 그렇게 움츠러든 상태에서는 자신이 가진 능력을 백 퍼센트 발휘하기 어렵다.

따라서 해야 할 일을 제대로 처리하기가 쉽지 않다. 비유하자면 자신감이 부족한 것은 두 팔을 움직일 수 없도록 몸통에 묶은 채 100미터를 전속력으로 뛰는 것이나 다를 바 없다. 팔을 자유자재로 움직일 수 없다. 그러니 균형을 잡기 어려워 앞으로 고꾸라질 우려가 있고, 추진력을 얻을 수 없으니 속력을 높일 수 없다. 몸이 마음을 따라갈 수 없어 달리고 싶은 욕구마저 사라진다. 의지를 잃고 무기력 상태가 되는 것이다.

마틴 셀리그만은 "자신의 약점과 단점을 고치기 위해 시간과 노력을 투자하는 것은 바람직하지 않다. 나는 인생 최대의 성공과 더 없는 만족은 개인의 대표 강점을 연마하고 활용하는 데서 비롯한다고 믿는다"라고 말했다. 자신의 약점을 보완하는 것보다 자신이 가진 강점을 개발하고 활용하는 것이 더욱 큰 효과를 낸다는 것이다. 대표 강점signature strengths이란 개인이 가진 강점 중 두드러지게 나타나는 아주 특별한 강점을 말한다.

나 역시 이 말에 전적으로 동감한다. 약점을 보완하기에는 시간이나 노력이 너무 많이 드는 반면, 효과는 그리 크지 않을 수 있다. 결과를 장담하기가 어렵다. 약점을 보완하기보다는 차라리 강점을 더욱 강하게 만드는 것이 효과가 더 크다.

그러나 자신감은 다른 이야기이다. 자신감이 약점이 된다면 그것은 개선하지 않으면 안 된다. 자신감은 집을 지을 때 다지는 기초와 같기 때문이다. 건물이 지상으로 높이 올라가기 위해서는 그만큼 기초가 탄탄해야 한다. 자신감이 강하면 강할수록 겉으로 드러나는 나의 역량도 커 보일 수 있지만 자신감이 튼튼하지 못하면 그 위에 높은 건물을 지을 수 없다. 그러므로 자신감은 무엇보다 최우선적으로 보완하지 않으면 안 될 요소이다.

작고 적은 목표 세우기

자신감을 높이고 자신에 대한 신뢰를 갖기 위한 첫출발은 목표를 세우는 것이다. 그런데 그 목표는 크지 않아야 한다. 자신감이 부족한 사람이 처음부터 큰 목표를 세우고 그것에 도전하기는 쉽지 않다. 비록 작더라도 자신이 할 수 있는 목표를 세우고 그것에서 성취감을 얻는 것이 중요하다. 추상적이고 거창한 목표나 지나치게 오랜 시간이 걸리는 큰 목표는 세우지 않는 것이 좋다. 단기간에 끝낼 수 있는 작은 목표, 크게 힘들이지 않고도 달성할 수 있는 쉬운 목표부터 세우는 것이다. 간혹 성공을 위해 "꿈은 원대하게"라며 큰 목표를 가지라고 말하는 사람이 있지만, 거창한 목표는 달성하기가 그만큼 쉽지 않을뿐더러 시간도 오래 걸린다. 자신감이 부족한 사람은 큰 목표에 도전하기도 어렵지만 행여 꾸준히 하더라도 결과가 좋지 않게 나타나면 '내가 그렇지 뭐' 하며 더 깊은 자기 불신의 상태로 가라앉을 수 있다. 이 상태가 되면 뇌 안에서 끊임없이 부정적 사고가 말을 걸어온다. '그거 안 될 거야. 하지 마'라거나 '네가 그걸 할 수 있겠어? 어려울 텐데'라며 부정적 감정을 퍼뜨린다. 결국 일은 실패로 돌아가고 자신감은 이전보다 낮아진다.

다른 사람이 큰 목표를 좇는다고 해서 나도 큰 목표를 좇을 필요는 없다. 목표의 크기가 중요한 것이 아니라 그것을 달성하느냐 그렇지 않느냐가 더 중요하다. 캐나다 토론토대학교 심리학과 교수 피터 허먼Peter Hermann은 실현 가능성이 낮은 계획과 목표를 세우는 것을 두고 '잘못된 희망 증후군false-hope syndrome'이라고 했다. 일반적으로 크고 거창한 목표는 행동을 변화시키는 데 아무런 도움도 안 되며, 오히려 실패와 좌절을 통해 자존감을 낮추는 부작용이 나타난다는 것이다.

어떠한 목적으로 몇 달 후에 마라톤 대회에 출전하는 사람이 있다고 해보자. 달리기라고는 전혀 해보지 않은 사람이 처음부터 42.195킬로미터를 완주하기는 불가능하다. 처음부터 무리한 욕심을 낼 것이 아니라 1킬로미터만 쉬지 않고 달리는 연습부터 해야 한다. 1킬로미터를 달성하면 그다음은 3킬로미터, 3킬로미터를 달성하면 그다음은 5킬로미터, 다시 10킬로미터 등으로 거리를 늘려나가야 한다. 시간이 얼마 없다고 해서 조바심을 내봐야 소용이 없다. 너무 조바심을 내면 쉽게 지치고, 지치면 끝이다. 결국 포기하고 만다.

처음 수영을 배울 때, 세 달이 지나도록 25미터 레인 하나를 왕복하는 것조차 힘들었다. 나보다 뒤에 들어온 사람들이 나를 제치고 상급

반으로 올라가는데 난 여전히 제일 바깥쪽 레인에서 힘겹게 물장구치고 있었다. 배영도 하고 싶고 평영도 하고 싶고 무엇보다 접영을 해보고 싶었지만, 어린 시절 계곡물에 빠져 죽음 문턱까지 갔던 트라우마 때문에 물이 무섭고 자신이 없었다. 그래서인지 세 달이 다 되어가도록 레인을 한 바퀴 왕복하는 데 만족하며 지냈다. 그러던 어느 날, 나보다 늦게 수영을 시작한 사람이 내게 세 바퀴만 쉬지 않고 해보라고 했다. 한 바퀴를 돌고 쉬려고 하자 그 사람이 쉬지 못하게 나를 재촉했다. 창피하기도 하고 오기도 생겨 쉬지 않고 세 바퀴를 돌았다. 그것이 수영을 시작하고 처음으로 한 바퀴 이상 수영장을 왕복한 경험이었다. 할 수 없을 것이라고 생각했는데 세 바퀴를 돌고 나니 자신감이 생겼다. 자신감이 생기니 물이 무섭지 않았다. 물이 무섭지 않으니 자신감이 더욱 커졌다.

그 후 조금씩 왕복하는 거리를 늘려갔다. 세 바퀴가 다섯 바퀴가 되고, 다섯 바퀴가 열 바퀴가 되고, 열 바퀴가 스무 바퀴가 되었다. 도저히 한 바퀴 이상 왕복할 자신이 없을 때 세 바퀴의 작은 성공이 자신감을 심어주었고, 한번 자신감이 생기니 더 큰 목표에 도전하는 것도 어렵지 않았다. 그러다 보니 사십 바퀴를 쉬지 않고 왕복한 기록을 세우게 되었다. 사십 바퀴라면 2킬로미터에 이르는 먼 거리이다. 만약 처음부터 사십 바퀴를 돌겠다는 목표를 세웠다면 지레 질려서 달성하지 못했을 것이다. 하지만 차근차근하다 보니 어느새 그 기록까지 이를 수 있었다.

사회심리학자 로이 F. 바우마이스터Roy F. Baumeister 교수에 따르면 인간의 의지력에는 한계가 있으며 사용할수록 고갈된다. 일련의 피실험자들에게 동물들이 고통스럽게 죽어가는 다큐멘터리를 보여주면서, 한 그룹에는 감정을 억제하도록 요구했다. 그리고 다른 그룹에는 자연스럽게 감정을 드러내도록 했다. 이후 의지력이 필요한 문제를 푸는 실험을 진행했는데, 감정을 억제한 집단은 그러지 않은 집단보다 문제 풀이에 어려움을 겪었다. 이 실험 결과는 충동을 억제하거나 의지력을 발휘하여 어려운 문제를 해결해나갈수록 의지력이 고갈된다는 것을 나타낸다. 쉽게 생각하면 화를 꾹꾹 눌러 참던 사람이 더 이상 참지 못하고 어느 순간 불같이 폭발하는 것과 유사하다고 할 수 있다.

이는 이성적 사고를 관장하는 전두엽이 관리할 수 있는 통제 역량의 한계를 드러내는 것이라고 한다. 뇌가 사용할 수 있는 에너지에는 한계가 있기 마련인데 무언가를 억제하고 자제하는 의지력에 에너지를 소모하면 일정 수준이 지나서는 반대의 상황, 즉 의지력이나 자제력의 상실을 불러온다는 것이다. 달성하기 어려운 목표, 자신의 능력에 비해 고난도의 목표, 오랜 시간을 인내하며 견뎌야 하는 목표 등에는 강한 의지력이 필요하다. 이는 의지력의 고갈을 불러일으켜 결국은 중도에 포기하는 일을 가져온다. 한번 포기한 일은 다시는 거들떠보기도 싫어진다. 그러므로 목표는 가급적 작고 쉬운 것부터 시작하는 것이 바람직하다.

이를 예일대학교 신경생물학자 에이미 안스텐Amy Arnsten의 말을 빌려 조금 더 부연 설명하면 이렇다. 무언가를 계획하고 실행에 집중하려면 전전두엽의 기능이 제대로 발휘해야 한다. 그런데 전전두엽의 신경회로가 제대로 발화하려면 도파민과 노르에피네프린(노르아드레날린이라고도 한다)의 수준이 적절히 균형을 이루어야 한다. 잘 알겠지만 도파민은 기분 좋은 느낌을 만들어주는 신경전달물질이고, 노르에피네프린은 아드레날린과 마찬가지로 스트레스 호르몬이다. 이 두 물질이 적정한 수준에서 조화를 이루지 않으면 자극이 떨어져 지루함을 느낀다.

스트레스 없는 삶이 행복하고 만족스러울 것 같지만 스트레스가 너무 적으면 자극이 부족해 무언가를 수행할 능력이 저하하고, 스트레스가 지나치게 높으면 다시 일을 수행할 능력이 떨어진다. 즉 V 혹은 U자를 거꾸로 뒤집은 것처럼 무언가를 실행하기 위해서는 꼭지점에 이를 수 있도록 적당한 수준의 스트레스가 필요하다. 자신감 부족으로 주눅이 든 사람이 큰 목표를 세우고 도전하는 것은 일종의 스트레스 상황이다. 이때는 노르에피네프린이 과도하게 넘쳐나고, 이 상태에서는 신경회로의 연결이 끊어져 일을 수행하는 데 필요한 신경 발화가 이루어지지 않는다. 따라서 노르에피네프린과 도파민이 많지도 적지도 않은 수준에서 적절하게 균형을 이루고, 자극적이지 않으면서도 지나치게 스트레스를 받지도 않는 상태가 되어야 한다. 이 지점이 스위트 스폿sweet spot이다.

스위트 스폿은 사람마다 다르다. 어떤 사람은 작은 일에도 스트레스를 받는가 하면 어떤 사람은 웬만한 일에는 눈도 꿈쩍하지 않을 정도로 스트레스 수용성이 뛰어나다. 스위트 스폿이 앞쪽에 형성된 사람은 어려운 일이 닥치거나 해야 할 일이 많으면 겁을 먹고 낙담할 수 있는 반면, 뒤쪽에 형성된 사람은 힘든 일이 닥치면 오히려 도전 정신을 느끼기도 한다. 그러므로 자신에게 맞는 스위트 스폿을 찾아야 한다. 처음부터 무리하게 큰 목표를 세우고 추진하면 스위트 스폿을 지나쳐 오히려 의욕이 저하할 수 있다.

목표의 숫자도 중요하다. 흔히들 새해가 되면 그해 이루고자 하는 목표를 세우곤 한다. 어떤 사람은 두세 가지 적은 목표만 세우지만 어떤 사람은 십여 개나 되는 많은 목표를 세우기도 한다. 하지만 연말에 이르러 한 해를 돌아보면 목표의 개수가 많은 사람일수록 완료한 계획은 적다. 비록 적더라도 포기하지 않고 꾸준히 하는 것이 많은 목표를 가지고 허덕대다 포기하는 것보다 낫다.

뇌가 한 번에 다룰 수 있는 정보는 많아야 일곱 개라고 한다. 이를 '밀러의 법칙'이라고 한다. 최근에는 그 숫자가 더욱 줄어 네 개까지만 기억할 수 있다는 이야기도 있다. 이는 뇌가 가진 작업기억working memory의 한계 때문인데, 스웨덴 카롤린스카 의과대학교 프레드릭 에딘Fredrick Edin 박사팀은 fMRI를 이용하여 작업기억이 작용할 때 뇌 움직임을 관찰했다. 그 결과 작업기억을 이용할 때는 전두엽과 머리 위쪽의 두정엽 부분이 활성화되었다. 그런데 일곱 가지 이상의 정보를 기억하려고 하면, 두정엽이 주변 뇌세포가 활성화되는 것을 방해하여 더 이상 정보가 입력되지 못하도록 한다고 한다.

스탠퍼드대학교 교수팀은 피실험자들을 모집한 후, 한 그룹에는 복도를 걸어가면서 두 자리 숫자를 기억하게 하고, 다른 그룹에는 일곱 자리 숫자를 기억하도록 했다. 그 후 건강에 좋은 샐러드와 좋지 않은 초콜릿 케이크를 주고 하나만 선택하도록 했다. 그러자 일곱 자리 숫자를 기억하려고 노력한 그룹에서 몸에 안 좋은 초콜릿 케이크를 고른 비율이 훨씬 높게 나타났다. 이는 뇌가 일곱 자리 숫자를 기억하기 위해 에너지를 소모하는 바람에 주어진 음식이 몸에 좋은지 나쁜지 판단할 여력을 상실했기 때문이라고 한다. 달성하려는 목표가 너무 많으면 이처럼 판단력 저하를 불러오고 원하는 결과와 다른 결과를 얻는다.

또 다른 측면에서 추구하는 목표의 수가 적을수록 유리한 이유가 있다. 인간의 뇌, 그것도 의사결정을 내리고 행동을 촉진하는 데 관여하는 전전두엽은 뇌에서 차지하는 부피가 불과 3, 4퍼센트 정도밖에 안 된다. 부피가 작다는 것은 그만큼 신경회로가 많지 않다는 것이다. 신경회로가 많지 않다는 것은 한 번에 다룰 수 있는 정보의 양에 제한이 있다는 것을 나타낸다. 연극을 할 때 무대는 좁은데 배우가 지나치게 많다고 생각해보라. 동선은 엉키고 대사도 겹치며 제대로 연극이 이루어질 수 없을 것이다. 좁은 연극 무대에 너무 많은 배우가 올라서는 것처럼 추구해야 할 목표의 수가 지나치게 많으면 전전두엽이 자원을 효율적으로 활용하지 못하고 제대로 된 결과를 낼 수 없다.

목표가 적고 작다고 해서 실망하거나 부끄러워할 필요가 없다. 수적천석水滴穿石이라는 말처럼 한 방울씩 떨어지는 물이 바위를 쪼개고, 적우침주積羽沈舟라는 말처럼 새의 깃털이 쌓이면 큰 배도 가라앉히는 법이다.

작은 성공이 쌓이고 쌓이면 큰 성공을 이끌어낼 수 있다. 매사 자신을 확신할 수 없는 사람은 처음부터 달성하기 힘든 큰 목표를 세웠을 가능성이 크다. 큰 목표를 세웠다가 이루지 못해 좌절하며 자신감을 잃고 쉽게 조바심에 빠진다. 이렇게 자신감을 잃는 것보다는 작은 목표를 세워 성공 경험을 반복하는 것이 자신감을 축적하는 데 훨씬 바람직하다. 성공 자체에 조바심을 내지 말고 성공하는 경험을 늘리는 것을 중시해야 한다. 그렇게 하면 잠재의식을 형성하던 부정적인 신경회로의 연결이 끊어지고, 자신감을 높이는 긍정적 신경회로의 연결이 늘어난다.

고유의 성취 경험 갖기

작고 적은 목표를 세웠다면 그것을 실행하여 성취 경험을 얻는 것이 중요하다. 일단 하나의 성취 경험이 생기면 그것이 도화선이 되어 다른 성취를 이끌어낼 수 있다. 그 성취 경험이 꼭 커야 할 필요는 없다. 불을 피울 때 처음부터 큰 장작에 불을 붙일 수는 없다. 지푸라기나 작은 나뭇가지에 불을 붙인 후 어느 정도 불꽃이 일면 큰 장작을 넣어주어야 하듯, 작은 성공 경험이 모이면 큰 성공을 이끌어낼 수 있다. 중요한 것은 성취 경험 그 자체를 갖는 것이다.

지금까지 나는 책 아홉 권을 냈고 앞으로도 계속 책을 쓸 예정이다. 이렇게 계속해서 책을 쓸 수 있는 것은 처음 썼던 글이 책으로 출판된 성공을 경험했기 때문이다. 직장 생활을 하면서 틈틈이 써두었던 글을 책으로 내려고 했을 때 쉽게 받아준 출판사는 없었다. 하지만 포기하지 않고 꾸준히 노력한 결과 한 출판사에서 책으로 내고 싶다는 제안을 해왔고 실제 출판으로 이어졌다. 비록 큰 성공을 거두지는 못했지만 첫 도전이 성과를 맺자 자신감이 생겼다. 그리고 두 번째로 쓴 《관찰의 기술》이 좋은 결과를 얻으면서 더욱 큰 자신감을 얻었다. 이후 몇 권을 지속적으로 내면서 방송 출연 등의 기회로까지 이어졌고 더 큰 도전을 계획하게 되었다. 하나의 성공 경험이 다른 도전을 불러일으키고 그것이 또 다른 성취 경험을 이끌어내면서 점점 글쓰기에 자신감이 붙었다. 만일 처음 썼던 글이 책으로 나오지 않았다면 작가의 꿈은 이미 오래전에 접고 말았을지도 모른다.

하인리히 법칙이라는 것이 있다. 미국의 보험회사 직원이었던 허버트 윌리엄 하인리히Herbert William Heinrich가 밝혀낸 원칙으로, 하나의 큰 사건 이면에는 29가지의 작은 사건이 있고 다시 그 이면에는 300가지의 징후가 나타난다는 것이다. 이것을 뒤집어 보면 300가지의 작은 실천이 모여 29가지의 작은 성공을 이루고, 그 성공들이 모여 다시 하나의 커다란 성공을 이룬다고 생각할 수 있다.

경영학에서도 조직을 변화시키기 위해서는 입이 쩍 벌어질 정도로 대단한 성공보다 작은 성공을 빠른 시간 내에 조직 구성원들에게 심어 주라고 강조한다. 이것을 퀵윈quick-win이라고 하는데, 작은 성공을 반복적으로 이루면 그것이 시간이 지날수록 큰 성공을 불러온다는 것이다. 자신감을 가지지 못하는 사람은 선천적 요인보다는 후천적 학습에 의해 그러한 상태가 되었을 가능성이 크다. 그러므로 작은 성취를 통해 자기 효능감을 맛보면 그것이 잠재의식 속에 내재되어 있던 부정적인 신경회로를 끊어내고, 자신감을 얻는 계기가 될 수 있다.

나는 요리하는 것을 좋아하고 나름 잘하는 편이다. 틈이 날 때마다 요리하는데, 지금까지 만들어본 요리만 수백 가지가 된다. 요리를 먹어본 사람들의 평은 대체로 긍정적이었다. 비록 인터넷을 통해 소위 '야매'로 배운 것이기는 하지만. 요리에 관심을 두고 꾸준히 요리한 동기는 아주 작은 데 있었다. 어느 날 만들어본 잔치국수가 기대했던 것 이상으로 맛있었다. 그것이 계기가 되어 조금씩 다른 요리를 하게 되었다. 예상하지 못했지만 연속적으로 요리에 성공하다 보니 자신감이 생겼다. 이후 손이 많이 가고 복잡한 요리까지도 거침없이 할 수 있게 되었다. 만일 그때 잔치국수의 맛이 형편없었고, 그래서 더 이상 흥미를 가지지 않았다면 이후로 요리할 생각은 없었을지도 모른다.

무슨 일을 하든 성공 체험을 하는 것이 중요하다. 사람들은 쉽사리 원대한 목표를 이야기한다. 하지만 크고 어려운 목표를 세워 그것을 달성하지 못하고 주저앉는 것보다 비록 보잘것없더라도 성공을 경험하는 것이 자신감을 얻는 데 도움이 된다. 성공을 경험하지 못하면 '이런 걸 해서 뭐하나?' 하는 생각이 들고 도중에 손을 들어버리거나 기약 없이 뒤로 미루게 된다. 무엇인가를 해서 성취할 수 있다면 미룰 이유가 없지만 해도 잘 안 된다고 생각하면 그 일을 시작하기가 쉽지 않다. 미루고 미루다가 어쩔 수 없는 상황이 되어서야 한다. 그리고 시간이 부족하니 시간에 쫓겨 조바심을 내는 것이다.

다수의 연구 결과에 의하면 자신감과 성취와 긍정적인 정신 건강 사이에는 높은 상관관계가 있다. 자신감이 클수록 성취 수준이 높고, 성취 수준이 높으면 자신감이 올라간다. 그러한 자신감은 긍정적인 정서를 높여준다. 뒤집으면 자신감과 부정적인 정신 건강 사이에는 역상관관계가 있다는 것이다. 자신감이 낮을수록 부정적인 정서는 증가하고 자신감이 높을수록 부정적인 정서는 감소한다.

무언가를 하고자 결심하는 것은 총에 총알을 장전하는 것이지만 실제 총알을 발사하는 용기는 하나의 성공 체험에서 비롯한다. 작더라도 성공 체험이 반복되다 보면 자신감이 쌓이고 자기 효능감이 높아지며, 더 이상 자신이 하는 일에 불신을 가지고 초조해하지 않는다. 그러므로 제일 먼저 성공을 경험할 수 있는 일에 초점을 맞추어야 한다.

숨겨진 자신의 모습 발견하기

블로그 이웃 중 한 사람이 내게 '저자와의 만남'을 추진해보라고 권유해왔다. 그 말을 듣고 "지금까지 내가 작가라고 생각해본 적이 없다"라는 말로 일언지하에 거절하고 말았다. 이미 책을 아홉 권이나 출간했으면서도 스스로 작가라고 생각하지 않는다니, 듣는 사람 입장에서는 황당하게 여겼을지도 모르겠다. 어쩌면 나를 꽤나 자신이 없는 사람으로 평가했을 수도 있다. 이유는 그것 때문이 아니지만 어쨌거나 다른 사람의 눈에는 내 모습이 그렇게 비쳤을지도 모른다.

자신감을 얻기 위해서는 명확하게 자기인식을 하는 것이 필요하다. 즉 자신의 정서 상태를 반영하여 나타나는 감정을 얼마나 잘 이해하느냐는 것이다. 사람은 자기 자신을 누구보다 잘 아는 것처럼 생각하지만, 의외로 자신의 감정에 무딘 사람이 무척 많다. 이런 사람은 내적 자아가 의식적으로 불분명하여 스스로 무엇을 하고 왜 하는지에 대한 생각 없이 행동한다. 이로 인해 본인이 자신감이 부족하거나 초조하거나 공포를 느낀다는 사실 등을 제대로 인지하지 못한다.

이런 사람의 또 다른 특징은 타인이 느낀 감정을 마치 자신이 느낀 것처럼 받아들이고, 공감하는 감정이입 능력이 떨어진다는 것이다. 흔히 심리상담사, 사회복지사, 간호사가 환자를 대한 후 에너지를 소진하고 감정적으로 힘들어하는 것이 바로 상대 입장에서 감정이입을 함으로써 스트레스 호르몬의 증가나 혈압, 심박의 증가와 같은 증세를 경험하기 때문이다. 그런데 자기인식이 부족한 사람은 이러한 능력이 떨어진다. 다른 사람이 느끼는 감정을 같은 상태로 느끼지 못하는 경우가 많다.

이 경우에 귀 주변을 둘러싼 대뇌피질인 측두엽 안쪽에 자리 잡은 뇌섬엽이라는 부위의 기능이 저하해 있을 수 있다. 뇌섬엽은 내장기관을 관장하는 뇌 영역으로 신호를 보내 심장을 빨리 뛰게 만들거나, 허파를 활성화해 더 많은 산소를 들이마실 수 있게 한다. 공황장애나 건강염려증과 같은 증상은 섬엽이 지나치게 활성화되어 나타나는 증상이다. 그런데 이 섬엽 부분의 기능이 저하한 사람은 대체로 자기 자신이 느끼는 정서 상태를 정확히 인지하지 못한다. 다시 말해 자기인식 능력이 떨어진다는 것이다.

자신감이 부족한 사람은 자기인식 수준이 낮을 수 있다. 즉 주위 사람이 자신을 보는 것과 스스로 자기를 평가하는 것 간에 간극이 존재한다. 주위 사람이 자신을 긍정적으로 바라보는 것도 자신에게 괜히 하는 소리 혹은 다른 사람이 잘못 본 것이라고 여긴다. 다른 사람이 자신을 오해하고 있다고 생각하는 것이다.

그러나 세상에 장점으로만 가득 찬 사람도 없고 단점으로만 가득 찬 사람도 없다. 누구나 장점과 단점이 섞여 있다. 단점보다 장점이 커 보이는 사람도 있고 장점보다 단점이 커 보이는 사람도 있지만, 둘 중 어느 것 하나만 있는 사람은 단 한 사람도 없다. 한 나라의 지도자도, 이름난 인사도, 수많은 팬을 끌고 다니는 인기 연예인도 마찬가지이다.

자신이 가진 단점이 있다고 해서 그 단점에만 집착할 필요는 없다. 다른 사람이 가지지 못한 자신만의 장점이 있다면, 그 장점이 단점을 보완하고도 남을 것이다. 자신감이 부족한 사람은 자신이 가진 장점보다는 단점을 더욱 두드러지게 여기는 사람이다. 이런 생각에서 벗어나 자신의 단점을 보는 시각을 장점으로 돌릴 필요가 있다. 이것이 자신감을 회복하는 또 하나의 방법이다.

우선 주위 사람에게 자신의 장점과 단점을 들어보라. 그리고 나는 어떤 가치가 있는지 물어보라. 자기애가 강한 사람은 자기 자신에 대한 평가가 너그러울 수 있는 반면, 자기애가 부족한 사람은 자기 자신에 대한 평가가 엄격할 수 있다. 자신이 가진 가치의 필터를 통해 자신을 바라보기 때문이다. 따라서 다른 사람의 눈을 통해 보는 것이 어쩌면 자신을 더 잘 아는 방법일 수 있다.

나는 발성과 발음에 상당한 콤플렉스가 있다. 말이 느리고 발음이 다소 어눌한 편이라고 생각해왔다. 어려서부터 '말 좀 빨리해라'는 말을 듣다 보니 말하는 것에 자신이 없어졌다. 게다가 종종 발음도 부정확하게 하는 것 같고 목소리도 그리 듣기 좋은 편이 아니라고 여겼다. 그래서 말하는 것에 신경 쓰인다. 콤플렉스가 생각보다 뿌리가 깊어 발음이 또렷하고 목소리가 좋은 사람을 보면 늘 부러움을 느낀다.

그런데 언젠가 사업상으로 알게 된 지인이 뜻밖의 말을 건넸다. 내 목소리가 좋다는 것이다. 젊은 사람은 모르겠지만, 아주 오래전에 〈사랑방 중계〉라는 프로그램을 진행했던 원종배 아나운서와 목소리가 비슷하다는 것이다. 그러면서 내게 부럽다는 말을 전했다. 그의 말에 정색하고 목소리 때문에 힘들다고 말하자, 그는 진심이라며 다시 한번 격려해주었다. 나로서는 뜻밖의 일이었다. 콤플렉스처럼 여기는 목소리를 좋다고 해주다니 오히려 그 사람이 이상하게 보였다.

최근 이틀간 강남에서 한 강의를 수강했던 사람이 건넨 말도 의외였다. 자신은 그동안 많은 강의를 들었지만, 대부분 강의에서는 강사가 말을 빨리하여 내용을 따라잡기 어려웠다고 한다. 말을 듣고 생각할 시간이 있어야 하는데 말이 빠르다 보니 생각할 시간이 없고, 그저 강사가 하는 말을 주워듣기에 바빴다는 것이다. 학습이 끝나도 머릿속에 남는 게 없어 속상했다고 한다. 그런데 나의 강의는 말이 빠르지 않아 들으면서 충분히 생각할 시간이 있어서 만족스럽다는 것이 요지였다.

아니, 이게 무슨 말인가? 그동안 스스로 콤플렉스라고 생각했던 것이 오히려 장점이라고 말하니 믿기지가 않았다. 이후 다른 강의에서도 수강자들에게 몇 차례 같은 질문을 던져봤다. 내 말이 느리냐고 물으니 다들 그렇다고 한다. 느린 말투 때문에 불편하냐고 물으니 그렇지는 않다고 한다. 누구도 내 발성과 발음, 말하는 속도가 듣기 불편하다고 하지 않았다. 사람들의 그런 의견을 들으며 문득 들었던 생각은, 어쩌면 장점이 될 수 있었던 것 혹은 적어도 단점이 아닌 것을 그동안 나만 콤플렉스로 간직했는지도 모른다는 것이었다.

이처럼 자신은 단점으로 생각한 것을 주위 사람은 장점으로 여길 수 있다. 단점까지는 아니더라도 스스로 깨닫지 못한 장점이 있을 수도 있다. 한번 주위 사람의 이야기를 들어보라. 주의할 점은 주위 사람이 자신의 단점을 이야기할 때 발끈하거나 상처받지 않는 것이다. 유전자만큼이나 사람의 사고 영역도 다양할 수 있으므로 말이다. 너무 심각하지 않게, 열린 마음으로, 자신도 모르던 자신을 발견하겠다는 마음으로 겸허하게 사람들이 하는 이야기를 들어보라. 이야기를 듣다 보면 자신이 이미 알았던 것도 있지만 미처 몰랐던 이야기도 들을 수 있다.

자신에 대한 장점과 단점을 들어보면 의외로 자기 자신이 가진 장점이 많다고 여길지 모른다. 어쩌면 스스로 깨닫지 못했던 장점이 있을 수도 있다. 자신이 콤플렉스로 여긴 것을, 상대는 가치 있게 생각할지도 모른다. 그렇다면 자신이 꽤나 쓸모 있는 사람이라는 생각이 든다. 그것을 깨닫는 순간 자신에게 확신을 가질 수 있다. 자신감이 생기는 것이다. 자신감이 생기면 그것이 씨앗이 되어 더욱 큰 자신감으로 발전해나갈 수 있다.

주위 사람의 이야기를 객관적으로 들어보라. 무조건 나에 대해 좋은 말만 해주는 사람은 필요 없다. 일방적으로 비난하거나 충고하려는 사람의 이야기도 들어서는 안 된다. 사실을 있는 그대로 객관적인 시각에서 바라보고 이야기해줄 사람이 필요하다. 너무 친하거나 은연중에 라이벌 의식을 느끼는 사람은 제외하고 제삼자의 입장에서 객관적으로 나를 평가해줄 사람을 찾아야 한다. 나의 강점과 약점, 장점과 단점에 대한 이야기를 듣고 그것을 정리해본다. 어쩌면 내가 자신감을 찾을 수 있는 영역을 발견할지도 모른다. 아니, 분명히 그러한 점이 있을 것이다.

여기에서 내가 가진 가치란 그 사람들에게 내가 어떤 의미인지를 나타낸다. 즉 사람들에게 보여지는 나의 존재 의미이다. '없어서는 안 될 소중한 존재'라거나 '같이 있으면 마음이 편해지는 사람' 혹은 '늘 친구들을 즐겁게 해주는 사람' 등이 그들에게 비친 나의 가치가 된다. 이러한 것들도 스스로 찾아내기는 힘들다. 다른 사람에게 비치는 내 모

주위 사람이 말하는 나에 대한 평가	
장점	단점
주위 사람이 말하는 내가 가진 가치	

습이기 때문에 다른 사람의 입을 통해서만 확인할 수 있다. 어쩌면 내가 사람들을 대하는 것과 사람들이 나를 생각하는 모습이 다를 수도 있고, 생각했던 것보다 더 좋게 나를 생각할 수 있다. 미처 몰랐던 소중한 가치를 발견하는 셈이다.

주위 사람을 통해 자신의 장점과 가치를 확인했다면, 이제는 그것을 반복적으로 머릿속에서 되새겨야 한다. 자신의 장점과 가치를 세뇌하는 것이다. 스스로 자신을 우유부단하다고 여기지만, 다른 사람은 진중하고 믿음직스럽게 생각한다면 그것은 분명 단점이 아니라 장점이다. 그것을 반복적으로 머릿속에 떠올린다. '나는 진중하고 믿음직스러운 사람이다, 나는 진중하고 믿음직스러운 사람이다'를 반복적으로 되뇌다 보면 앞서 말한 것처럼 잠재의식 속에 자신에 대한 긍정적 신경회로가 형성되고 무의식적으로 자기 자신에 대한 신뢰가 높아진다.

자신에 대한 신뢰가 높아지면 평소 부정적으로 말을 걸어왔던 뇌가 긍정적으로 말을 걸어오기 시작한다. 예전 같으면 '이게 되겠어? 안 될 거야. 하지 마'라고 하던 뇌가 '이게 왜 안 돼? 한번 해봐. 잘할 수 있을 거야' 하고 긍정적으로 말을 건다. 부정이 긍정으로 바뀌면 그 순간 자신감은 높아지기 시작한다.

주위 사람의 의견을 들어보라. 지금껏 자신이 스스로 생각한 단점을 장점으로 여길 수 있는 점을 찾을 것이다. 그렇다면 지금껏 자기 자신을 주눅 들게 했던 것이 오히려 자신 있는 점으로 바뀐다. 자신감이 생기면 실행력이 생기고, 성취가 곁들여지면 또 다른 자신감이 생겨나는 계기가 된다.

한 가지 더 조언을 하자면, 자신감을 높이기 위해서는 가급적 내게 부정적 느낌을 심어주는 사람보다는 긍정적 느낌을 심어주는 사람과 어울리는 것이 좋다. 앞서 언급했지만 자신감은 주변 사람의 평가로 좌우되는 경우가 많다. 부정적인 평가를 내리는 사람들 사이에 있으면 자신감은 저하하지만, 긍정적인 평가를 내리는 사람들 사이에 있으면 자신감이 높아진다. 이왕이면 자신감을 심어주는 사람이 좋지 않겠는가? 어쩔 수 없는 경우가 아니라면 가급적 그러한 사람들과 어울리는 것이 좋다.

객관적으로 자신을 대하기

사람들 중에는 자기 이야기를 할 때 '내가'나 '나는'이 아니라 이름으로 말하는 사람이 있다. 예를 들어 "나는 이 글을 쓰고 있다"가 아니라 "은우는 이 글을 쓰고 있다"라는 식으로 표현하는 것이다. 그런 사람은 마치 어린아이처럼 보이고 자기애적 사고에서 벗어나지 못한, 조금은 철딱서니 없는 사람처럼 보이기도 한다. 하지만 놀랍게도 이처럼 자기 자신을 제삼자의 관점에서 부르는 것이 자신감을 높이는 데 도움이 된다고 한다.

2017년 7월에 《사이언티픽 리포트》지에 흥미로운 논문이 게재되었다. 미시간주립대학교 심리학과 교수 제이슨 S. 모저Jason S. Moser 등이 쓴 이 논문의 주제는 3인칭 자기 대화가 인지조절을 하지 않고도 감정 조절을 쉽게 할 수 있느냐는 것이었다.

즉, 의도적으로 전두엽을 동원한 노력을 하지 않고도 자신을 제삼자처럼 부름으로써 감정 조절을 쉽게 할 수 있는가이다.

　이 주제를 검증하기 위해 연구진은 피실험자들에게 두 가지 실험을 진행했다. 본인을 '나는'이라고 말할 때와 '이름'으로 지칭했을 때의 뇌를 보는 실험이었다. 혐오스러운 이미지를 보거나 부정적인 자전적 기억을 상기하면 내면에 어떠한 감정이 나타나는지 말하도록 피실험자들에게 요청한 후, fMRI를 이용하여 신경활동을 관찰했다. 결과적으로 보면 3인칭 자기 대화가 상대적으로 큰 노력을 들이지 않고도 자제력을 형성할 수 있다. 즉 부정적인 상황에서 자신을 '나' 대신 '이름'으로 부름으로써 제삼자가 말하듯 말하면 특별한 인지조절 노력 없이도 감정 조절이 가능하다는 이야기이다. 감정 조절을 위해서는 감정을 인식하고 대응책을 찾아 자제력이나 충동조절 등 인지적 노력이 필요한데 제삼자의 관점에서 자신에게 말을 걸면 그러한 노력 없이도 감정 조절이 가능하다는 말이다.

　미국 정신과 의사 킴 슈나이더만Kim Schneiderman은 우리 사회에서 성공했다고 여겨지는 사람들 중 많은 사람이 자신을 3인칭으로 부르는 화법으로 말하는 것이 특징이라고 한다. 즉 '나는'이나 '내가' 대신 이름으로 자신을 호칭하는 사람이 실생활에서 성공하는 경우가 많다는 것이다. 대표적으로 미국 대통령 트럼프와 리차드 닉슨, 농구 선수 르브론 제임스 등이 그러한 사람들에 속한다. 연구자들에 따르면 3인칭 화법이 자신의 부정적인 감정을 조절하여 자신감 향상 등을 이끌어내는 효과적인 기법이다.

　이 두 가지 예에서 말하는 바는 이러하다. 자기 자신을 '나' 대신 이름으로 부름으로써 마치 제삼자가 바라보듯 심리적 거리를 두어, 통찰력을 얻도록 자신을 재구성하는 데 도움이 된다는 것이다. 자신감을 갖지 못하는 상황은 개인으로 볼 때 부정적인 상황임에 틀림없다. 자신감을 가지려면 자신의 감정 상태를 이해하고 자신감을 가지라고 끊임없이 주문을 불어넣는 등 인지 활동이 필요하다. 하지만 이때 자신을 제삼자처럼 바라보면 그 상황에서 특별한 인지적 노력 없이도 자신감을 얻는 데 필요한 감정 조절이 가능해지고, 이것이 반복되면 실제로 자신감이 발휘되는 경우가 많다.

선뜻 이해하기 어려울지 모르겠지만 자신감이 없다는 것은 부정적인 감정의 목소리가 끊임없이 말을 걸어오는 것이다. 즉 잠재의식 속에 형성된 신경회로가 활동하기 시작했다는 것을 나타낸다. 그 순간 '나'가 아닌 마치 제삼자가 객관적으로 바라보듯 나를 바라보며 말을 걸면 그 부정적인 목소리가 말을 걸 상대가 없어지는 셈이다.

돌아보면 내게도 그러한 경험이 있다. 어느 날 갑자기 임원 자리를 그만두고 하고 싶은 일을 찾아 나만의 인생 여정을 시작했지만, 실생활은 그리 녹록하지 않았다. 머릿속에서 그렸던 그림과 실제 현실에서 펼쳐지는 그림은 하늘과 땅만큼이나 큰 차이였다. 이상과 현실 사이의 차이만큼 삶이 눈물 나도록 고달프게 느껴졌음은 말할 필요도 없다. 자신감은 바닥에 떨어졌고 외형적인 모습은 늘 주눅 든 사람 같았다. 이 시기를 견뎌내기 위해 제주 올레길을 걸으며 나 자신에게 말을 건넸다. '은우야, 괜찮아. 힘내. 넌 잘 해낼 거야. 할 수 있어.' 비록 나 자신에게 하는 말이기는 하지만, 이런 식의 말은 마치 제삼자가 격려하는 듯한 느낌을 준다. 그리고 그것은 자기 자신이 아닌 제삼자의 입장에서 나를 다독여주는 듯한 위로가 된다. 놀랍게도 그러고 나면 자신감 같은 것이 솟아오름을 느끼곤 했다.

자신을 이름으로 부르는 것이 유치하다고 생각할 수 있다. 하지만 앞선 연구 사례에서 나타난 것처럼 자신을 이름으로 부르는 행위는 특별한 인지적 에너지 소모 없이도 부정적인 감정을 조절하고 자신감을 북돋아 주는 데 도움이 된다. 말 한마디를 바꿈으로써 자신감을 높일 수 있다면 손해 볼 것 없지 않은가?

시각화를 통해 암시하기

우리 팀이 뒤지는 상황에서 코너킥이 주어졌다. 우리 편 선수가 코너킥을 하려고 운동장 구석으로 달려갔다. 그때 나는 머릿속에서 상상하기 시작했다. 공이 무릎 정도로 낮게 날아오면 두 발을 들어 날아오른 후 오른발로 강하게 공을 맞히는 모습이었다. 드디어 선수가 공을 찼다. 그 공은 상상대로 내 무릎 높이로 날아왔다. 망설이지 않고 두세 걸음을 앞으로 뛰어나간 후 그대로 자리에서 뛰어올라 오른발로 발리슛을 날렸다. 공은 상대편이 손을 쓸 틈도 주지 않고 그대로 골대로 빨려 들어갔다. 아주 오래전에 내가 뛰었던 한 축구 경기에서 실제로 경험한 일이다.

올림픽이나 큰 세계 경기에서 메달을 딴 선수들의 훈련 과정을 물을 때면 자주 등장하는 답변 중 하나가 이미지 트레이닝이다. 선수들이 실제 경기 상황을 상상으로 그려보고 그 상황에서 어떻게 해야 하는지를 구체적으로 그려보는 훈련이다. 특히나 세계 최고 수준을 자랑하는 우리나라 양궁 선수들의 이미지 트레이닝은 익히 알 정도로 유명하다. 한국인 타자로 메이저리그에서 맹활약하는 추신수 선수는 자신의《오늘을 즐기고 내일을 꿈꾸다》책에서 이미지 트레이닝을 성공 비결 중 하나로 꼽았다. 때때로 경기하기 전에 훈련 정도나 몸의 상태에 따라 그날 있을 경기를 머릿속에 그리기도 하는데, 그렇게 그린 상황이 실제 경기에서 일어나기도 해서 놀랐다고 한다. 대기타석에서 안타를 치고, 상대가 친 공을 잡을 수 있겠다 생각하면 틀림없이 그의 예상대로 누군가 아웃 카운트를 잡아냈다는 것이다.

이에 대해 추신수 선수는 자신이 미래를 내다볼 수 있기 때문이 아니라 일어날 수 있는 변수를 최대한 감지하고 대응하기 때문이라고 말한다. 경기장에서 일어날 수 있는 상황을 하나씩 떠올려보고 대비하면 막상 그 상황이 실제로 벌어졌을 때 당황스러움이 줄어들어 대범한 경기를 할 수 있다고 한다. 또한 상황에 따른 대처법이나 경기 운용법이 자신도 모르게 머리나 몸에 자동 입력되어, 실제 상황에서도 그러한 반응이 가능한 것이라고 한다.

수영의 신이라 불리는 마이클 펠프스의 이미지 트레이닝도 유명하다. 그는 2000년 시드니 올림픽을 시작으로 2016년 브라질 리우 올림픽에 이르기까지 올림픽에 총 다섯 번 출전하여 메달을 23개 획득한 바 있다. 펠프스는 원래 감정 기복이 심하고 집중력 장애가 있어 주의력결핍 과잉행동장애ADHD를 판정받기도 했다. 펠프스의 수영 코치는 이러한 단점을 고치기 위해 이미지 트레이닝을 시도했는데, 매일 잠들기 전과 잠에서 깬 후 수영하는 자신의 모습을 상상하도록 한 것이었다. 출발대에서 신호에 맞춰 출발하는 모습, 물을 가르는 손동작과 발동작, 호흡하는 모습 등 모든 것을 실전처럼 상상하는 훈련을 반복했다. 그러다 보니 실전에서도 실력을 발휘할 수 있었고 그것이 좋은 결과로 이어졌다고 한다.

매사 자신감이 없는 사람은 이미지 트레이닝으로 자신감을 높일 필요가 있다. 예를 들어 큰 금액이 걸린 대형 프로젝트를 수주하기 위한 프레젠테이션을 고객 앞에서 진행한다고 해보자. 혹시 실수라도 하면 어쩌나 불안하고 자신이 없을지 모른다. 이럴 때 머릿속으로 자신이 프레젠테이션을 하는 상황을 상상해보는 것이다. 큰 목소리와 당당하고 꼿꼿한 자세로, 고객과 눈을 맞추며 자신 있게 발표하고 질문에 응답하는 모습을 그려보는 것이다. 실수하지 않고 처음부터 끝까지 자신 있는 모습으로 발표를 마치고 고객의 찬사를 받는 모습을 상상하다 보면, 마음속에서 은근 자신감이 솟아오르는 것을 느낄 수 있다.

어떤 사람은 이미지 트레이닝의 효과를 의심할 수도 있다. 하지만 이미지 트레이닝은 분명 효과가 있다. 망매지갈望梅之渴이라는 고사성어가 있다. 《삼국지》에 나오는 이야기인데, 조조가 장수와 유표를 토벌하기 위해 군사를 일으켰다. 하필이면 더운 6월이라 땀이 비 오듯 흐르고 군사들은 기진맥진해 쓰러져갔다. 게다가 물까지 떨어져 심한 갈증에 시달려야 했다. 군사들의 사기는 바닥에 떨어졌고 싸움하기도 전에 패배가 눈앞에 보이는 듯했다.

이때 조조가 군사들을 향해 말했다.

"저 산을 넘어가면 매실밭이 있다. 거기에 가면 맛있는 매실을 마음 껏 먹을 수 있으니 힘을 내라."

조조의 말에 군사들의 입안에는 금방 침이 고였다. 다시 힘을 얻은 군사들은 험한 산을 무사히 넘어갈 수 있었다.

어리석게도 뇌는 실제와 상상을 구분하지 못한다. 실제 무언가를 경험할 때 자극을 받는 두뇌 부위들이 상상만으로도 자극을 받는다. 조조의 군사들이 새콤한 매실을 상상하는 순간 그 감각을 담당하는 뇌의 감각중추가 자극이 되었고, 그것이 침샘에서 침을 분비하도록 만든 것이다.

책을 읽다 보면 촉감이나 운동을 연상시키는 단어가 등장하곤 한다. 예를 들어 "그녀의 머리카락은 비단결처럼 부드러웠다"라는 문구가 있다고 해보자. 이 글을 읽는 사람은 자신도 모르는 사이에 비단을 만질 때의 부드러운 감촉을 감각중추에서 느낀다. "그가 주먹으로 책상을 '쾅' 하고 내리쳤다"라고 하면 주먹으로 책상을 내리치는 데 필요한 운동중추와 '쾅' 하는 소리를 듣는 청각중추가 자극된다. 이처럼 뇌는 상상하는 것만으로도 충분히 자극을 받는다. 이러한 자극은 실제 행동이 일어나지 않아도 그 행동을 일으킬 수 있는 신경회로들 간의 연결을 강화하는 효과를 가져온다. 영화 〈올드보이〉에서 최민식이 상상만으로 싸움의 고수가 되었던 장면이 실제로도 가능하다는 이야기이다.

하버드대학교 교수 알바로 파스쿠알 레오네Alvaro Pascual Leone가 이끄는 연구팀이 하나의 실험을 했다. 실험 참여자들 중 절반에게 다섯 손가락만 사용할 수 있는 키보드를 주고 일주일 동안 오른손만 사용해 반복적으로 키보드를 연습하게 하고, 나머지 절반에게는 단지 악보만 줘서 음표를 보고 연주하는 것을 상상하게 했다. 일주일 후, 연구팀은 키보드를 받은 참여자들의 뇌를 단층 촬영해 오른손 손가락들을 움직이는 데 관여하는 운동 피질의 양이 어느 정도 되었는지, 그리고 집중적인 연습이 관련 영역을 확장할 수 있는지 살펴보았다.

이미 여타 많은 실험을 통해 특정 움직임에 대한 반복 학습이 관련 영역을 확장한다는 것이 밝혀졌기 때문에, 이 실험 결과는 별로 놀라운 것이 없었다. 가장 놀라운 것은 악보를 보며 연주하는 것을 상상만 했던 참여자들이었다. 그들은 실제로는 연주를 전혀 하지 않았다. 그러나 상상만으로 연주했던 그들의 운동 피질에도 실제로 키보드를 연주했던 참여자들과 마찬가지로 오른손 손가락을 담당하는 영역이 확장된 것으로 드러났다. 단지 반복적으로 생각하는 것만으로도 특정 기능을 담당하는 운동 피질의 영역이 넓어진 것이다.

이 실험 결과는 이미지 트레이닝이 분명한 효과가 있음을 증명해준다. 그렇다면 자신감이 부족한 사람도 이러한 훈련을 통해 자신감을 회복할 수 있을 것이다. 자신감이 저하하는 상황에서 스스로 자신감 넘치게 행동하는 모습을 상상하면, 앞서 언급했던 것처럼 전전두엽과 선조체가 활성화되고 그 사이를 연결해주는 신경다발의 신경회로가 강화된다. 그러므로 실제 상황에서도 자신 있는 모습을 나타낼 수 있다.

강의를 앞두고 나도 이러한 상상을 많이 한다. 처음 강의를 시작했을 때만 해도 심한 긴장으로 목소리가 떨려 나왔고, 혹시나 청중 앞에서 떠는 모습을 보이지나 않을까 걱정되어 늘 자신이 없었다. 그때마다 강의 전에 혼자서 머릿속으로 강의하는 모습을 그렸다. 시작을 어떻게 하고 강의를 어떻게 풀어나가고, 사람들과 어떻게 눈을 맞추고 어떤 농담을 하는지, 모든 것을 마치 실제 강의하듯 생각했다. 그렇게 반복적인 이미지 트레이닝을 계속하자 어느 순간부터 긴장이 사라졌다. 당연히 목소리가 떨려 나오는 일도 없고 그로 인해 강의를 망치는 일도 없었다.

자신감이 부족하다면 꾸준히 이미지 트레이닝을 하는 것이 좋다. 언젠가는 자신도 모르는 사이에 자신감에 찬 모습을 발견할 것이다.

칭찬일기 쓰기

자신감은 아무리 옆에서 부추기고 독려해도 자신이 관심을 가지고 바꾸려고 하지 않으면 생기기 어렵다. 자신감을 갖는 주체는 다름 아닌 나이기 때문이다. 자신이 먼저 신념을 가지고 꾸준히 노력하는 것이 가장 중요하다. 하지만 막연히 말만으로는 힘들다. 지속적으로 뇌에 신경회로가 형성되도록 반복적으로 주입해야 한다. 그 방법 중 하나가 자신에 대한 칭찬일기를 쓰는 것이다.

요령은 아주 간단하다. 매일 한 가지씩 자신에 대해 칭찬할 것을 찾는다. 칭찬할 내용에는 어떤 제한도 없다. 꼭 대단한 것이 아니어도 괜찮고 특별한 것이 아니어도 괜찮다. 마땅히 칭찬할 내용이 생각나지 않더라도 돌아보면 하나 정도는 칭찬해줄 만한 것이 있다. 매일 다섯 시간씩 게임을 하다가 오늘 하루만 네 시간을 했다면 그것도 칭찬할 만하다. 그렇게 사소하더라도 자신에게 해줄 칭찬거리를 찾는다.

칭찬거리를 찾았으면 그것을 간단하게 적는다. 마치 친구가 내게 들려주듯 혹은 내가 친구에게 들려주듯 따뜻함이나 자상함이 느껴지도록 말이다. 일기장에 적어도 좋고 파일로 만들어도 좋고 음성 녹음을 해도 좋다. 너무 길지 않게, 두세 줄 정도로 자신에게 해주고 싶은 칭찬을 찾아 글로 적는 것이다. 칭찬의 글은 반드시 칭찬처럼 보일 수 있도록 적어야 한다.

다음 잘못된 예시처럼 마치 비아냥거리거나 하기 싫은데 억지로 하는 것처럼이 아니라 진심으로 자신을 다독이듯이 적어야 한다. 잘했다는 말을 꼭 넣는 것도 중요하다.

부끄럽거나 쑥스러워할 필요가 없다. 칭찬일기는 누구에게 보여주거나 평가를 받기 위한 것이 아니다. 오직 나 스스로 자신감을 가지도록 독려하고 힘을 실어주기 위한 것일 뿐이다. 유치하다고 생각할 필요도 없고 창피하다고 여기지 않아도 된다. 유치하든 창피하든 자신감만 높이면 되는 것이다. 칭찬일기 사례를 몇 가지 들어보도록 하겠다.

〈 칭찬일기 예시 1 〉

오늘은 일요일인데 쉬지 않고 강의를 준비하고 원고도 30쪽이나 썼네. 잘했어. 힘들겠지만 이제 조금만 더 하면 원고를 완성할 수 있을 거야.

〈 칭찬일기 예시 2 〉

이슬이가 산책을 나가 걷지 않겠다고 떼를 쓰는데도 짜증 내지 않고 잘 참았네. 나이 들어 힘들어하는 거니 이해해야지. 짜증 내지 않아서 참 잘했어.

〈칭찬일기 예시 3〉

오늘 산책하다가 어떤 아이가 찬 공에 맞아 짜증을 냈었지. 짜증을 안 냈더라면 더 좋았을 텐데. 그래도 짜증을 내고 나서 바로 잘못했다는 걸 알고 사과했으니 잘했어.

〈잘못된 예시〉

매일 5시간씩 게임을 하다가 오늘은 어쩐 일로 4시간밖에 안 했네. 잘했다.

이런 글이 자신감을 높이는 데 도움이 될 수 있을까? 의심이 나거든 딱 백 일만 칭찬일기를 써보라. 칭찬은 고래도 춤추게 한다고 하고, 칭찬을 먹고 자란 아이는 자신감이 남다르다고 했다. 비록 사소한 칭찬이지만 자신에게 계속 칭찬하다 보면 내면에서 서서히 누적된 변화가 나타난다. 밑이 보이지 않는 깊은 우물에 꾸준히 하루에 하나씩 돌을 가져다 집어넣다 보면 언젠가는 그 우물을 메울 수 있는 것이다.

실제로 칭찬일기는 자신을 바라보는 뇌의 관점을 바꿔놓는 데 아주 유용하다. 우선 칭찬일기를 쓰기 위해서는 칭찬할 만한 내용을 찾아야 하는데, 칭찬은 긍정적인 내용이므로 이 순간에는 자동적으로 떠오르는 부정적인 생각을 머릿속에서 몰아낼 수 있다. 또한 이 과정에서 이성적이고 논리적인 기능을 담당하는 전두엽이 활성화된다. 머릿속에 떠오른 생각을 손으로 적어나가는 과정에서는 그 내용을 눈으로 접하고 문장이 되도록 반복적으로 읊조리므로 시각과 청각의 감각기관을 자극한다. 그리고 그것을 인지하는 전두엽을 다시 자극할 수 있다. 비록 자신에게 하는 칭찬이지만 칭찬하는 동안에는 쾌감을 느끼는 선조체가 활성화되고, 전두엽과 선조체 간의 연결 통로가 강화된다. 꾸준히 반복하다 보면 자신감이 높아질 수 있다.

이왕이면 칭찬일기의 내용이 주위 사람이 말하는 나의 장점 혹은 내가 가진 가치와 연관되면 더 좋다. 혹은 지금 하는 일과 관련되는 것도 좋다. 직접적인 칭찬은 더 큰 효과를 낼 수 있다. 하지만 사소한 칭찬도 누적되면 내면세계를 자신감으로 채울 수 있다.

운동으로 뇌 활동시키기

뜬금없이 들릴 수 있겠지만 외형적인 모습도 자신에 대한 신뢰를 높이는 데 크게 기여한다. 한때 나는 170센티미터가 안 되는 작은 키에도 불구하고 몸무게가 76킬로그램까지 나간 적이 있었다. 건강검진에서 고도비만 판정을 받을 정도였다. 보기 흉할 정도로 배가 나왔고 허리를 굽혀 운동화 끈을 매려고 하면 숨이 찰 정도로 살이 쪄서 사람들 앞에 나서는 데 별로 자신이 없었다. 이때를 돌아보면 매사에 자신감이 없었다. 그러나 1년여 동안 식사 조절과 운동을 통해 무려 16킬로그램을 감량하고 나서는 모든 것이 달라졌다. 요즘 유행하는 말로 '근자감'이 생겨났고 사람들 앞에 서는 것이 즐거워졌다.

업무적인 역량이나 실력은 전혀 변함없이, 군더더기 없는 매끈한 몸매를 가졌을 뿐이다. 그런데 그러한 육체적인 변화가 자신감을 가지는 데 도움이 된다는 사실을 그때 깨달았다. 아마도 대다수 사람이 어렵게만 여기는 다이어트에 성공했다는 점이 더 어려운 일도 할 수 있다는 믿음을 심어준 것이 아닐까 생각한다. 반대로 요즘은 운동을 게을리하면서 다시 살이 찌고 있는데 그에 반비례하여 자신감은 떨어지는 느낌이다. 그러므로 꾸준한 운동을 통해 건강을 유지하는 것도 자신에 대한 신뢰를 높이는 비결이다.

운동하면 두뇌 활동이 활발해지기 때문에 자신감이 상승한다. 뇌는 몸을 떼어놓고는 생각할 수 없다. 몸을 움직이면 두뇌 활동도 활발해지고 몸을 움직이지 않으면 두뇌 활동도 저하한다. 우렁쉥이로 불리는 멍게는 유생 시절에는 바닷속을 돌아다니며 먹이 활동을 한다. 하지만 성장이 이루어지고 나면 한 곳에 정착하여 움직이지 않고 미립자를 걸러 먹으며 영양을 보충한다. 멍게는 자리를 잡고 나면 제일 먼저 하는 일이 자신의 뇌를 먹어 치우는 것이다. 그래서 어린 시절의 멍게는 뇌가 있지만 성체가 된 멍게에는 뇌를 찾을 수 없다.

공학자 다니얼 월퍼트Daniel Wolpert는 "뇌의 유일한 존재 이유는 움직임이다"라고 했는데 뇌에서 이루어지는 모든 일은 결국 신체의 움직임을 위한 것이다. 뇌에서 생겨나는 모든 사고와 행동 명령은 최종적으로 움직임을 통해 나타나기 때문에 움직임이 없다면 뇌도 존재할 이유가 없는 것이다.

운동은 신체의 혈류 대사를 빠르게 만들어준다. 신체 내 혈류가 증가하면 신경세포를 활성화하는 네 가지 호르몬 BNDF, FGF, IGF-1, VEGF의 분비가 증가한다. 다소 어렵기는 하지만 이 호르몬들은 신경세포를 성장시키고 신경회로를 만들고(BNDF, FGF), 신경세포를 자극해 긍정적인 정서 상태를 유지해주는 신경전달물질인 세로토닌의 생성을 돕는다(IGF-1). 또 혈액이 영양소와 산소를 뇌로 원활하게 공급하도록 모세혈관을 만드는 데 도움을 주기도 한다(VEGF).

이 호르몬들의 영향으로 두뇌 활동이 활발해지고, 이에 학업이나 업무 성과도 높아질 수 있다. 운동한 후 fMRI를 이용하여 뇌를 촬영해보면 혈류량이 크게 늘어난 것을 알 수 있다. 이는 그만큼 뇌가 활발하게 활동하고 있음을 나타내는 증거이다. 더불어 뇌 안쪽에 있는 해마에서는 매일 새로운 신경세포를 만들어내는데, 운동하면 신경세포 생성이 촉진된다. 그만큼 뇌를 건강하고 활동적으로 활용하게 된다.

운동은 스트레스에 대한 저항력을 높여주기도 한다. 조바심이 날 때 운동하면 조바심으로 인한 스트레스를 극복하기가 쉬울 뿐만 아니라 스트레스의 반응 수준도 높아진다. 쉽게 조바심을 느끼지 않게 된다는 말이다. 스트레스를 받으면 변연계에 위치한 편도체에서 스트레스 반응을 일으키라는 명령을 전달하는데, 이 명령을 받으면 스트레스 호르몬인 아드레날린과 코르티솔이 분비된다. 이 호르몬이 장기적으로 분비되면 신경세포 간의 결합인 신경회로가 줄어들고 기억과 학습에 관여하는 해마가 쪼그라들면서 학습 효과가 줄어들고 의욕이 사라진다. 운동은 스트레스에 대한 저항력을 높여 스트레스 호르몬의 분비를 줄여줌으로써 이러한 증상을 완화하고, 결국 더욱 건강한 신체 상태를 유지할 수 있게 해준다.

종합적으로 볼 때 운동은 잃어버린 자신감을 회복하는 데 아주 좋은 방법이다. 《습관의 힘》의 저자 찰스 두히그에 의하면 운동은 가장 중심이 되는 핵심 습관이다. 핵심 습관이란 나머지 좋은 습관을 개발하도록 이끄는 긍정적 습관을 말한다. 사람들이 습관적으로 운동을 시작할 때, 심지어 일주일에 한 번으로도 자신의 삶 속에 관련도 없는 다른 패턴을 변화시킨다고 한다. 운동하는 사람은 더 잘 먹고, 더 생산적으로 일하며, 주위 사람에게 더 인내하며, 덜 흡연한다고 한다. 그러므로 꾸준한 운동으로 육체의 건강을 지키면 자신에 대한 신뢰감도 따라서 높아질 수 있다.

자신감 있는 자세 취하기

손쉽게 자신감을 높이는 방법도 있다. 자신감은 사람이 취하는 신체적 자세에 따라서도 달라질 수 있다. 늘 등을 구부정하게 숙이고 몸을 움츠린 자세로 생활하는 사람이 있는가 하면, 가슴을 펴고 몸을 최대한 펼친 자세로 생활하는 사람이 있다. 이러한 신체 자세는 자신감에 큰 영향을 미친다.

'폼에 살고 폼에 죽는다'는 말이 아마도 허영과 과시를 대표하는 부정적 의미로 받아들여지겠지만 이 말에는 중요한 의미가 내포되어 있다. '폼'을 중요하게 생각하는 사람은 언제 어디서나 기죽지 않고 자신을 드러내고 당당한 모습을 보이려고 노력한다. 마음속에서는 비록 어떤 생각을 하는지 모르지만 적어도 겉으로 드러나는 모습만은 자신 있게 누구에게도 지지 않으려는 패기를 담는다. 이러한 자세가 자신감을 갖는 데 중요한 요소가 되기도 한다.

컬럼비아대학교 교수 데이나 카니Dana Carney는 이를 실험으로 증명했다. 두 집단의 피실험자들을 모집한 후 서로 다른 자세를 취하도록 요구했다. 한 집단에는 소파에 기댄 채 다리를 들어 탁자 위에 올려두고 최대한 몸을 쭉 펴 자세를 크게 하도록 했다. 다른 집단에는 두 다리를 모으고 두 팔은 가슴에 붙인 채 상체를 구부리고 몸을 움츠리도록 했다. 그렇게 1분 동안 서로 다른 자세를 취하게 한 후 책임감과 권력에 대한 간단한 실험을 했다. 그러자 몸을 쭉 펴고 자세를 크게 한 집단이 몸을 움츠리고 자세를 작게 한 집단보다 훨씬 더 큰 책임감과 권력을 느꼈다고 한다.

우리 주위의 사람을 한번 떠올려보라. 자신감이 있는 사람은 자연스럽게 등을 펴고 고개를 꼿꼿이 들며 당당한 모습을 보이지 않는가? 그들은 목소리도 크다. 반면에 자신감이 부족한 사람은 구부정하게 등을 구부리거나 몸을 움츠리고 늘 목소리에 힘이 없다. 사람들이 몸을 활짝 펴고 자세를 크게 하면 남성호르몬 테스토스테론의 수치가 올라가고 스트레스 호르몬 코르티솔의 수치는 내려간다고 한다. 자신감은 높아지고 스트레스는 줄어든다는 말이다.

이러한 자세를 '파워 포즈'라고 한다. 상대방의 입장에서도 파워 포즈를 한 사람은 믿음직스럽고 당당하다는 인상을 받지만 구부정하게 위축된 포즈를 한 사람은 왠지 자신 없는 사람처럼 보인다. 결국 '폼에 살고 폼에 죽는다'는 말이 절대 허황되거나 그릇된 말이 아니라는 것을 알 수 있다. '자세를 펴면 인생이 펴진다'는 말처럼 자세를 쭉 펴고 늘 당당한 모습으로 행동하면 그만큼 자신감이 커질 수 있다. 이러한 행동은 특별히 큰 노력 없이도 할 수 있는 것이므로 지금 자신감이 없다면 당장 자세부터 바꿔야 한다.

한편으로는 데이나 카니 교수의 실험 결과가 다른 그룹에서는 재현되지 않았다는 이유로 파워 포즈의 효과가 검증되지 않았다는 반론도 있기는 하다. 하지만 이왕이면 당당한 모습이 자신에 대한 신뢰감을 높여주는 데 유리한 것만은 사실처럼 보인다.

5장
긍정적 사고로
뇌를 지킨다

부정적 사고와 조바심

부정적 사고가 조바심에 미치는 영향

고백하고 싶지 않지만 '들어가는 글'에서도 밝혔듯이 과거에 나는 '조바심 대마왕'이었다. 매사 불안하고 초조해했으며 무엇이든 결과를 빨리 알고 싶어 안달했다. 인내심을 발휘하거나 무언가를 기다리는 데 서툴렀다. 그것 때문에 나 자신이 힘들어지는 것은 물론 주변 사람을 고통스럽게 하거나 그들과 다퉈 분위기를 어색하게 만드는 일이 잦았다. 삶이 마치 찐 계란처럼 퍽퍽했음은 두말할 것도 없다. 곰곰이 생각해보면 그토록 조바심을 냈던 이유 중 하나는 세상을 낙천적으로 보지 않고 부정적으로 바라본 데 있었다. 내가 생각해도 나는 긍정보다는 부정적인 성향이 강했으니까 말이다. 세상의 밝은 면, 삶의 긍정적인 면을 보지 못하고 늘 어두운 구석만 바라보다 보니, 나도 모르는 사이에 삶이 힘들게 느껴지고 조바심 많은 성격으로 바뀐 것이 아닐까 싶다.

안타깝게도 조바심에 시달리는 사람은 대부분 부정적인 사고를 가졌을 가능성이 높다. 뒤집어 말하면 부정적인 성향의 사람은 쉽사리 조바심의 포로가 될 수 있다. 오랜 시간에 걸쳐 인간의 뇌는 안전과 생존을 유지하는 데 위협이 되는 모든 요소에 대해 신속하게 판단하고 의사결정을 내리도록 진화해왔다. 스트레스받거나 걱정하거나 부정적인 생각을 할 때, 뇌는 즉각적인 위협이 있다고 믿도록 자신을 속임으로써 그 위협에 맞서 싸우거나 위협에서 벗어나 도망칠 준비를 한다. 뇌는 선천적으로 부정적인 생각과 감정에 더 빨리 반응하도록 만들어졌다는 것이다. 사람이 칭찬보다는 비난에 더 예민하게 반응하는 것도 이 때문이다.

인지치료 이론에 따르면 개인이 세상을 바라보는 방식은 그 사람이 가진 사고와 가치에 의해 결정된다. 그 사람이 어떤 식으로 사고하는지가 세상을 바라보는 눈을 결정한다는 것이다. 매사 부정적으로 사고하는 사람은 자신의 감정과 정서, 정신 건강에 부정적인 영향을 끼친다. 이런 해로운 인식은 불안장애 등의 증상을 유발할 수 있다. 비록 뇌가 부정적인 생각과 감정에 빠르게 반응하도록 만들어졌을지라도 그 감정에 오래 사로잡히면, 삶을 초조와 불안으로 바라보게 된다. 이것이 장기적으로 이어지면 매사 조바심을 내게 되는 것이다.

임상심리학 저널에 걱정이 과제 수행에 미치는 연구 결과가 실린 바 있다. 피실험자들은 주어진 사물을 카테고리 두 개로 분류하는 과제를 요청받았다. 이 연구에서 시간의 50퍼센트 이상 고민과 걱정에 소모하는 사람에게는 분류 작업의 난도가 높아질수록 사물을 분류하는 능력에 현저한 저하가 나타났다. 후속 연구에서 연구자들은 수행 능력의 저하는 부정적 사고의 수준이 높아진 것의 결과임을 입증했다. 뇌가 복잡한 과제에 맞닥뜨리면, 부정적 사고가 정보를 수집하고 분류하는 프로세스나 사고를 명확하게 하는 역량에 해를 끼친다. 이 연구 결과에 따르면 일상적으로 부정적인 사고에 시달리는 사람은 문제를 해결하는 데 어려워할 뿐만 아니라 유용한 해결책을 찾아내는 데도 힘에 겨워한다. 앞서 〈조바심이 삶에 미치는 영향〉에서 언급한 바 있는 문제들이 드러나는 것이다.

미래에 대한 두려움

부정적인 사고는 불확실한 상황을 받아들일 수 있는 힘을 상실하게 한다. 그중 하나가 미래에 대해 두려움을 가지는 것이다. 체코 출신의 소설가 밀란 쿤데라는 "두려움의 원천은 미래에 있고, 미래로부터 해방된 자는 아무것도 겁날 게 없다"라고 했다.

미래는 아직 다가오지 않은 시간이다. 예측할 수 없는 수많은 변수와 불확실성을 내포한다. 그 많은 변수와 불확실성이 미래를 어떤 방향으로 끌고 갈지 아무도 알 수 없다. 내게 유리한 상황이 닥칠 수도 있지만 예상과 달리 불리한 상황으로 치달을 수도 있다. 지금 잘나가는 사람도 뜻하지 않은 일로 위기에 처할 수 있고, 경제적으로 풍요로운 사람도 언제 가진 것을 모두 잃고 빈털터리가 될지 알 수 없다. 그래서 미래는 두려운 존재이다.

조바심이 발동하는 상황을 살펴보면 미래에 대한 두려움이 그 원천에 있다. 지금 해야 할 일이 있는데 장차 다가올 미래에 그 결과가 어떻게 나타날지 모르기에 불안한 마음이 들고, 혹시나 기대하는 결과가 어긋날까 초조한 마음이 생긴다. 노후를 대비해야 하는데 모아 둔 돈이 없어 경제적으로 어려움에 시달리지나 않을까, 갑자기 암에 걸려 비참하게 삶을 마감하지 않을까 등 미래가 기대와 달리 전개될까 봐 불안감을 느끼는 것이다.

만일 사람들에게 미래를 내다볼 수 있는 거울이 있다면 두려울 것이 없고 불안하거나 초조하여 조바심을 느낄 필요도 없을 것이다. 하지만 미래가 어떤 방향으로 어떻게 튈지 모르니 돈을 모을 수 있을 때 모으려 하고, 한시라도 빨리 성공해서 안정적인 자리를 잡으려고 서두른다. 알 수 없는 미래에 대한 두려움이 불안과 초조를 만들어내는 것이다. 지나간 과거를 돌아보며 누구도 두려움을 느끼지는 않는다. 만족하거나 후회하거나 둘 중 하나일 뿐이다. 이미 그 결과를 알기 때문이다. 과거처럼, 누구든 미래의 결과를 내다볼 수 있다면 미래가 무서울 이유가 없겠지만 결과를 알 수 없으니 두려울 수밖에 없다.

이는 다시 자신감의 문제로 귀착한다. 자신감이 부족하면 미래에 대한 확신을 가지기 어렵다. 자신이 하는 일을 의심하고 불안해하는 마음이 미래에 대한 두려움을 느끼게 하는 것이다. 특히나 과거에 오랜 시간 어려운 상황에 처한 경험이 있다면 그러한 두려움이 점차 커지고, 그 두려움은 다시 자신에 대한 신뢰를 잡아먹는다. 결국 오지 않은 미래에 대한 두려움이 조바심에 빠지게 하는 또 하나의 이유이다.

머릿속 원숭이

심리학자들에 따르면 인간의 머릿속에는 원숭이가 한 마리씩 살고 있다. 이 원숭이는 머릿속에서 끊임없이 말을 걸고 성가시게 군다. 사람들이 나에 대해 어떻게 생각하고 어떤 말을 하는지, 내가 어떤 일을 했을 때 잘못될 결과가 무엇인지, 가진 단점은 무엇인지, 나의 한계는 어디까지이며 그것을 넘어서는 일을 하면 어떤 해로운 일이 일어나는지 쉴 새 없이 이야기한다. 주로 이런 것들이다.

'네가 이런 일을 할 수 있겠어? 포기하는 게 낫지 않을까?'

'이건 안 돼. 그만둬.'

'이건 너무 어렵다. 네가 할 수 있는 일이 아니야.'

'힘든데 그냥 그만두고 쉬는 게 어때?'

'네가 그렇지 뭐. 잘하는 거 하나라도 있니?'

'또 시작이냐? 언제까지 그렇게 바보처럼 살래?'

'이걸 꼭 지금 해야 돼? 오늘은 좀 쉬고 내일 하자.'

이미 눈치챘겠지만 이 원숭이는 사사건건 딴지를 걸고 주의력을 흐트러뜨리며 자신감을 뺏어가고 부정적인 사고를 갖도록 만들어 무언가를 시작하거나 시도하는 것을 주저하게 한다. 사람에 따라 정도의 차이는 있지만 이 원숭이는 포기할 줄 모르고 집요하게 말을 걸어온다.

게다가 이 원숭이는 뒤에서 자세히 이야기하겠지만, 팀 어번Tim Urban이 테드 강연 '할 일을 미루는 사람들의 심리'에서 말한 것처럼 미래를 내다보고 대처하기보다는 현재의 만족을 추구하도록 부추긴다. 다이어트를 하려고 결심했다고 하면, '내일부터 해. 오늘 마지막으로 치킨 한 마리만 먹자'라며 전두엽에서 만들어낸 의지를 꺾어버린다. 서두르지 않으면 기한 내 해야 할 일을 끝내지 못할 때도 원숭이는 말을 걸어온다. '조금만 쉬었다가 서두르면 충분히 끝낼 수 있을 거야. 지난번에 보던 드라마 마저 보고 시작하자. 이제 거의 다 봤잖아.' 이 원숭이 말에 넘어가면 미래에 벌어질 일의 결과를 예측하고 대응하는 능력을 상실하고 만다. 현재의 만족을 추구하기 위해 자신이 가진 자원을 의미 없이 써버리고 말기 때문이다.

온갖 딴지를 걸어 현재의 만족을 추구하고, 게으름을 피우고, 자신감을 잃고, 무언가 선뜻 시작하기 어렵게 만든다. 시간이 지날수록 손에 쥐는 것이 막상 없다. 그러니 조바심을 느낄 수밖에 없다.

이 원숭이가 사는 공간은 뇌의 변연계이다. 기쁘고, 즐겁고, 슬프고, 짜증 나고, 역겹고, 지루하게 느끼는 본능적이고 원초적인 감정을 일으키는 뇌 부위이다. 변연계에 자리 잡은 원숭이는 계획을 수립하고, 목표를 설정하고, 감정적 대응보다는 이성적 대처를 앞세우는 전두엽과 끊임없이 줄다리기를 벌인다. 원숭이가 아직 어리면 크게 문제 될 것이 없지만, 점차 자라서 걸어오는 말이 뚜렷해질수록 원숭이에게 휘둘릴 가능성이 커진다. 이성적인 뇌가 주도권을 빼앗기고 마는 것이다.

이 원숭이는 사람들이 조바심을 느끼게 하는 원인 제공자이다. 머릿속에서 그것이 우리에게 말을 걸어오는 한 조바심에서 자유로워질 수는 없다. 조바심에 치여 살지 않기 위해서는 당연히 이 원숭이를 머릿속에서 몰아내야 한다. 방법이 있을까? 원숭이에게 먹이를 주지 않으면 된다. 원숭이가 좋아하는 먹이는 부정적 사고, 게으름, 눈앞에 보이는 즐거움 추구, 자신감 상실, 불확실한 상황에 대한 두려움 같은 것이다. 이런 먹이가 없으면 원숭이는 우리 뇌 속에서 살 수 없다.

부정적 사고에 빠지는 이유

유전과 환경에 의해 만들어진 성격

영국 심리학자이자 인류학자인 대니얼 네틀이 쓴 《성격의 탄생Personality》에 따르면 인간 성격은 크게 다섯 가지로 나눌 수 있다. 이를 '빅 파이브Big Five'라고 한다. 다섯 가지 성격은 '외향성', '성실성', '개방성', '친화성', '신경성'이다.

외향성은 평소 관심이 자기의 내면세계를 향하느냐 아니면 외부 세계를 향하느냐를 나타낸다. 외향성이 높을수록 자기의 내면세계보다는 외부 세계에 초점을 맞춘다. 사색이나 혼자 있는 시간을 즐기기보다는 활동적인 것을 좋아하고, 자신의 생각에 빠지기보다는 다른 사람과 이야기를 나누거나 어울리기를 좋아하며, 끊임없이 밖으로 나가고 움직인다. 반면 외향성이 낮은 것을 내향적이라고 한다. 자신의 생각과 감정에만 몰두하며, 다른 사람과 떨어져 있는 것이 보통이다. 외부인과의 접촉보다는 독서나 영화 감상, 공상이나 명상 등 자기 내면세계를 탐구하는 활동을 선호한다.

성실성은 충동 통제 능력과 관련된 성격이다. 성실성이 낮은 사람은 충동적이고 즉흥적인 행동을 자주 한다. 의지가 약하고 제멋대로이며 부주의한 성향을 나타낸다. 홈쇼핑 채널을 보다가 '매진 임박'이라는 쇼핑호스트의 말에 계획에 없던 물품을 충동적으로 구매하거나, 노름판 같은 곳에서 돈을 모두 탕진하는 사람이다. 반면 성실성이 높은 사람은 자기 자신에 대한 절제가 뛰어나고 통제 능력이 뛰어나 가급적 계획한 일만 수행한다. 여행을 갈 때도 시간대별로 이동 계획을 꼼꼼하게 세우는 사람은 성실성 지수가 높은 사람이다. 성실성은 어떤 목표나 원칙을 위해서 즉각적 반응을 억제하는 성향을 반영한다고 할 수 있다.

　개방성은 새로움의 추구 또는 자기 외의 다른 사람의 사고를 얼마나 잘 수용하느냐를 나타낸다. 개방성이 높은 사람은 전통에 반항하는 태도를 보이고 정치적으로 진보적이며, 기존 제도에 머무르지 않으려고 한다. 또한 개방성이 높을수록 창조적이고 독창적인 관념을 보유하는데, 주로 예술가에게서 이러한 성향이 나타난다. 개방성이 낮은 사람은 보수적이고 완고한 성향을 나타낸다. 자신이 가진 것을 지키려는 성향이 강하고 자기주장만 고집할 뿐, 다른 사람의 의견을 수용하지 못한다.

　친화성은 다른 사람과 얼마나 잘 어울려 지내느냐를 나타낼 뿐만 아니라 타인의 감정에 얼마나 공감하고 협조하느냐를 보여주기도 한다. 친화성 수치가 높은 사람은 모든 일에 협조적이고, 사람의 말을 잘 믿고, 타인의 감정을 잘 이해한다. 그래서 단체 행동에 적합하다. 요즘처럼 팀으로 일하는 경우 친화성이 높은 사람이 많을수록 팀워크가 좋고 시너지를 낼 수 있다. 반면 친화성이 낮은 사람은 차갑고, 적대적이며,

온순하지 않다. 공감 지수EQ, Empathy Quotient가 낮아 다른 사람의 의견에 감정이입을 하기 어려워하고 협조성이 떨어진다. 조직 내에 친화성이 낮은 사람이 많을수록 서로 겉돌거나 불화가 잦을 수 있다.

마지막으로 신경성은 부정적인 감정 시스템에 대한 반응성을 나타낸다. 신경성 수치가 높은 사람은 낮은 사람보다 일상에서 부딪치는 어려움에 더 많은 영향을 받는다. 또한 감도를 아주 높게 만들어놓은 화재경보기와 같아서 사소한 걱정거리에도 예민하게 반응한다. 보통 사람이라면 무시하고 넘길 만한 사소한 일에도 머릿속에서 알람이 울린다. '오늘은 왠지 기분이 안 좋은데'라며 종일 침울한 기분에 사로잡혀 있거나, 윗사람에게 가볍게 꾸중 들은 일을 잊지 못하고 마음속에 품어둔다. 일어나지 않을 일에도 걱정을 달고 사는 것도 신경성이 높은 사람의 특징이다. 회사를 잘 다님에도 불구하고 '어느 날 갑자기 회사에서 잘리면 어떡하지?'라며 불안해하거나, 여자 친구를 잘 사귀면서도 '이 여자가 나를 버리고 다른 사람에게 가버리면 어떡하지?'라며 끊임없이 걱정하기도 한다. 쓸데없이 근심과 걱정이 많다 보니 쉽게 스트레스를 받으며, 회복탄력성도 떨어진다. 반면 신경성 수치가 낮은 사람은 감정적으로 안정되어 있고 쉽게 동요하지 않는다.

이를 도표로 나타내면 다음과 같다. 이 중 조바심에 영향을 미칠 수 있는 것이 성실성과 신경성이다. 성실성이 낮으면 충동적이고 부주의하기 때문에 계획적으로 일을 진행하지 못하고 즉흥적으로 처리할 가능성이 높다. 즉, 미리 준비하지 못하고 코앞에 닥쳐서야 허겁지겁 쫓기듯 일하는 경향이 있다. 현실의 만족을 추구하다 보니 일을 즉시 처

성격 특성	수치가 높은 사람	수치가 낮은 사람
외향성	사람과 잘 어울리며 열정적이다.	사람과 어울리지 않고 조용하며 내면적인 활동을 즐긴다.
성실성	체계적이고 자발적이다.	충동적이고 부주의하다.
개방성	창조적이고 독창적이다.	실용적이고 보수적이다.
친화성	다른 사람을 잘 믿고 감정이입을 잘한다.	비협조적이고 적대적이다.
신경성	스트레스를 잘 받고 불필요한 걱정을 많이 한다.	감정적으로 안정되어 있다.

리하지 못하고 뒤로 미루기도 한다. 이러한 사람은 일상적인 불안과 조급증에 시달릴 가능성이 크다.

신경성의 특징은 '고민하는 사람은 고민하지 않는 사람보다 실제로도 더 많은 걱정거리를 갖는다'는 것이다. 신경성 수치가 높은 사람은 사소한 고민과 걱정에서 해방되지 못한다. 사소한 일에도 긴장하거나 불안해한다. 일어나지 않은 일이나 일어날 가능성이 낮은 일에도 지레 걱정하는 경우도 있다. 보통 사람이 50퍼센트 정도 쓸데없는 걱정을 하고 산다면, 신경성 수치가 높은 사람은 100퍼센트 쓸데없는 걱정을 안고 산다. 그러한 걱정이 빌미가 되어, 현실로 비화하기도 한다. 이러한 사람은 사소한 걱정을 달고 살기 때문에 무언가에 집중하기가 쉽지 않고 늘 크고 작은 조바심에 시달릴 가능성이 높다. 뚜렷한 이유 없이 일이 제대로 안 될 상황을 걱정하다 보니 제때 원하는 결과가 나오지 않을까 초조하고 불안해하는 것이다.

이렇게 사소한 고민과 걱정에서 벗어나지 못하는 신경증 성향의 사람은 쉽게 조바심에 빠져들 수 있다. 위스콘신대학교 심리학과 교수 리처드 J. 데이비드슨Richard J. Davidson은 신경증 성향이 높은 사람은 좌절을 겪었을 때 회복 속도가 느리고, 우울하고 부정적인 관점을 가지고, 맥락에 둔감하며 주의와 집중을 잘하지 못한다고 말한다. 이 모두 개인의 성격 또는 정서와 관련된 내용이다.

결국 사람이 타고난 기질, 그리고 자라는 동안 경험한 모든 주위의 환경과 사람이 조바심을 일으키는 원인이 될 수 있다.

균형이 무너진 두뇌 기능

선천적으로 타고난 것이든 후천적인 환경에 의해 만들어진 것이든 두뇌의 물리적 구조도 부정적인 성격에 영향을 미친다. 신경과학자 다니엘 G. 에이멘Daniel G. Amen에 따르면, 시상과 시상하부 등 인간의 감정 조절과 밀접하게 관련된 심층변연계(변연계 가장 안쪽에 자리 잡은 부위)가 지나치게 활성화된 사람은 짜증이 심하고 매사를 부정적으로 받아들이는 경향이 많다. 또한 일을 추진하는 동기가 줄어든다고 한다.

운동제어와 관련된 기저핵이라는 부위가 지나치게 활성화된 사람은 불안하고 초조해하며, 비관적이거나 강박적인 성향을 나타낸다고 한다. 기저핵은 정형화된 운동을 수행하는 역할을 담당하는데 감정을 관장하는 변연계에 속한다. 이 부위가 지나치게 활성화된 것은 감정적으로 늘 예민한 상태에 있다는 것을 나타낸다.

인간의 감정 체계가 긍정적인 것보다는 부정적인 것에 더 예민하게 반응하도록 설계된 것은 생존 때문이다. 기쁘거나 즐거운 등 긍정적인 상황에서는 주변 환경이 보내는 시그널을 잘못 이해해도 생존에 큰 문제가 없다. 하지만 위험에 처하거나 죽음의 공포를 느낄 수 있는 부정적인 상황에서는 그 시그널을 잘못 받아들이면 생존에 어려움을 겪을 수 있다. 숲속에서 낯선 물체와 맞닥뜨렸을 때 '싸울지 도망갈지' 빠르게 판단하지 않으면 사냥감을 잃거나 들짐승의 먹이가 될 수 있었기 때문이다. 부장님이 화가 머리끝까지 났을 때 결재판을 들고 가면 안 되는 이치와도 같다. 이렇게 두뇌가 본능적으로 긍정적인 상황보다는 부정적인 상황을 더 민감하게 받아들이도록 만들어졌다. 그런데 이러한 역할을 하는 변연계가 지나치게 활성화된다는 것은 그 사람의 사고나 가치, 신념 등이 평소에도 부정적인 방향으로 치우쳐 있다는 것을 나타낸다. 당연히 세상을 바라보는 방식이나 사람과의 관계를 대하는 방식도 부정적인 방향으로 쏠려 있을 수밖에 없다.

이런 사람은 누군가가 큰 의미 없이 던진 말에 '넌 왜 말을 그런 식으로 해?'라고 받아치거나, 걱정스러움을 나타내는 말에 공격적으로 대응한다. 아주 오래전에 캐나다로 이민을 떠나는 친구가 있었다. 그 친구가 경제적으로 넉넉하지 않은 상태라는 것을 알았기에 그곳에서 자리를 잡을지 걱정되어 이렇게 물었다. "돈이 많이 들어갈 텐데 돈은 좀 챙겨가니?" 내 말에 오해의 소지가 있었는지는 모르겠으나 그때 친구가 보인 반응은 "뭐 그딴 말을 해?"였다. 내가 한 말을 돈이 많아서 이민을 간다는 뜻으로 받아들였던 것이다. 말을 왜곡해서 받아들이는 이런 유의 반응이 심층변연계가 과도하게 활성화된 사람의 전형적인 증상이다.

이와 함께 무언가를 해보기도 전에 '그게 되겠어?'나 '보나마나 안 될 거야'와 같이 부정적인 반응을 나타낸다. 또한 대상회라고 하는, 변연계와 대뇌피질의 경계에 있는 부위가 비정상적으로 활성화된 사람은 한 가지 일만 고집하거나 같은 생각에 끊임없이 사로잡히며 만성적인 걱정을 안고 산다고 한다.

부정적인 감정을 느끼는 데 편도체가 빠질 수 없다. 부정적인 사람은 두려움과 공포를 담당하는 편도체가 지나치게 활성화된 반면, 그것을 제어하는 전전두엽의 기능은 상대적으로 저하한 경우가 많다. 전전두엽은 두려움이나 공포, 걱정이나 불안이 몰려올 때 이것을 인지하고 이성적으로 대응하도록 억눌러주는 역할을 한다. 또한 즐거움을 인지하고 두뇌의 보상중추를 활성화하여 쾌감 호르몬을 분비하도록 신호를 보내주기도 한다. 부정적인 사람은 이 기능이 저하해 있다 보니, 어떤 사건이나 좌절을 이겨내고 평상시의 평온한 정서 상태로 돌아오는 데 어려움을 겪는다.

앞서 자신감 편에서 한 이야기를 다시 떠올려보자. 자신감이 뛰어난 사람은 전전두엽과 선조체 간의 연결 통로가 발달되어 있다고 했다. 작은 일이라도 즐겁게 받아들이고 그 감정을 오래 유지하는 역량이 뛰어난 사람은 자신감이 뛰어나다고도 했다. 반면에 부정적인 성격을 가진 사람은 전전두엽과 선조체를 잇는 연결 통로가 정상적인 사람보다 상당히 비활성화되어 있다. 즐거운 일이 있을 때 그것을 느끼는 것은 보통 사람과 다를 바 없지만 그것을 즐거운 일로 받아들이고 그 감정을 유지하는 역량이 크게 떨어진다는 것이다.

이를테면 원하는 출판사와 출간 계약을 맺었다고 해보자. 분명 기쁘고 즐거운 일임이 틀림없다. 보통 사람이라면 그 즐거운 느낌이 오래 지속될 것이다. 뿌듯한 보람을 느낄 수도 있고 주위 사람에게 자랑할 수도 있다. 시간이 지나면서 그 감정은 조금씩 수그러들지만, 오랜 시간 기분 좋은 느낌을 간직할 것이다. 하지만 부정적인 사람은 그렇지 않다. 힘들게 쓴 원고가 책으로 출판될 기회가 찾아왔음에도 잠깐 즐거워하다 만다. '그까짓 거 뭐 누구나 하는 건데'라고 생각하거나 '그래봤자 이번에도 결과가 신통치 않겠지'라고 생각한다. 시간이 가면서 즐거운 감정은 사라지고 '잘될까?' 하는 걱정에 사로잡힌다.

부정적인 사고를 가진 사람은 전전두엽과 선조체 간의 연결 통로는 약한 반면 편도체와 전전두엽을 잇는 연결 통로가 정상적인 사람보다 과도하게 발달되어 있다. 편도체의 원래 기능이 불안이나 두려운 감정을 찾아내 전두엽으로 하여금 적절한 상황 대처를 하도록 하는 것이지만, 지나치게 발달되었다는 것은 사소한 일에도 불안과 두려움을 느낀다는 것을 말한다. 게다가 전전두엽으로 이어지는 연결 통로가 과하게 발달되었다는 것은 끊임없이 부정적 시그널을 대뇌로 보낸다는 것을 의미한다.

부정적이거나 근심과 걱정에서 벗어나지 못하는 사람은 타고난 성격 탓도 있겠지만 그보다는 뇌의 기능 자체가 다른 사람에 비해 다르게 움직이는 것이다. 주로 감정의 뇌인 변연계와 대상회의 과도한 활성화, 그에 비해 통제 능력을 가진 전전두엽의 기능 저하가 주요 원인이라는 것이다. 심리적이거나 성격 문제라고 본 것들이 알고 보면 뇌가 선천적혹은 후천적인 환경에 의해 그렇게 만들어졌기 때문일 수도 있다.

부정적 사고에서 벗어나기 위한 훈련 방안

긍정적으로 살기 위해서는 부정적으로 사고하는 것에서 벗어나야 하며 미래에 대한 두려움을 떨쳐버려야 한다. 성격을 고치거나 생각을 바꿔야 하는 것이다. 두뇌가 그렇게 정형화되었다면 뇌 구조를 바꿔야한다. 이것 참, 절벽을 마주친 느낌이다. 한번 형성된 성격은 고치기가어렵기 때문이다. 특히나 성인에게는 더욱 그렇다. "사람은 고쳐 쓰는것이 아니다"라는 말이 있는 것처럼 성격을 바꾸는 것은 이만저만 어려운 일이 아니다. 게다가 뇌 구조를 바꾸는 일은 더더욱 어렵다. 수술할 수도 없고 수술한다고 해도 인위적으로 신경회로를 연결하거나 제거할 수 있는 방법은 없다. 그래서 사고를 바꾼다는 것은 무척 어려운일이다. 하지만 '사람은 바뀌지 않는다'는 과거의 오래된 믿음과는 달리, 최근에는 개인의 성격도 바뀔 수 있다는 이론들이 등장하고 있다. 심리적 측면이 아닌 뇌의 패턴을 재구성함으로써 말이다.

뇌의 가소성 높이기

정말 노력하면 생각을 바꿀 수 있을까? 경험적으로 보면 어렵다. 성장

과정을 통해 한번 형성된 사고나 가치관은 쉽사리 바뀌기 힘들다. 그럼에도 불구하고 희망은 있다. 뇌에는 가소성plasticity이라고 하는 놀라운 특성이 있기 때문이다. 가소성은 물리학에서 유래한 개념인데 어떤 물체에 물리적 힘을 가하면 힘을 제거한 후에도 그 모습이 그대로 남는 것을 말한다. 마치 찰흙을 이용하여 사람이나 동물의 형상을 만드는 것처럼 말이다.

뇌를 자극해서 특정 방향으로 훈련하면, 뇌 안에 새로운 연결 회로가 형성되고 시간이 지나도 바뀌지 않고 그대로 남아 있는다. 경험과 훈련을 통하면 바람직한 방향으로 뇌의 구조를 바꿀 수 있다는 말이다. 현악기 연주자들은 주로 왼손으로 현을 누르고 오른손으로 활을 켜서 소리를 낸다. 이들은 피나는 연습을 반복하는데 이로 인해 왼쪽 손가락에 해당하는 두뇌피질의 두께가 보통 사람보다 훨씬 두꺼워지고 넓어진다.

런던의 택시 기사들은 내비게이션 없이 운전해야 한다. 경로가 무려 4만 개 이상이나 되는 런던 골목길을 운전하려면 특별한 학습과 기억 능력이 필요한데 이를 위해서는 단기기억을 담당하는 해마의 기능이 뛰어나야만 한다. 실제로 런던의 베테랑 택시 기사들은 일반인보다 훨씬 큰 해마를 가졌다고 한다. 현악기 연주자나 런던의 택시 기사의 사례는 뇌가 노력으로 달라질 수 있음을 나타낸다.

긍정적인 상상을 통해 뇌가 활성화되면 그 상상으로 활성화된 영역에는 시냅스가 형성되어 서로 정보를 주고받는 길이 만들어진다. 이 상상이 자주 일어나면 시냅스가 강화되어 돌다리가 콘크리트 다리가 되는 것처럼 단단한 길이 형성된다. 다소 과장이 들어가 있기는 하지만 많은 자기계발 전문가들이 상상하는 대로 이루어진다고 주장하는 것도 바로 이러한 이론에 근거를 둔다. 상상과 현실을 구분 못 하는 뇌에게 지속적으로 좋은 생각을 심어주고 긍정적인 사고의 물을 주면 뇌는 그에 화답하여 좋은 방향으로 변화한다. 그렇게 변화한 뇌는 우리를 더 나은 삶으로 이끌어줄 수 있다는 것이다.

정신신경면역학에 따르면 생각은 뇌에서 특정한 화학 반응을 일으킨다. 그렇게 되면 뇌는 화학물질을 분비하고 이를 몸에 전달하는데, 이를 통해 우리가 생각한 것과 똑같이 몸이 느끼도록 만들어준다. 행복한 생각을 하면 뇌가 기쁨과 흥분을 유발하는 도파민을 분비한다. 도파민이 분비되면 우리 몸은 좀 더 활력 있는 상태로 변한다. 기분이 좋아지고 집중력이 높아진다. 반면에 화가 나거나 우울한 생각을 하게 되면 펩타이드가 분비되고, 이는 세포를 과다하게 공격하여 노화를 촉진하는 등 좋지 않은 영향을 미친다.

뻔한 결론 같지만 긍정적인 사고가 그래서 중요하다. 긍정적이고 행복한 상상을 하면 뇌가 그에 맞추어 물리적으로 변하고, 적합한 화학물질을 분비함으로써 몸도 그에 맞추어 변화하도록 한다. 캐나다 요크대학교 교수 레이먼드 마르Raymond Mar는 "인간의 상상력은 가상의 상황이 현실인 것처럼 신체가 반응하게 할 수 있다"라고 말한다. 부정적인 성격, 근심과 걱정을 달고 사는 성격이라도 뇌의 패턴을 바꿈으로써 조바심에서 벗어날 수 있다는 것이다.

뇌는 꽤 복잡하고 심오한 존재인 듯하지만 알고 보면 무척 단순하여

속이기 쉬운 존재이다. 무색무취의 투명한 물에 빨간 물감을 떨어뜨리면 빨갛게 물이 들고, 파란 물감을 떨어뜨리면 파랗게 물이 드는 것처럼 뇌 기능도 분비되는 호르몬에 따라 달라진다. 긍정적인 사고를 통해 밝은 정서를 이끌어내는 호르몬 분비가 늘어나면 뇌 기능도 그것에 맞춰 달라지고, 뇌 스스로 긍정적 정서를 유도하는 호르몬을 분비한다. 긍정적인 정서가 늘어나면 긍정적으로 사고하는 신경회로의 연결이 늘어난다. 그것이 강화되면 세상을 바라보는 눈도 달라진다. 삶이 좀 더 즐겁고 행복하게 바뀔 수 있다.

3단계 인지행동 취하기

부정적 사고는 3단계의 인지행동 치료를 통해 바꿔나갈 수 있는데, 3단계는 아래와 같다.

1단계: 머릿속에 떠오른 부정적 사고를 기록한다.

2단계: 부정적 사고를 반박한다.

3단계: 부정적 사고를 긍정적 사고로 바꾼다.

앞서 다루었던 조바심을 없애기 위한 3단계 인지행동 치료 과정과 비슷하다. 부정적인 성격을 가진 사람은 자신이 미처 인지하기도 전에 자동적으로 부정적인 생각에 사로잡히는 경우가 많다. 습관이 되었기 때문이다. 이것을 그대로 방치할 경우 세상을 바라보는 관점이 뒤틀리고 부정적으로 고착될 수 있다. 이럴 때 자신의 머릿속에 떠오른 생각이 정말 옳은 것일까 의심해보고 그것을 바로잡는 연습이 필요하다. 어느 온라인 매체에 썼던 글을 소개하고자 한다. 다소 글이 길어 필요한 내용만 발췌했다.

우연히 고등학교 친구 한 명을 알게 되었다. 학교를 다닐 때는 교류가 전혀 없었던 친구였다. 조용히 앉아 공부만 하는 모범생이었던 나에 반해, 그 친구는 학창 시절 학교를 나오는 날보다 빼먹는 날이 더 많았다고 했다. 그러던 중에 어느 술자리에서 작은 해프닝이 벌어졌고 술에 취한 이 친구로 인해 많은 친구들이 위험에 빠질 뻔한 일이 생겼다. 다행히 별 사고 없이 마무리가 되긴 했지만 그런 일이 처음이다 보니 마음이 꽤나 불편했다. 다음 날, 그 친구에게 전날의 상황이 편치 않았으니 조심했으면 좋겠다는 부탁을 했다. 그러자 이 친구가, 자신은 평생 지지리 인덕도 없이 살아왔는데 충고하고 조언해주는 친구가 있어 고맙다는 말을 전해왔다.

평생 지지리 인덕도 없이 지냈다는 친구의 이야기에 핀잔을 주기는 했지만, 나 역시 자주 그런 생각을 하곤 했다. 난 늘 사람에 대한 불만을 품고 살았다. 왜 내 주위에는 좋은 사람이 없을까? 왜 내 주위에는 날 도와주는 사람이 없을까? 문득 내가 그토록 힘들게 살아야 했던 것은 '나 스스로 인덕 없도록 행동했기 때문이 아닐까'라는 생각이 들었다. 돌아보면, 지금까지 살아오면서 난 사람들에게 그리 편한 존재가 되지 못했던 것 같다. 만성적인 수면장애로 인해 늘 신경이 곤두서 있었고, 조울증마저 있어 사람들을 일관성 있게 대하지 못했으며, 부정적인 성격 탓에 주위 사람들을 불안하고 지치게 만들었다. 비록 힘겹긴 해도 내가 지금까지 큰 어려움 없이 버텨올 수 있었던 것은 어쩌면 주위 사람들의 도움 때문일지도 모른다. 대학을 들어갈 때도, 취업을 할 때도, 미국 유학을 갈 때도, 이직을 할 때도, 무직자가 되었을 때도 늘 나를 도와준 사람들이 있었다.

우리는 살아가면서 종종 '인덕' 혹은 '인복'이라는 말을 쓴다. '난 참 인덕이 많은 사람이야'라며 긍정적인 맥락에서 사용하기도 하지만, 대개는 '난 참 지지리 인덕도 없어'처럼 자신의 신세를 한탄하는 부정적 맥락에서 사용하는 경우가 더 많다. 어쩌면 인덕이 없다는 말은 나도 다른 사람들에게 인덕을 베풀지 못하는 존재라는 말일 수도 있다. 그러니 신세 한탄 대신 조금 더 인간관계에 대해 노력하는 것이 어떨까?

'인덕人德은 타고나는 것이 아니라 만들어가는 것'이라는 주제로 쓴 글인데 이 글에는 부정적 사고를 없애기 위한 인지행동 치료의 3단계가 고스란히 들어가 있다. 처음에는 '난 인덕이 없는 사람이야'라고 생각했다는 이야기가 나온다.

이것은 머릿속에 자동적으로 떠오른 부정적 사고이다. 스스로 자신을 사람 복이 없는 사람이라고 평가하는 것이다. 곧이어 인덕이 없다며 한탄하는 그 순간에 나를 도와주었던 많은 사람을 떠올린다. 이것은 앞서 자동적으로 떠오른 부정적인 생각이 옳지 않다고 반박하는 것이다.

마지막으로 인덕은 타고나는 것이 아니고 만들어가는 것이므로, 인덕이 없다고 느껴지거든 신세 한탄 대신 인간관계에 조금 더 신경을 써보는 것이 좋겠다고 마무리한다. 이것은 부정적 사고를 긍정적 사고로 바꾸는 것이다. 바로 부정적 사고에서 벗어나는 인지행동 방법이다. 정리하면 다음과 같다.

1단계: 머릿속에 떠오른 부정적 사고를 기록한다.
→ **"난 인덕이 없는 사람이야."**

2단계: 부정적 사고를 반박한다.
→ **"지금까지 버텨올 수 있었던 것은 주변에서 날 도와준 사람이 있었기 때문이야. 내가 지쳐 쓰러졌을 때 나를 일으켜준 사람들이 분명히 있어."**

3단계: 부정적 사고를 긍정적 사고로 바꾼다.
→ **"인덕이 없다는 말은 옳지 않아. 신세 한탄 대신 원활한 인간관계를 위해서 조금 더 노력을 기울여보자."**

인덕에 관해 이야기했지만 비슷한 맥락에서, 나는 살아오며 스스로 '왜 이렇게 운이 없지?'라고 생각할 때가 많았다. 하고자 하는 일은 마음대로 풀리지 않았고 돈과는 담을 쌓고 지내야 할 팔자라고 생각했다. 무엇을 해도 쉽게 풀려나가는 것이 없었다. 그래서 꽤 오랜 시간 동안 내가 운이 없는 사람이라는 것을 마치 사실처럼 받아들였다. 하지만 생각해보면 난 전혀 운이 없지 않았다. 오히려 운이 좋은 사람이었다.

대학 재학 중에 첫 번째 직장을 산학장학생으로 들어가 대학원까지

4년간 장학금을 받고 다녔고, 입사 후에도 단 한 번도 진급에서 누락하거나 동료들에게 처진 적이 없었다. 오히려 누구보다 빠르게 승진했다. 외환위기로 온 국민이 고통 속에서 신음할 때도 미국에서 공부하며 인생 최고의 순간을 보냈다. 때때로 고비가 찾아왔지만 그때마다 더 많은 연봉을 받으며 더 좋은 직장으로 자리를 옮길 수 있었다. 어느 날 갑자기 직장을 그만두고 1년 반 동안 거의 실업자로 생활을 했지만 강사로서 경제적 활동을 다시 할 수 있게 되었다. 또한 내가 쓴 책들이 베스트셀러에 오르고 여기저기 기관에서 추천도서로 선정되기도 했다. 돈과 담 쌓은 팔자라고 생각했지만 그래도 지금껏 먹고사는 데 지장은 없다.

인생이 늘 오르막일 수만은 없듯이 나도 정상을 롤러코스터처럼 오갔을 뿐이다. 운이 없을 때도 있었지만 그에 비해 운이 좋았던 순간이 더 많았다. 하나의 문이 닫힌다고 생각할 때마다 늘 새로운 문이 열리곤 했다. 그러니 내가 운이 없는 사람이라는 이야기는 사실이 아니다. 어쩌면 운이 없는 사람이 아니라 유난히 운이 좋은 사람인지도 모른다.

부정적인 사고가 머릿속에 떠오를 때마다 그 내용을 글로 적고, 그것이 사실이 아니라고 반박한 후 긍정적으로 사고하는 훈련을 지속적으로 반복하면 점차 부정적인 사고를 줄여나갈 수 있다. 그리고 마침내는 자동적인 부정적 사고에서 탈피할 수 있다. 이 과정은 우리 주의를 감정의 뇌에서 이성의 뇌로 전환하게 해준다. 사실이 아닌 것을 객관적인 시각으로 바라보게 함으로써 사실 그대로를 받아들이도록 하는 것이다. 이 과정이 반복되면 무의식적으로 감정에 지배되던 뇌가 점차 이성적인 능력을 회복하고, 그에 기반해 사고하고 행동할 수 있게 된다.

머릿속에서 자동적으로 부정적인 생각이 들거든 일단 그 생각에 브레이크를 걸어야 한다. 그리고 그것에 현혹되지 말고 꼼꼼히 따져보며 반박해야 한다. 정말 그 부정적인 생각이 맞는지 말이다. 잘 들여다보면 부정적이라고 여겼던 측면의 한편에는 긍정적인 면이 숨어 있을 수 있다. 그렇다면 상황을 대하는 태도도 바뀔 필요가 있다. 이것이 부정적 사고를 바꾸는 인지행동 요령이다.

두뇌 훈련 프로그램의 창시자 릭 핸슨Rick Hanson 박사에 따르면 부정적인 생각을 긍정적인 생각으로 대체하기 위한 훈련 프로그램을 완수한 사람에게는 불안과 우울증이 현저하게 줄어들었다. 반면 자제력과 사랑, 동정심, 자비심, 기쁨, 감사, 삶에 대한 만족 등 전반적인 행복감이 증가했다. 삶의 질이 완전히 달라진 것이다. 부정적인 생각은 뿌리가 깊어서 쉽게 고쳐지기 어렵지만, 한편으로는 부정적인 생각을 긍정적인 생각으로 대체하는 것이 가능하다. 다만 노력이 필요할 뿐이다.

긍정적인 생각은 뇌에게 주는 일종의 보상과 같다. 보상을 받으면 뇌는 즐거움을 느끼는데, 더 많은 즐거움을 느끼기 위해서 더 많은 보상을 요구한다. 그래서 더욱 긍정적인 생각을 하도록 한다. 나아가 삶 자체가 달라질 수 있다.

부정적인 단어 사용 자제하기

부정적 사고는 〈들어가는 글〉에서 말한 장거리 경주에 나타나는 장애

물들이다. 의심과 부정, 냉소, 반대 등 이러한 것들이 트랙 위에 널려 있으면 제대로 경주할 수 없다. 그것들 대부분은 생각하기도 전에 자동적으로 떠오른다. 머릿속에 있는 원숭이가 끊임없이 그 말들을 주워 던지기 때문이다. 특히나 나도 모르게 툭 내뱉는 말이나 사고의 습관을 바꿀 필요가 있다. 자동적으로 떠오르는 부정적 사고를 줄이기 위해서는 다음과 같은 것에 유의해야 한다.

· 부정적인 단어 사용을 자제한다.

: '항상', '언제나', '절대로', '아무도', '전부 다' 등이 들어간 말.

　- 넌 항상 밥상 차려놓기만 하면 화장실에 가는 못된 버릇이 있어.

　- 언제나 제대로 되는 일이 없어.

　- 절대로 난 부자가 되지 못할 거야.

　- 날 도와주는 사람은 아무도 없어.

　- 요즘 젊은 애들은 전부 다 이기주의자야.

· 부정적인 것에 초점을 맞추거나 부정적으로 예언하지 않는다.

: 어떤 상황에서든 좋은 것과 나쁜 것이 있기 마련이지만 단지 나쁜 면만 보고 예상하지 않는 것.

　- 이 원고는 책으로 나오지 못할지도 몰라.

　- 보나마나 이번 시험에서 떨어질 거야.

　- 이번 프로젝트는 아무래도 실패할 것 같아.

　- 손금을 보니 일찍 죽을 것 같아.

· **자책하거나 자신을 비난하지 않는다.**

: 잘못된 무언가에 대해 자신에게 책임을 돌리지 않는 것.

  - 내가 지금 고생하는 건 젊었을 때 열심히 살지 않았기 때문이야.

  - 우리 애가 잘못된 건 모두 내가 무관심했던 탓이야.

  - 이번 생은 실패야.

  - 난 너무 게을러서 아무것도 할 수 없어.

· **지레짐작하지 않는다.**

: 확인되지 않은 상황에 대해 짐작만으로 판단하지 않는 것.

  - 그 사람은 분명 나를 삐딱하게 보고 있어.

  - 아무래도 부장님한테 찍힌 것 같아.

  - 날 좋아하는 사람은 아무도 없을 거야.

· **누군가를 비난하거나 낙인 찍지 않는다.**

: 자신의 문제에 대해 타인을 비난하지 않는 것. 자신 혹은 다른 사람에게
  부정적인 낙인을 찍지 않는 것.

  - 나는 너무 멍청해.

  - 그 사람은 아주 건방진 사람이야.

  - 이번 프로젝트가 실패한 건 A가 제대로 팀장 역할을 못했기 때문이야.

부정적인 언어를 사용하는 것은 여러 면에서 부정적 사고를 부추기
는 요인이며 부정적 신념을 심어주는 계기가 된다. 뇌는 반복적으로

이루어지는 것으로 신경회로의 연결을 강화하는데, 부정적인 언어를 습관적으로 사용하면 자각하지 못하는 사이에 시각적, 청각적 자극을 받는다. 그것이 부정적인 사고를 일으키는 신경 연결을 촉발한다. 불안이나 두려움 등을 느끼는 편도체가 불필요하게 예민해지고 그것을 억제하는 전전두엽의 힘은 스트레스 호르몬의 영향을 받아 약화한다. 시간이 지날수록 부정적인 감정은 강화되고 그것을 제어할 수 있는 인지능력은 저하해 자연스럽게 부정적인 세계관이 고착될 수 있다. 긍정적인 언어를 사용할 경우에는 그 반대 효과를 얻을 수 있다. 부정적인 사고에서 벗어나고 싶다면 말 한마디도 조심스럽게 사용해야 한다. 말습관을 바꾸는 것이 그래서 중요하다.

이 외에 부정적인 감정을 느끼게 하는 상황이나 부정적인 사고를 하는 사람을 가급적 멀리하는 것도 부정적 사고를 줄이는 방법 중 하나이다. 이미 말한 것처럼 과거의 나는 꽤나 부정적인 사람이었다. 그 때문에 주위 사람을 무척이나 힘들게 했다. 그래서 이런 이야기는 나를 '뜨끔'하게 하지만, 부정적인 사고는 하나의 감정이고 감정은 전염되기 마련이다. 부정적인 상황이나 언행을 일삼는 사람과 함께할 기회가 많아지면 자신도 부정적 사고에 물들기 쉬워진다.

소위 '뒷담화'라고 하는 타인에 대한 험담이 그러하다. 누군가를 험담하는 사람과 함께하다 보면 자신도 험담하는 데 가담할 수밖에 없다. 험담하기 위해서는 일단 뇌가 그 생각을 떠올려야 하고, 그것을 입으로 내기 위해 운동 피질을 움직여 발성해야 한다. 그리고 내가 내뱉은 말을 귀로 들어야 하므로 청각 피질이 움직이게 된다. 단 한 번의 험담일 뿐이지만 뇌의 입장에서 보면 여러 번 부정적인 경험을 하는 셈이다. 따라서 누군가를 험담하면 자신도 모르는 사이에 부정적인 신경회로가 만들어지고 부정적 사고에 빠지는 것이다. 제일 좋은 방법은 그 자리를 피하는 것이다. 비단 험담뿐만 아니라 매사 징징거리거나 불만을 늘어놓거나 삐딱한 시야를 가진 사람이 옆에 있다면 가급적 그 사람과는 거리를 두는 것이 좋다.

참고로 덧붙이자면, 부정적 사고를 가진 사람은 '난 왜 이렇게 주위에 괜찮은 사람이 없지?'라고 생각하는 경향이 있다. 그것이 자신의 문제 때문인지 모르기 때문이다. 혹시 외롭다고 느껴지거나 힘든 일이 있을 때 마음을 터놓고 이야기를 나눌 사람이 없다고 생각되거든 자신의 성향을 곰곰이 되짚어 보라. 답을 찾을지도 모른다.

스위트 스폿 찾기

자신감을 상실하는 이유가 후천적 학습에 의한 것이듯, 부정적인 사고역시 학습에 의해 자리를 잡을 수 있는데 가장 큰 원인이 실패에 대한 두려움이다. 일반적인 사람은 실패에 대해 민감하게 받아들이고 실패를 두려워한다. 실패는 사람을 위축되고 자신 없게 만들기 때문이다. 실패를 거듭할수록 자신의 능력에 대한 의심이 늘어나고, 그 의심은 자기 비하나 질책 등 부정적 사고로 비화한다. 하지만 세상은 지금까지 수많은 실패를 거치면서 진화해왔다. 앞서 이 세상을 살아간 사람들이 실패를 겪지 않았다면 오늘날 우리가 누리는 성공은 없었을지도 모른다. 단번에 성공의 자리에 오르는 사람은 그리 많지 않다. 성공한 모든 사람의 배경에는 무수한 실패가 있다. 그러므로 부정적인 사고에서 벗어나기 위해서는 실패에 무디어져야 한다.

무슨 일이든 실패를 너그럽게 받아들이지 못하면 강박이 되고 스트레스로 이어질 수 있다. 개인의 스트레스 수용 수준은 사람에 따라 다르다. 낮은 수용성을 가진 사람도 있고 높은 수용성을 가진 사람도 있다. 적절한 수준의 스트레스로 스위트 스폿을 찾아야 한다. 무언가에 실패한다는 것은 분명 스트레스이다. '실패해도 다시 도전하면 되니 괜찮아'라고 생각하면 스트레스 수용 수준이 높아지지만 '실패하면 안 돼. 반드시 성공해야 돼'라고 생각하면 스트레스 수용 수준은 낮아질 수밖에 없다. 그 상황에서 실패를 경험하면 자기 비하로 이어진다.

"실패는 성공의 어머니"라는 식상한 말도 있지만 실패는 사람을 단단하게 만들어준다. 비 온 후의 땅이 더 단단해지는 것과 같은 이치라고 할 수 있다. 지금 최고의 진행자로 인정받는 유재석 씨도 예전에는 하는 일이 뜻대로 되지 않고 어려움을 겪었다고 한다. 내 기억 속에 남아 있는 유재석 씨의 데뷔 시절 모습은 그야말로 최악이었다. 말도 어눌하고 어찌나 재미가 없는지 그가 나오기만 하면 채널을 돌려버렸다. 당시 그는 모든 것이 뜻대로 되지 않아 실망스러웠을 것이다. 〈말하는 대로〉라는 노래에도 그때 심정이 고스란히 드러나 있다. 그런 과정을 거쳤기에 그가 지금처럼 모든 사람에게 사랑받고 존경받는 자리에 있는 것이 아닐까?

실패 없이 처음부터 잘나가는 사람은 교만과 거만에 취해 나락으로 떨어질 가능성이 높다. 옛말에, 인생을 살면서 하지 말아야 할 것 중 하나가 '소년등과'라고 한다. 이 말은 《소학》에서 나오는 말인데, 중국 송나라의 학자 정이천이 한 말이다. 원래는 소년등과일불행少年登科一不幸인데 그 자세한 의미는 다음과 같다.

사람에게는 세 가지 불행이 있는데 젊은 나이에 과거 시험에서 급제하는 것이 첫 번째요, 부모의 권세에 힘입어 좋은 벼슬을 얻는 것이 두 번째이다. 요즘 말로 하면 금수저를 입에 물고 태어나는 것이다. 세 번째는 재능이 뛰어나고 글솜씨가 좋은 것이다. 두 번째와 세 번째는 지금 시대에서는 선뜻 동의하기 어렵지만 첫 번째 불행에 대해서는 고개가 끄덕여진다. 지나치게 어린 나이에 성공한 사람은 자기가 이룬 성공이 얼마나 값진지 모를 수 있다. 그래서 교만과 거만의 덫에 빠지기 쉽고 더 큰 욕심을 부리며, 오로지 출세 지향적인 행동만 할 수 있다. 맹자는 진예자 기퇴속進銳者 其退速이라고 하여 나아감이 빠른 자는 물러남도 빠르다고 일갈했다.

이것은 실패 없는 성공을 경계하라는 말일 수 있다. 그런데 난 조금 다른 측면에서 보기도 한다. 실패 없는 인생을 사는 사람은 실패를 이겨내고 무엇인가를 달성했을 때의 성취감이 주는 달콤한 보상을 느낄 수가 없다. 모든 일을 어렵지 않게 성공한 사람은 모든 일이 너무 쉽게만 여겨질 수 있다. 무언가를 하기 위해 수없이 실패를 거듭한 끝에 어렵사리 목표를 달성할 경우 뇌에서는 보상회로가 가동되고 도파민이라는 신경전달물질이 분비되어 기분을 좋게 만들어준다.

도파민은 무언가를 달성하리라고 기대했을 때보다는 기대하지 못하고 있던 것을 성취했을 때 더욱 큰 효과를 나타낸다. 기대했던 보너스를 받을 때보다 기대하지 못했던 보너스를 받을 때 기분이 더 좋은 것도 그 때문이다. 어려서부터 쉽사리 성공을 체험하고 무엇을 하든 늘 성공하는 사람은 무언가를 성취했을 때도 그리 큰 기쁨을 느낄 수가 없다. 일상이 '당연히' 성공으로 가득 차 있기 때문이다. 하지만 계속 실패를 거듭하다가 어렵사리 성공에 이른 사람은 그 성취감에서 얻는 기쁨이 말로 할 수 없을 만큼 크다.

인생은 끊임없이 도전하며 성장하는 과정이다. 이 세상에 존재했던, 그리고 존재하는 사람들 중 완벽한 사람은 그 누구도 없을 것이다. 투자의 귀재라는 워런 버핏도, 경영의 구루였던 피터 드러커도 평생 도전하고 성장을 추구하는 과정에서 이름을 날린 사람들이다. 누구나 실패하고, 좌절하고, 아픔을 겪지만 그 아픔을 이겨내고 실패 속에서 성공을 일궈내는 것이 진정한 삶의 기쁨이 아닐까 싶다.

《주역》에 항룡유회亢龍有悔라는 말이 나온다. '하늘 끝까지 올라간 용은 반드시 후회할 일이 생긴다'는 뜻이다. 물을 벗어나 하늘 끝까지 올라간 용은 내려갈 일만 남아 있다. 최고 경지에 달한 사람도 언젠가는 그 자리에서 내려갈 수밖에 없다. 아무리 뛰어난 사람도 시간이 지나면 후대에 오는 사람에게 그 자리를 내어 주고 내려갈 수밖에 없다. 이 세상에 무한한 부귀영화는 있을 수 없다.

난 하루에 커피 한 잔이라도 마셔야 하는 '체질'인지라 늘 집에는 분쇄 커피가 떨어지지 않는다. 대개 커피 분말이 도착하면 다른 통에 옮겨 넣고 필요할 때마다 한 스푼씩 꺼내 쓰는데, 어느 날 보니 제일 안쪽에 있는 커피 분말은 아무리 시간이 흘러도 꺼내지지가 않는 것이었다. 분말이 바닥을 보일 때쯤이면 늘 새로운 커피로 채워 넣으니 말이다. 쌀통에 부어놓은 쌀도 마찬가지이다. 제일 먼저 통에 들어간 쌀이 바닥을 보이려고 하면 어김없이 새로운 쌀을 부어 넣는다. 그러다 보면 바닥에 있는 쌀은 절대 밖으로 나오지 못하고 시간이 지나면서 묵은 쌀이 되고 만다. 커피 통 속에 깔린 커피나, 쌀통 바닥에 깔린 쌀은 알고 보면 제일 먼저 그곳에 들어간 것들이었다. 한때 일등이었다고 해서 살아가는 내내 일등일 수는 없다. 이것이 '쌀통의 법칙'이다.

지금 나보다 잘나가는 사람들이라고 해서 그들이 그 자리에 영원히 있는 것은 아니다. 그들도 언젠가는 내리막길이 나타날 것이다. 빠르게 정상을 찍은 사람들은 내려가는 것도 빠르다. 그들이 잘나가는 것을 보며 부러움을 느꼈던 사람이 언젠가는 더 좋은 자리에 있을 수도 있다. 인내심을 가져야 한다. 꽃이 늦게 핀다고 해서 조바심을 낼 필요가 없다. 일찍 핀 꽃은 일찍 질 뿐이다. 일찍 핀 꽃은 누군가에 의해 꺾일 수 있지만 늦게 핀 꽃은 뒤늦은 아름다움으로 더욱 오래갈 수 있다.

지금 주어진 상황에서 어떤 일이 잘 안 풀리고 있다면 그만큼 내가 단단해지고 있다고 생각해보라. '내 인생은 왜 이렇게 힘들지?'라는 생각이 들거든 그만큼 달콤한 성공의 열매가 기다리고 있다는 희망을 품어보라. 인생을 쉽게만 살았던 사람은 깨닫지 못하는 삶의 진정한 기쁨을 누릴 날이 반드시 올 것이다. 그러기 위해서는 현재의 삶에 최선을 다하는 것이 필요하다.

완벽을 추구할 필요도 없다. 완벽함이란 내가 정한 시기에, 계획한 일을, 결정한 방식대로, 결함 없이 완료함으로써 원하는 결과를 얻어내는 것이다. 완벽함이 결코 나쁜 것은 아니지만 세상은 계획대로만 돌아가지 않는다. 예상하지 못한 일이 벌어지기도 하고, 생각하지 못한 사건이나 사고가 일어나기도 하며, 예상했던 도움이나 자원을 얻지 못할 수도 있다. 통제 가능한 변수는 어느 정도 제어가 가능하지만 통제 불가능한 변수는 어찌할 도리가 없다. 이런 상황에서 완벽을 추구하는 것은 애초부터 불가능한 일인지도 모른다. 그러므로 완벽함을 추구하는 데에도 어느 정도 융통성을 가져야 한다. 지나치게 완벽함을 추구하는 것 역시 스트레스 수용 수준을 낮추는 일이다. 계획한 것에서 조금이라도 벗어나 일이 어긋났을 때는 지체 없이 경보가 울리기 때문이다.

디폴트 모드 네트워크 잠재우기

조선 초기 관료였던 윤회의 이야기를 다시 예로 들어보자. 당시 윤회가 모시던 임금은 '워커홀릭'으로 소문난 세종대왕이었다. 왕이 밤낮없이 일에 미쳐 지내니 신하들도 열심히 일하지 않으면 안 되었다. 그러던 중에 윤회가 모친상을 당했다. 당시에는 부모 상을 당하면 벼슬을 그만두고 삼년상을 지내야 했는데, 일에 미친 세종이 3년을 기다릴 수가 없자 변칙적인 아이디어를 생각해낸다. 모든 공직자는 삼년상 대신 딱 100일만 상을 지내고 다시 관직에 복귀하라는 것이었다.

이 이야기를 들은 윤회는 펄쩍 뛰며 반대한다. 그러자 세종이 윤회에게 한 말이 다음과 같다.

"과인이 해봐서 아는데, 삼년상을 치러도 슬픔이 가시지 않기는 마찬가지더라. 그런데 일상으로 돌아와서 열심히 일을 해보니 그것처럼 슬픔을 잊기 좋은 방법은 없더군. 슬픔을 잊는 최고의 방법은 그저 열심히 일하는 것이야. 그러니 어서 복귀하게."

다소 야박하고 일에 미친 사람처럼 보이기도 하지만 세종의 말은 과학적으로 일리가 있다. 슬프다고 해서 그 상황을 계속 유지하면 슬픔에서 벗어날 수 없다. 정신적으로 생각할 여유가 많을수록 슬픔은 러시아 인형 마트료시카처럼 계속 생겨난다. 무기력증이나 우울증 환자가 갈수록 증세가 심해지는 것도 혼자 갇혀 있는 시간이 많기 때문이다. 슬픈 일을 당했을 때 슬픔에서 벗어나는 가장 좋은 방법은 그 상황을 벗어나 다른 상황을 접하는 것이다. 묘 앞에서 모친이 돌아가셨다는 사실을 계속 곱씹는 것이 아니라 일상으로 복귀해서 바쁘게 일함으로써 슬픔을 잊어야 한다. 부정적인 사고에서 벗어나는 데도 이 원리를 적용할 수 있다.

부정적인 사고는 지나간 일을 뒤돌아보며 자책하고 후회하거나, 자기 자신을 쓸모없고 무의미한 존재로 여기거나, 어떤 상황에 대해 다른 사람에게 비난의 화살을 돌리거나, 절망적인 미래를 예상하는 등 반복적으로 부정적인 감정을 증폭하는 사이클을 만들어낸다. 이러한 부정적인 순환은 슬프거나 수치스럽거나 분노스러운 감정을 악화하고 무언가에 적극적으로 나서거나 문제를 열정적으로 해결하려는 동기를 방해한다. 이는 쉽게 깨뜨리기 어렵다.

2015년에《생물학적 정신의학Biological Psychiatry》지에서 발표한 스탠퍼드대학교의 J. 폴 해밀턴J. Paul Hamilton 박사 팀의 연구 결과는 흥미로운 사실을 알려준다. 부정적 감정에 빠진 사람은 디폴트 모드 네트워크DMN와 전전두엽 간의 연결이 기능적으로 활성화되어 있다고 한다. 두뇌에는 디폴트 모드 네트워크라고 하는 부위가 있다. 어떤 일을 할 때는 특정한 기능을 담당하는 뇌 부위가 활성화된다. 무언가를 볼 때는 시각 피질과 그것을 인지하는 전두엽이 활성화되고, 무언가를 집중해서 들을 때는 청각 피질과 역시 인지기능을 담당하는 전두엽이 활성화된다. 공부하거나 과제를 수행할 때는 시각을 담당하는 시각 피질, 논리와 계산 등을 담당하는 두정엽, 인지기능을 담당하는 전두엽, 손을 쓰게 해주는 운동 피질, 그리고 그것들 간의 연결을 담당하는 두뇌의 연합 영역이 함께 활성화된다.

하지만 일에서 벗어나 아무 생각 없이 휴식을 취하거나 '멍 때리는' 경우 등 마음이 자유롭게 흘러 다니는 순간에 활성화되는 부위는 이와 달리 별도로 존재한다. 뇌는 어느 순간에도 멈추면 안 되므로 의식적으로 뇌를 사용하지 않는 순간에도 움직인다. 이렇게 의식적인 사고 활동을 하지 않을 때도 기본적으로 작용하는 신경회로망을 디폴트 모드 네트워크라고 한다. 이 부위는 자기반성이나 걱정, 백일몽, 대인관계, 그리고 무언가를 회상할 때 활성화된다. 전전두엽은 디폴트 모드 네트워크가 생존을 위해 가장 중요하거나 긴급하다고 생각하는 문제를 반추하고 해결하도록 지시하는 역할을 한다. 이 기능이 제대로 움직이면 효과적이고 긍정적으로 문제를 해결할 수 있다.

부정적인 사고가 뇌를 지배하는 상황에서 전전두엽은 디폴트 모드 네트워크가 하는 정상적인 자기반성을 부정적이고 자기 중심적인 정신 상태로 끌어들여 세상을 바라보는 관점을 바꿔버린다. 이러한 마음 상태에서는 반복해서 부정적인 톤으로 자신의 상황을 반추하지만, 세상을 바라보는 관점을 바꾸거나 부정적인 상황을 다르게 받아들이려는 동기는 생기지 않는다. 부정의 굴레에서 쉽사리 빠져나오지 못한다는 것이다. 결국 부정적인 사고에 빠진 사람은 정신적으로 덫에 갇힌 것처럼 꼼짝 못하고 앞으로 나아가지 못한다.

이 상황에서 벗어나려면 가장 좋은 방법은 무언가에 집중하는 것이다. 우울하고 힘든 일이 있을 때 정신없이 바쁘게 지내면 그 슬픔에서 빨리 벗어날 수 있는 것처럼, 무언가에 집중하고 그것에 몰입하면 부정적인 사고를 벗어던질 수 있다. 이때는 디폴트 모드 네트워크가 작용하지 못하고 전전두엽이 관여할 기회도 줄기 때문이다. 부정적인 감정의 순환 고리가 만들어질 여지가 줄어드는 것이다. 만일 집중해서 해야 할 일이 없다면 청소하거나 세차하거나 퍼즐을 맞추는 등 사소한 일에 몰입하는 것도 나쁘지 않다. 아무리 사소한 일이라도 그것에 집중하고 몰입하다 보면 디폴트 모드 네크워크가 활성화되어 전전두엽이 부정적인 해석의 지시를 내릴 기회가 사라진다. 의식하지 못하는 사이에 부정적 사고의 굴레에 빠져들 가능성이 그만큼 줄어드는 것이다.

좌우 뇌 균형 맞추기

명상은 사고하는 방식을 바꾸는 마음훈련이므로 뇌의 패턴을 바꾸는 데 탁월한 효과를 가져오는 방법이다. 앞서 다룬 내용들도 마음훈련이자 일종의 명상 훈련이라고 할 수 있다. 오랜 시간 수련한 승려의 뇌 활용 방식은 일반 사람의 뇌 활용 방식과 다르다. 명상으로 뇌의 사고 패턴을 바꿔놓을 수 있는 것이다. 부정적인 사고 경향은 뇌의 활동 패턴으로 발생하는데 꾸준히 오랫동안 명상하면 이러한 부정적인 패턴을 바꿔놓을 수 있다. 명상을 오래 훈련한 사람은 보통 사람보다 훨씬 스트레스가 적고 혈중 도파민 수치가 높다. 스트레스가 적고 도파민 수치가 높다는 것은 실패나 좌절을 겪었을 때 그것에서 빠져나와 정상적인 상태로 돌아가기까지 걸리는 시간이 짧다는 것을 의미한다.

사람의 뇌는 좌뇌와 우뇌로 구분할 수 있는데, 좌측 전전두엽은 행복감을 불러일으키지만 우측 전전두엽은 우울한 감정을 불러일으킨다. 우측 전전두엽에 손상을 입으면 실없이 웃거나 즐겁지 않은 일에도 즐거운 감정을 느낄 수 있고, 좌측 전전두엽에 손상을 입으면 사소한 일에도 슬픈 감정을 느낄 가능성이 높다. 부정적 사고가 큰 사람은 좌측보다 우측 전전두엽이 활성화된 경우라고 할 수 있는데, 명상을 하면 우측 전전두엽의 활동이 저하하고 좌측 전전두엽의 활동은 높아진다. 좌뇌와 우뇌의 균형을 맞춤으로써 부정적 사고는 줄이고 긍정적 사고는 늘릴 수 있는 것이다. 명상은 이렇게 좌뇌와 우뇌의 균형 잡힌 활동을 이끌어내는 데 도움이 된다.

특히 마음챙김 명상은 자신의 생각이나 감정 그리고 감각을 순간순간 아무런 판단 없이 관찰하는 연습으로, 상황을 판단하지 않고 있는 그대로 보는 데 유리하다. 만일 부부 싸움을 해서 그 생각이 머릿속에 남아 있다면 '괘씸해서 참을 수가 없네'라고 생각하는 것이 아니라 '아내와(남편과) 다툰 생각이 머릿속에 남아 있군'이라고 자신의 상태를 객관적으로 바라본다. 사고에 감정이 개입되지 않도록 하는 것이다. 사람은 누구나 감정을 건드리는 자극에 습관적으로 반응한다. 하지만 마음챙김 명상을 하면 기존의 사고를 이끌어내는 신경 통로 대신 새로운 신경 통로를 활용하게 되므로 부정적인 습관을 바꿀 수 있다.

초보자와 경험이 많은 명상가의 뇌를 스캔한 연구에서, 풍부한 경험을 가진 명상가는 앞서 언급한 디폴트 모드 네트워크의 활성화가 적었고 부정적 사고에 빠져드는 일도 적었다고 한다.

다음과 같은 호흡 훈련도 정신 훈련에 도움이 된다.

· 정신이 가장 맑을 때를 택해 바닥이나 의자에 허리를 곧게 펴고 앉는다. 자세는 굽히지 않고 곧게 펴되 몸을 이완시키고 졸음이 오지 않게 한다.
· 호흡과 몸 전반에서 느껴지는 감각에 집중한다. 들숨과 날숨으로 호흡하면서 배의 움직임에 주목한다.
· 코끝에 집중하고 호흡할 때마다 생겨나는 여러 가지 감각을 음미한다.
· 필요 없는 생각과 감각으로 주의가 분산된다면 다시 호흡에 집중한다.

이러한 호흡 훈련을 한 번에 5분에서 10분 정도 실시한 후 익숙해지면 호흡 시간을 늘려나간다. 이 호흡 훈련은 오로지 호흡 그 자체에만 집중함으로써 쓸데없이 감정적으로 사고가 확산되는 것을 막고 정신을 맑게 해주는 효과가 있다.

자연에서 산책하는 것도 도움이 된다. 스탠퍼드대학교 교수 그레고리 N. 브래트만Gregory N. Bratman이 2015년에 진행한 한 연구에 의하면, 건강한 일반인의 경우 자연 속에서 90분간의 산책이 반복적인 부정적 사고 감소와 전전두엽에서의 신경활동 감소를 가져왔다고 한다. 자연 속에서의 산책이 잘못된 방식으로 두뇌 활동이 이루어지는 것을 바로잡아 주는 효과가 있다는 것이다. 아쉽게도 도시에서 90분간의 산책은 그러한 효과를 내지 못했다고 한다. 실제로 산을 오르다 보면 온갖 근심 걱정이 사라지고 무념무상의 세계로 빠져드는 경험을 할 수 있다. 평소 부정적 사고가 많은 사람이라면 틈이 날 때마다 가까운 자연 공간을 찾아 산책을 즐기는 것도 부정적인 사고에서 벗어나는 손쉬운 방법이다.

인생을 긴 호흡으로 바라보기

부정적인 사고를 일으키는 원인 중 하나는 미래에 대한 두려움을 느끼는 것이다. 이에 대한 개선 노력도 조바심을 치유하는 데 도움이 된다.

① 후회하고 자책하지 않기

미래의 두려움을 떨쳐버리기 위해 가장 먼저 해야 할 일은 과거를 되돌아보며 후회하거나 자책하지 않는 것이다. 사람은 종종 지나간 일을 되돌아보며 후회하곤 한다. 과거를 보면서 흐뭇해하거나 즐거워하는 사람도 있겠지만, 과거를 돌아보며 후회하는 사람도 많다. '그때 무엇을 했어야 했는데, 그때 무엇을 하지 말았어야 했는데, 그때 그렇게 하면 안 되는 거였는데…' 하며 한탄한다. 하지만 과거를 돌아보며 후회하고 자책하는 마음이 큰 사람일수록 미래에 대해 더욱 큰 두려움을 느낄 가능성이 크다.

과거를 자꾸 되돌아보고 곱씹어보면서 후회하거나 자책하는 것은 같은 실수가 미래에 재현되지 않을까 우려하는 마음이 있기 때문이다. 과거의 잘못을 미래에 투사하는 것이다. 과거에 실수를 많이 한 사람일수록 과거에 대한 기억이 부정적으로 남으며, 부정적인 과거의 모습은 다가오지 않은 미래조차 부정적으로 인식하게 만든다.

그러나 과거와 미래는 상관관계가 별로 없다. 과거에 잘못을 많이 한 사람이라도 학습 효과를 통해 미래에는 잘못을 저지르지 않을 수 있다. 또 과거에는 잘나갔던 사람도 미래에는 일이 잘 풀리지 않을 수 있다. 과거에 일어났던 일을 자책한다고 해서 미래의 일이 잘되는 것은 아니다. 오히려 부정적인 감정으로 미래에 일어날 일마저 그릇되게 할 수 있다. 과거를 돌아보면서 후회하는 것만큼 어리석은 일은 없다.

나는 하루아침에 회사를 그만둬 버린 결정으로 적어도 수억 원의 기회비용이라는 손실을 보았다. 임원급 연봉을 받을 수 없었으니 그만큼 손실이었다. 거의 경제활동을 하지 못하면서 모아놓았던 돈조차 까먹었으니 손실의 폭은 생각보다 컸다. 게다가 아이들 교육비 지원과 누적 퇴직금도 손실을 봤다. 그러니 단 한 번의 의사결정으로 입은 손실이 이만저만이 아니었다. 생각하면 할수록 속이 쓰린 이야기이다.

이것을 후회하고 자책해봐야 아무 소용없다. 이미 지나간 일은 되돌릴 수 없기 때문이다. 없던 일로 하고 다시 그 시절로 돌아갈 수 없

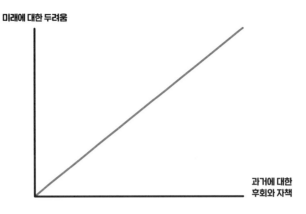

[미래에 대한 두려움과 과거에 대한 후회와 자책의 상관관계]

다. 되돌릴 수 없을 뿐만 아니라 가슴만 아프다. 그 일이 잘된 일일 수도 있고 잘못된 일일 수도 있다. 잘된 일인지 잘못된 일인지는 조금 더 시간이 지나야만 알 수 있을지 모른다. 어쩌면 긴 시간이 지나도 알 수 없을지도 모르는 일이다.

후회하고 자책해도 소용없다면 생각을 바꾸는 것이 최선이다. 난 회사를 그만두면서 막연하게 느꼈던 회사 밖 생활에 대한 두려움을 실천으로 깨달았다. 그 경험으로 직장이라는 세계에 대한 가치관이 달라졌고 자기계발을 보는 관점도 바뀌었다. 직장과 자기계발에 대해 과거에 가졌던 생각이 허상이었다는 것을 느꼈다. 실천적 차원에서 미래를 어떻게 대비해야 하는지에 대한 생각이 깊어졌다. 그것을 바탕으로 새로운 통찰을 담은 책을 쓰기도 했다.

나 자신의 한계에 대해서도 알게 되었다. 직장을 다니는 일은 누군가 펼친 우산 밑으로 들어가는 것과 같다. 그래서 그 안에 있는 한 비바람을 맞을 일이 없다. 즉, 유리온실 안의 화초처럼 곱게 자라기만 할 뿐이다. 온실 안에서 자란 화초는 비바람과 폭풍우가 몰아치는 거친 땅에서는 버티기 힘들다. 편안하고 안락한 우산을 박차고 나오면서 난 스스로 거친 비바람을 잘 헤쳐 나갈 수 있을 줄 알았다. 하지만 우산 밖의 세상은 생각했던 것보다 훨씬 힘든 곳이었다. 그 경험을 통해 내가 가진 한계를 분명히 깨달았다.

또 하나. 사람들 앞에서 강의나 강연을 하는 것은 오랜 꿈이었다. 즉 내가 하고 싶었던 일이었다. 오랫동안 꿈꿔왔던 일을 하면서 '하고 싶은 일을 하는 것'과 '행복하게 사는 것'이 별로 상관관계가 크지 않다는 것도 알게 되었다. 실천적 경험 없이 하고 싶은 일을 찾아 떠나라고 말로만 부추기는 무책임한 사람보다 조금 더 현실적 조언을 할 수 있는 자격을 갖게 되었다.

때로는 어쩔 수 없이 직장을 떠나는 친구들을 보면서, 오히려 일찍 직장 생활을 그만둔 것이 잘된 일이라는 생각이 들 때도 있다. 매도 먼저 맞는 것이 낫다는 말처럼 나이 들어 뒤늦게 무언가를 시작하기보다는 조금이라도 젊었을 때 하고 싶었던 일을 시작하면, 빨리 경력이 쌓이고 그것을 통해 자리를 잡을 수 있으니 말이다.

이렇게 보면, 비록 금전적인 손실은 입었을지 모르지만 글을 쓰고 강의하는 사람으로서 갖추어야 할 지혜와 통찰의 측면에서는 오히려 값진 경험을 한 것이 아닌가 싶다. 설익은 김치 같았던 상태에서 깊은 맛이 우러나는 묵은지처럼 인생의 경륜이 깊어졌다고 할까? 그렇다면 임원이라는 편한 자리를 박차고 회사를 그만둔 일이 꼭 후회할 만한 일은 아닌 것 같다. 손해 본 기회비용을 생각하며 미친 짓이었다고 자책해봐야 달라지는 것은 없다. 가슴만 답답해질 뿐이다. 지나간 일에 대해서는 그냥 잊어버리거나 긍정적으로 생각하는 것이 가장 좋은 방법이다.

과거는 미래에 투사된다. 과거를 돌아보며 후회하고 자책하면 그것이 미래에도 그림자를 드리운다. 과거를 돌아보며 '내 인생은 왜 이래? 내 인생은 실패야'라고 생각하면, 미래에 대한 자신감을 잃는다. 반면에 지나간 일을 부정적 관점이 아니라 긍정적 관점에서 바라보면 성공적이거나 비교적 무난하게 지내왔다고 느낄 수 있다. 과거를 성공적이거나 무난했다고 여기는 사람이 미래에도 별 큰일이 없으리라 생각할 수 있다. 과거에 실패했다고 여기는 사람은 미래에도 실패하리라고 생각한다. 그러므로 과거를 돌아보며 후회하거나 자책할수록 미래에 대해서도 불안하고 조바심을 느낄 수밖에 없다.

② 긴 안목으로 미래 내다보기

젊은 사람은 공감하기 어려울 수도 있겠지만 인생을 살아보니 지나간 일은 다 아무것도 아니었다는 것을 깨닫는다. 가슴이 터질 듯 답답하고 안타까웠던 일, 불같이 화를 내며 나와 주위 사람에게 상처 주었던 일, 찢어질 듯 가슴 아팠던 일이나 천국에 오른 것처럼 기뻤던 일도 시간이 지나고 나면 다 잊힐 뿐이다.

솔로몬의 이야기에 나오는 '이것 또한 지나가리라'는 말처럼 모든 일은 지나갈 뿐이다. 그렇다고 해서 현재 주어진 삶을 대충대충 살라는 말은 아니다. 현재의 근심, 걱정, 조바심도 지나고 보면 별것 아니라는 뜻일 뿐, 현재는 현재대로 최선을 다해야 한다. 최선을 다하다 보면 후회 없는 삶을 살 수 있고, 후회 없이 살다 보면 조바심 내지 않아도 삶이 잘 풀려나갈 수 있다.

호모 헌드레드 시대라는 말처럼 요즘은 '인생 100세 시대'라고 한다. 100년이 아니라 80년만 산다고 해도 적지 않은 시간이다. 마치 먼 길을 떠나는 여행과 같다. 조급한 마음에 서두르다 보면 지치고 낙오될 수 있다. 거북이처럼 한 발씩 느리게 움직여도 마지막에는 좋은 결과를 얻을 수 있다. 조바심 내지 말고 멀리 내다보라. 지금 당장 무언가를 이루고 싶고 결과를 내고 싶어 안달을 내도 지나고 보면 한순간이다. 지금 조바심을 내는 일도 시간이 지나고 나면 아무것도 아닌 것으로 기억된다.

때로는 '배 째라' 정신도 필요하다. 최선을 다하되 안 되면 어쩔 수 없는 것 아닌가? 살면서 늘 성공만 하는 사람은 없다. 반대로 살면서 늘 실패만 하는 사람도 없다. 오르막길이 있으면 내리막길도 있고, 내리막길이 있으면 오르막길도 있다. 인생이란 높은 산과 깊은 계곡을 오가는 열차 같은 것이다. 어쩔 줄 모르는 일도 시간이 지나고 나면 별것 아니었던 일처럼 순탄하게 지날 수 있다. 어차피 순탄하게 지나갈 일을 조바심 내며 자신을 힘들게 할 필요가 없다. 그러니 '안 되면 어쩔 수 없다'는 자세로 인생을 조금 더 길게 내다보고 여유 있는 마음으로 대처하는 것이 필요할 듯싶다.

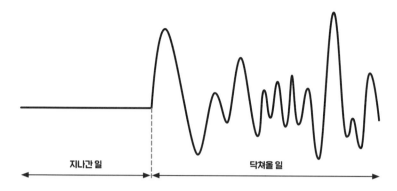

지나간 일　　　　　　　　　　닥쳐올 일

　위 그림을 보면 아직 오지 않은 미래에 대해서는 온갖 걱정과 근심이 가득하지만 지난 일에 대해서는 평온하다. 요동을 치며 심란하게 다가오는 미래의 일도 지나고 나면 언제 그랬냐는 듯 아무렇지 않게 여겨질 수 있다.

　그렇다면 닥치지 않은 일에 대해 미리 두려워하거나 근심과 걱정을 껴안고 살 필요가 없지 않을까? 조금은 대범한 마음으로 다가올 미래를 맞이하는 것도 좋다.

③ 낙관적인 믿음 가지기

신은 다른 한쪽 문을 열어놓기 전에는 열린 문을 닫지 않는다는 말이 있다. 내가 살아오면서 느낀 것 중 하나가 이 말이 결코 거짓이 아니라는 점이다. 아무리 힘들고 어려운 상황이라도 언젠가는 그 상황을 벗어날 기회가 누구에게나 열려 있다.

　오지 않은 미래에 대해서는 누구나 두려움을 가질 수 있다. 그러기에 현재 내 모습이 미래에 대한 대비가 되어 있지 않다고 느껴지면 누구나 조바심을 느낄 수밖에 없다. 그러나 지금 조바심 내는 미래가 현실로 다가와도 상황이 그리 나쁘지 않을 가능성도 있다. 그때가 되면 또 새롭게 열리는 문이 있을 것이다. 비록 문의 크기가 달라질 수는 있겠지만 말이다.

사람들은 흔히 일생에 세 번의 큰 기회가 온다고 말한다. 하지만 내 경험에 의하면, 이 말은 틀렸다고 단언한다. 기회는 세 번만 오는 것이 아니라 매일매일 찾아온다. 중요한 것은 이 기회를 알아차리고 잘 활용하는 것이다. 막연히 미래에 대해 불안감을 느끼고 초조해하기보다는 현재 주어진 기회를 잘 활용한다면 지금보다 훨씬 발전된 미래를 맞이할 수 있을 것이다.

잘 다니던 회사를 하루아침에 그만두고 경제적 절벽과 마주했을 때 앞이 보이지 않아 두려웠다. 시도했던 모든 일은 수포로 돌아가고 수중에 가진 돈도 얼마 안 되었기에 이러다 영영 경제활동을 다시 못 하면 어쩌나 두려웠다. 하지만 지쳐 쓰러질 때쯤 갑작스럽게 새로운 문이 열렸다. 뇌과학을 공부할 수 있는 기회가 주어졌고 그것을 바탕으로 책을 쓸 수 있게 되었다. 그것이 계기가 되어 여러 잡지나 사보에 기고하게 되었고 방송에까지 출연하게 되었다. 한때는 교통방송에서 3개월간 뇌과학과 관련된 코너에 고정 출연을 하기도 했다. 또한, 교육기관에서 전임으로 직장인을 대상으로 한 직무교육을 하게 되었다. 책을 쓰고 강의하고 싶다는 소망이 완벽하게 들어맞은 셈이다. 어려움에 처했을 때는 두렵기도 했지만 하나의 문이 닫힐 때쯤 새로운 문이 열렸고 지금은 그 열린 문을 통해 새로운 삶 속으로 들어가고 있다.

중요한 것은 현재의 삶에 충실하는 일이다. 현재의 삶에 충실하지 못하고 막연하게 미래에 대한 낙관만 가지고 사는 것은 무모한 배짱에 불과하다. 그런 사람에게는 기회가 찾아올 수 없다. 기회는 준비된 사람에게만 찾아오기 때문이다.

미래에 대해 낙관적인 믿음을 갖되 매일매일 찾아오는 기회를 내 것으로 만들기 위한 노력이 필수적이다. 어려운 환경을 이겨내고 새로운 문을 열 수 있었던 것도 직장 생활을 하면서부터 꾸준히 한 노력이 결실을 맺었기 때문이리라. 저술도, 강의도, 방송도 아직은 사소한 것들이지만 이러한 성공들이 쌓이다 보면 언젠가는 더욱 큰 성공의 열매가 열린다는 믿음이 있다. 과거는 이미 지나갔기에 되돌릴 수 없다. 하지만 현재를 충실하게 살면 미래에는 그만큼 보상을 얻으리라 믿으며 산다.

노자는 "우울한 사람은 과거에 살고, 불안한 사람은 미래에 살고, 평안한 사람은 현재에 산다"라고 말했다. 소크라테스는 "인간사에는 안정된 것이 하나도 없음을 기억하라. 그러므로 성공에 들뜨거나 역경에 지나치게 의기소침하지 마라"라고 했다. 지나간 일은 지나간 일일뿐, 돌이켜봐야 소용없는 일이니 낙관적이고 긍정적인 마음가짐으로 바라보는 것이 필요하다.

④ 좋은 기억 활용하기

살다 보면 좋은 일도 있고 나쁜 일도 있게 마련이지만, 사람에 따라서는 좋은 기억만 가지거나 아니면 나쁜 기억만 가지기도 한다. 좋은 기억만 가지고 사는 사람은 늘 밝고 긍정적인 편이지만 나쁜 기억만 가지고 사는 사람은 인생이 불행하다고 여기기 때문에 늘 어둡고 부정적이다. 개인이 가진 과거에 대한 기억이 현재를 바라보는 관점에도 영향을 미치기 때문이다. 이와 비슷하게 미래를 어떻게 상상하느냐가 미래에 대한 두려움을 결정할 수 있다.

다가오지 않은 미래에 대한 생각은 과거의 기억을 끄집어내어 인지와 지각 과정을 거쳐 새롭게 구성된다. 기억과 상상을 담당하는 뇌 부위는 해마와 전전두엽인데, 이 부위의 활동이 억제되면 미래에 대한 두려움을 줄일 수 있다는 연구 결과가 있다. 막스 플랑크 인간인지 및 뇌과학 연구소와 케임브리지대학교의 연구원들은 기억의 활용에 따라 미래의 두려움을 완화할 수 있다는 것을 실험을 통해 밝혀냈다. 원치 않는 기억을 억제할 수 있다면 미래를 두렵게 여기지 않는다는 결과를 얻은 것이다.

이 실험에서 연구원들은 참여자들에게 실제 일상에서 일어날 수 있는 구체적인 상황들을 서술하도록 요청했다. 그중에는 두려움을 느낄 수 있는 상황도 있었다. 참여자들은 자신이 서술한 상황들을 제시받았는데 두려움을 상기시키는 자극이 나타날 때는 그에 대한 이미지나 생각을 차단하도록 별도의 알림을 받았다. 참여자들은 그 순간마다 두려운 기억보다는 알림에 주의를 기울여야 했다.

이 실험에서 두려운 상황이 나타났을 때 참여자들은 연구원들이 보내는 알림에 주의를 기울여야 했고 그 바람에 두려운 이미지나 생각에서 벗어날 수 있었다. 참여자들은 나중에 그 상황을 연구원들에게 묘사하도록 요청받았지만 그들의 설명은 명확하지 않았다.

이 실험이 나타내는 것은 분명하다. 상상력을 조절하는 것이 불안감을 줄이는 데 효과적이라는 것이다. 즉 좋지 않은 기억을 끌어내어 미래에 대해 두렵거나 불안한 상황을 상상하면 불안감이 높아지지만, 그것을 상상하지 않으면 불안감은 줄어든다는 것이다.

낙관적으로 생각하면 다가오지 않은 미래를 좀 더 열린 마음으로 받아들이지만, 비관적으로 생각하면 미래가 두렵고 부정적으로만 여겨진다. 누구나 불확실성에 대해 자신할 수 있는 사람은 없겠지만 이왕이면 낙관적이고 긍정적인 생각을 갖는 것이 미래에 대한 불안에서 탈피하는 방법이다.

자신의 기억을 선택적으로 활용하는 것도 좋은 방법이다. 즉 긍정적이고 좋은 기억은 최대한 드러내고 부정적이거나 나쁜 기억은 억제하라는 것이다. 인간의 뇌는 과거에 경험했던 기억을 바탕으로 재구성해 미래를 예측하므로 과거에 좋았던 경험을 자주 떠올리면 미래에 대해서도 낙관적으로 생각할 수 있다. 하지만 과거에 안 좋았던 경험을 반추하다 보면 미래의 두려움이 커질 수 있다. 과거에 교통사고를 낸 사람이 또다시 사고를 낼까 두려워 운전을 못 하는 것도 이러한 경우라고 할 수 있다.

기억이 마음대로 조절되는 것이 아니기는 하지만 어떤 사람은 좋았던 기억만 떠올리려고 노력하는 반면에, 어떤 사람은 늘 안 좋았던 기억만 붙잡고 살기도 한다. 이 둘 중 누가 미래를 긍정적으로 바라보는

지는 말하지 않아도 뻔하다. 가급적이면 나쁜 기억은 잊고 좋은 기억을 떠올리려고 하는 것이 미래에 대한 두려움에서 벗어나는 방법이다.

6장
게으름이
습관이 되지 않으려면

실행력과 조바심

내게는 부자가 될 기회가 꽤 여러 번 있었다. 머릿속에 떠올랐던 생각들을 주저하지 않고 실행에 옮겼다면, 지금쯤은 큰 부자가 되어 고급 휴양지에서 빈둥거리고 있을지도 모른다. 대표적인 것이 2018년부터 네이버에서 엄청난 광고를 했던 '이미지 검색'이다. 아이들이 어릴 때, 우리 가족은 주말마다 나들이를 떠났다. 당시만 해도 디지털 카메라가 유행이었는데, 꽃을 좋아해서 길가에 보이는 야생화를 사진에 담곤 했다. 답답한 상황은 그 꽃들의 이름을 알 수 없었다는 것이다. 식물도감을 사서 보아도 비슷한 이미지만 찾을 수 있었을 뿐, 정확한 이름은 알 수 없었다. 그때 머릿속에 떠올랐던 생각이 지금 네이버에서 광고하는 이미지 검색과 백 퍼센트 일치한다. 이름을 알고 싶은 대상을 사진으로 찍어 이미지 그대로 검색하면 알려주는 서비스이다.

또 하나 있다. 대학원에 재학 중일 때, 같은 실험실 친구들이 양치를 끝낸 후 칫솔을 컵에 담아 해가 드는 창가에 늘어놓곤 했다. 이유는 살균이었다. 그 모습을 보면서 떠올렸던 아이디어가 지금의 휴대용 칫솔 살균기이다. 칫솔이 들어갈 만한 작은 직사각형 형태의 상자를 만들고 건전지를 이용하여 적외선이나 자외선을 방출시켜 칫솔을 살균하는 것이다. 요즘 사용하는 휴대용 칫솔 살균기와 정확히 똑같다.

만약 이러한 아이디어들 중 하나라도 개발하여 사업을 했거나 적어도 특허를 냈다면 지금쯤 내 삶은 많이 달라졌을 것이다. 경제적으로 넉넉한 삶을 사는 것은 물론 사업가로도 성공했을지 모른다. 하지만 그 어느 아이디어도 실천으로 옮긴 것이 없고, 그 결과는 이렇게 지나간 기회를 아쉬워하는 것뿐이다.

그동안 나는 '조바심 대마왕'이라고 할 정도로 크고 작은 조바심에 시달렸고 그로 인해 내 삶은 늘 힘들고 불만족스러웠다. 지금 와서 생각해보면 그렇게 조바심의 포로가 되어 끌려다녀야 했던 것도 이처럼 실행력이 부족했기 때문일 것이다. 머릿속에 떠오른 생각을 즉시 행동으로 옮겼다면 좋든 나쁘든 무언가 결과를 얻을 수 있었겠지만 안타깝게도 공상 외에는 아무것도 실행하지 않았으니 손에 쥘 수 있는 것도 없었다. 그러다 보니 시간이 지날수록 미래에 대해 두려움을 느끼게 되었고, 하고 싶은 일을 할 수 있는 시간이 줄어든다는 생각에 조바심을 느낄 수밖에 없었다.

조바심을 떨쳐버리기 위해서는 반드시 실행력을 높여야 한다. 실행력의 부족은 해야 할 일을 뒤로 미루게 한다. 그러면 시간이 흐를수록 해야 할 일을 수행할 시간은 점차 부족해지고, 그것을 제시간에 완료하지 못할 것 같다고 여기면서 심리적 압박감을 느끼게 마련이다. 자연스럽게 조바심이 고개를 든다. 시간이 넉넉하다면 충분히 여유를 가지고 모든 대안을 고려하여 최선의 방법을 선택하고 실행하면 되므로 조바심을 느낄 이유가 별로 없다. 하지만 시간적 여유가 없을 때는 그렇게 하지 못한다. 모든 대안을 떠올리거나 고려하지 못하는 것은 물론 자신이 선택한 대안도 제대로 실행하기 어려워진다. 일이 마음대로 진행되지 않으면 조바심은 커지고, 결국 조바심에 압도되고 만다.

게으름과 습관적인 미룸

실행력을 높이기 위해서는 반드시 버려야 할 습관이 있다. 게으름을 피우는 것과 할 일을 제때 하지 않고 늑장 부리며 미루는 것이다. 이것을 해소하지 않고서는 실행력을 높일 수 없다. 조바심의 포로에서 벗어날 수 없는 것이다.

게으름과 미룸은 시간을 비효율적이고 비생산적으로 활용하게 한다. 해야 할 일을 제때 하지 않고 뒤로 미뤄두거나 빈둥거리고 가치 없는 일을 하는 등으로 인해 사용할 수 있는 시간을 줄어들게 한다. 절대적인 시간의 길이를 상대적으로 짧게 축소하는 것이 게으름과 미룸이다. 부지런한 사람은 하루 24시간을 마치 며칠처럼 알차게 사용하지만, 게으름과 미룸이 습관이 된 사람은 똑같은 24시간임에도 늘 시간이 부족하다고 느낀다. 활용할 수 있는 절대적인 시간의 양이 줄어들기 때문이다.

나는 작가이자 강사라는 직업의 특성상 원고를 쓰거나 강의 자료를 만들기 위해 노트북 앞에 앉아 있는 시간이 긴 편이다. 어느 날 갑작스럽게 오른쪽 어깨가 불에 덴 것처럼 뜨거워지더니 이후 백팩을 메는 것조차 힘들어졌다. 서둘러 병원에 가서 치료를 받았으면 괜찮았을 텐데, 잠시 그러다 나아지겠지 하는 안이한 생각으로 버티다 증상이 더욱 악화했다. 팔을 어깨 위로 올리기도 어렵고, 왼쪽 어깨가 간지러워도 오른팔을 뻗어 긁을 수 없는 상태가 되었다. 등 뒤로 팔을 돌리는 것은 생각하기도 어려웠고 옷을 입고 벗는 데도 어려움을 겪을 정도였다. 아침에 침대에서 일어나려고 무심코 오른손으로 매트리스를 짚었다가 고통 때문에 몸부림친 적도 있다.

그럼에도 불구하고 차일피일 치료를 미루던 것이 거의 10개월이 가까워졌다. 갈수록 심해지는 증상에 더 이상 미룰 수 없다는 판단을 하고 병원을 찾기로 했다. 전화로 예약하고 진료 시간을 정했다. 어깨 수술로 유명한 병원인지라 만일 예약 시간에 도착하지 못하면 다른 환자에 밀려 진료가 불가능할 수도 있었으므로 늦지 않게 서두르는 것이 바람직했다.

집에서 병원까지는 30분 정도의 거리였다. 마침 그날은 강의가 없었기에 마음만 먹으면 쫓기지 않고 넉넉하게 병원에 도착할 수 있었다. 하지만 특별히 하는 일도 없이 미적거리다가 40분 정도 남았을 때야 마지못해 집을 나섰다. 안타깝게도 낯선 길이어서 운전이 서투른 데다 생각보다 차가 많아 병원으로 가는 길은 더디기만 했다. 내비게이션에 나타나는 도착 예상 시간은 예약 시간보다 몇 분 정도 여유가 있었지만 꼼짝 않고 서 있는 차들을 보니 슬슬 조바심이 나기 시작했다. 주차

장에 차를 세우고 접수를 거쳐 진료를 받을 때까지 걸리는 시간이 길어지면 예약 시간을 놓쳐 진료를 받지 못할 수도 있었다. 한 번 순서가 지나가 마냥 기다리는 일이 걱정되었다.

시간이 다가올수록 점점 더 초조해졌다. 은근히 짜증이 나고 화도 치밀어 올랐다. 막히는 길로 안내했다며 말 못 하는 내비게이션에 불만을 털어놓기도 했다. 다행히 예약 시간에 늦지 않게 도착했고 진료도 여유 있게 마쳤다. 예약된 순서가 지나도 그리 오래 기다릴 것 같지 않았다. 돌이켜보면 동동거리며 조바심을 낼 필요가 전혀 없었지만 집에서 병원까지 가는 40분 가까이를 긴장과 불안 속에서 시달려야만 했다.

이 경우 욕을 먹을 대상은 애꿎은 내비게이션이 아니라 나 자신이었다. 병원 진료가 그처럼 중요하고 반드시 시간을 지켜야 할 일이었다면 길이 막히는 것을 고려하여 예상 시간보다 여유 있게 집을 나섰어야 했다. 강의도 없었고 아침 일찍 잠에서 깼으니 조금만 서둘렀다면 그렇게 초조하고 불안해하지 않고서도 병원에 도착할 수 있었다. 안이한 마음에 출발을 미룬 것이 결국 조바심을 일으킨 이유가 된 셈이다.

이처럼 조바심을 일으키는 원인의 상당수는 게으름과 해야 할 일을 뒤로 미루는 습관에 있다. 대부분 일은 완료해야 하는 시간이 정해져 있다. 일을 마쳐야 하는 시간은 정해져 있는데, 일을 제때 하지 않고 미루면 뒤로 갈수록 일할 수 있는 절대적인 시간은 줄어들게 마련이다. 그리고 무슨 일이든 하다 보면 예상보다 시간이 더 걸릴 수 있다. 그런데 마감 시간이 다가오면서 해결해야 할 일의 양에 비해 주어진 시간이 부족하다고 느껴지면 조바심의 덫에 갇힐 수밖에 없다.

게으름과 미룸의 네거티브 사이클

게으름과 일을 미루는 습관이 반복되다 보면 심각한 상황에 몰릴 수 있다. 해야 할 일을 미루면 뒤로 갈수록 일은 쌓일 수밖에 없다. 오늘 해야 할 일을 다 끝내지 못하면 남은 일은 내일로 넘어간다. 내일이 되면 또 게으름을 피우거나 미루게 되고 그날 해야 할 일도 다 끝내지 못한다. 그러면 내일 해야 할 일 중에 모레로 넘어가는 일이 생긴다. 오늘 끝내지 못해 미룬 일에 내일 끝내지 못한 일까지 더해져 모레로 넘어간다. 모레가 되면 또 게으름을 피우게 되고 그러면 사흘이 지난 후에는 3일 치 끝내지 못한 일이 쌓여 넘어가게 된다.

이렇게 게으름을 부리고 습관적으로 일을 미루면 시간이 지날수록 일은 점점 쌓여가는데, 일을 해결하는 데 필요한 시간은 짧아질 수밖

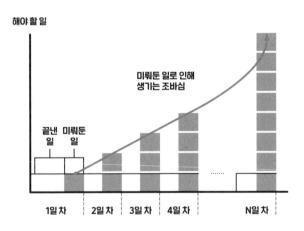

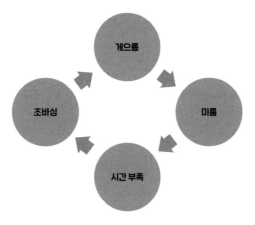

[게으름과 미룸의 네거티브 사이클]

에 없다. 게다가 중간중간 예상치 못한 일까지 끼어들면 시간은 더욱 짧아진다. 물리적으로 처리 가능한 시간이 부족하다고 여겨지면 조바심이 난다.

조바심은 한번 발동하기 시작하면 쉽사리 가라앉지 않는다. 마치 위로 올라가면 갈수록 피해의 반경이 커지는 회오리바람처럼 조바심도 시간이 지날수록 더욱 강해진다. 조바심이 나기 시작하면 일에 집중할 수 없게 되고 일의 진도도 더뎌진다. 불안한 마음에서 벗어나기 위해 필히 딴짓하게 된다. 평소 1시간이면 할 일을 그보다 몇 배 더 긴 시간을 들여야만 끝낼 수 있다. 스트레스 반응으로 사고력과 판단력도 저하하므로 결과의 질도 낮아진다.

게으름이 미룸을 낳고, 미룸은 시간 부족을 낳고, 시간 부족은 조바심을 낳으며, 조바심은 다시 일에 집중하기 어렵게 만들어 게으름을 피우게 하는 악순환이 이루어지는 것이다. 이것이 게으름으로 인한 네거티브 사이클이다.

《변신》을 쓴 프란츠 카프카는 모든 죄악의 기본은 조바심과 게으름에 있다고 했다. 어쩌다 한 번씩 여유 시간이 생겼을 때 게으름을 피울수는 있지만 게으름이 고질적으로 이어지고 해야 할 일을 습관적으로미루면 만성적인 조바심으로 발전할 수 있다. 한번 마음속에 자리 잡은 조바심은 쉽사리 사라지지 않고 시간이 갈수록 굵은 뿌리를 내리며더욱 큰 조바심이 되어 마음을 짓누른다.

게으름은 정서조절장애

게으름에 대한 사전적 정의는 '행동이 느리고 움직이거나 일하기를 싫어하는 태도나 버릇'이다. 서둘러서 처리해야 할 일을 꾸물거리며 늦게 하거나, 아예 일 자체를 하기 싫어하는 마음이라고 할 수 있다. 이는해야 할 일에 대한 의지를 가지지 못하고 편안한 상태에 머무르려는심리이기도 하다. 일면으로는 무기력증과 유사하게 보이기도 한다. 무기력증에 걸린 사람 역시 아무것도 하려고 하지 않기 때문이다.

그러나 게으름과 무기력증은 하고자 하는 의지가 있느냐 없느냐에따라 근본적인 측면에서 완전히 다르다. 다음 표처럼 게으름은 일하고자 하는 의지 자체가 적거나 아예 없는 것이다. 반면에 무기력증은 일하고자 하는 의지는 있으나 실행에 옮기기 어려운 증상을 말한다.

일하려는 의지가 있음에도 할 수 없다는 측면에서 무기력증이 게으름보다 훨씬 심각한 상태라고 할 수 있다. 반면 게으름은 의지의 문제

	게으름	무기력증
공통점	해야 할 일을 쉽게 행동으로 옮기지 못한다.	
차이점	일하려는 의지가 적거나 아예 없다. 편안한 상태에만 머무르고 싶어 한다.	일하고자 하는 의지나 의무감은 있으나 실행이 어려우며 불안감을 느낀다.

이므로 노력에 의해 얼마든지 고칠 수 있다. 만약 게으름을 그대로 방치할 경우 더욱 심각한 상태로 전이할 수 있다.

《굿바이, 게으름》의 저자 문요한 원장에 따르면 게으름이 반복적으로 이루어지다 보면 '병적 게으름'이라는 심각한 상황으로 이어질 수도 있다. 병적 게으름은 '주어진 상황을 부정적으로 지각하기 → 선택을 미루거나 회피하기 → 딴짓을 하거나 늑장 부리기 → 자신의 행위를 합리화하기' 등 단계적으로 전이가 일어난다. 이러한 단계를 거쳐 증상이 심화하면 병적 게으름에 이르고 '선택 장애'나 '선택 회피 증후군'처럼 전문적인 치료를 요하는 단계에까지 이를 수 있다는 것이다. 문요한 원장은 병적 게으름에 대해 '게으름에 대항해 자기방어를 포기한 것이며, 그 피해가 삶의 특정 영역에 국한되는 것이 아니라 삶 전체로 확장된다는 점에서 일반적인 게으름보다 훨씬 심각한 증상'이라고 말한다.

병적인 수준이 아니더라도 게으름은 '해야 할 일을 쉽게 시작하지 못하는 정신적 장애'의 일종이다. 또한 앞의 그림에서 본 것처럼 '미룸'이라는 이름의 반갑지 않은 짝을 필수적으로 동반한다. 미루기에 대해 티모시 파이카일 부교수는 '부정적인 결과로 이어질 것을 뻔히 알면서도 자발적으로 할 일을 뒤로 넘기는 것이며, 장기적인 대가를 감수하면서 단기적인 만족을 추구하는 것'이라고 말한다. 다시 말해, 잘못된 결과를 감수하면서도 당장 눈앞의 편안함이나 즐거움 때문에 제때 할 일을 하지 않는 것이 '미룸'이다. 만약에 이것이 어쩌다 한두 번씩 일어나는 일이라면 크게 우려할 것이 아니지만 고질적으로 반복된다면 심각하게 다루어야 할 '정서조절장애'라고 지적한다.

병적 게으름이나 정서조절장애와 같은 심각한 상황이 아니더라도 게으름은 삶의 질을 떨어뜨리는 독소임에 틀림없다. 세상에 이름을 알린 사람치고 게으른 사람은 없다. 거창하게 세상에 이름을 알리는 것까지 갈 필요 없이, 게으른 사람치고 성공했다는 평가를 받는 사람은 별로 없다. 물론 모든 법칙에 예외가 있으니 이에도 예외는 있을 수 있겠지만, 대체적으로 성공한 사람은 게으름과 결별한 사람이다.

게으름과 일을 미루는 이유

게으름이 코딩된 뇌

현대 사회는 모든 면에서 미국의 영향을 크게 받는다. 미국의 뿌리는 근면과 성실을 모토로 내세운 청교도 정신이다. 그러다 보니 현대 사회에서 게으름은 마치 죄악처럼 여겨지는 분위기이지만 사실 많은 사람이 알게 모르게 게으름을 피운다. 해야 할 일이 있다는 것을 뻔히 알면서도 미룰 수 있을 때까지 미루고 싶어 하는 것이 인간의 심리이다. 그렇다면 게으름은 뇌에 새겨진 본성일까? 아니면 성격처럼 사람에 따라 다른 것일까?

학자들에 따르면 우리가 바람직하다고 여기는 행동을 하려고 할 때, 뇌 안에서는 자동적인 접근과 통제된 접근 사이에 인식의 불균형이 일어난다. 예를 들어, 운동이 신체와 정신 건강에 좋으므로 운동해야 한다는 것은 자동적 접근이지만 그것을 하느냐 마느냐는 뇌에서 무의식적으로 통제하는 것이다. 이를 '운동의 역설exercise paradox'이라고 하는데 이렇게 자동적인 접근과 통제된 접근 사이에 인식 불균형이 일어나는 경우 뇌는 본능적으로 무언가를 하기보다는 가만히 있는 것을 선호한다고 한다.

이를 입증하는 흥미로운 실험 결과가 있다. 캐나다 브리티시컬럼비아대학교 뇌 행동 실험실의 마티외 부아공티에Matthieu Boisgontier 박사팀은 젊은 성인 29명을 모집한 후 컴퓨터 모니터에 사이클이나 수영, 등산 등 활발한 신체 활동이 담긴 사진과 소파에 누워 있기, 게임하기, 독서하기 등 신체 활동이 담기지 않은 여러 가지 그림을 보여주었다. 참여자들에게는 자신을 나타낼 수 있는 아바타가 하나씩 주어졌다. 모니터에 활발한 신체 활동을 담은 그림이 나타나면 참여자들은 자신의 아바타를 최대한 빨리 그 그림에 가깝게 가져가고, 신체 활동이 담기지 않은 그림이 나타날 때는 최대한 빨리 그 그림에서 아바타를 멀어지게 해야 했다. 그 반대로 활발한 신체 활동이 담긴 그림이 나타날 때는 그림에서 아바타를 멀리하고 신체 활동이 없는 그림이 나타날 때는 그 그림에 아바타를 가까이하는 실험도 진행되었다. 실험이 진행되는 동안 참여자들의 뇌에서 일어나는 변화를 측정하기 위해 뇌파측정 장치를 활용했다.

실험 결과, 참여자들은 활발한 신체 활동이 담긴 사진 쪽으로 아바타를 움직이거나 신체 활동이 없는 그림에서 벗어나는 쪽으로 아바타를 움직일 때 빠르게 반응했다. 신체 활동이 많은 그림에서 벗어나거나 신체 활동이 없는 그림 쪽으로 가는 것이 반응 속도가 느렸다는 것이다. 이 결과만 놓고 보면 인간이 몸을 움직여 무언가를 하는 것에 대해 큰 거부감이 없는 것처럼 보인다. 하지만 이 실험에서 뇌파측정 장치를 통해 나타난 참여자들의 두뇌 활동은 신체 활동이 담기지 않은 그림에서 자신의 아바타를 멀리하는 활동을 할 때 가장 힘들어하는 것으로 나타났다. 즉 신체 활동을 하지 않는 그림에서 멀어지려고 할 때 뇌에서의 에너지 소모가 가장 많이 일어났다는 것이다. 이것은 무엇을 의미할까?

마티외 부아공티에 박사는 인간은 음식이나 은신처를 찾거나 포식자를 피하는 등의 활동을 하려면 필요한 에너지를 비축해두는 것이 더욱 효율적이었기에 생존을 위해 본능적으로 에너지를 저장하는 것을 선호한다고 설명한다. 뇌파 검사 결과를 해석하자면 본능적으로는 몸을 움직이지 않고 가만히 있고 싶은데, 이러한 본능을 피해 움직임을 만들어내기 위해서는 대뇌피질에서 여분의 자원을 이끌어내야 하며 이 때문에 힘들어한다는 것이다. 이 순간 뇌는 편함을 추구할지 아니

[마티외 부아공티에 박사의 실험에 쓰인 그림들]

면 몸을 움직일지 갈등 상태에 놓인다고 한다. 이 말은, 인간의 뇌는 활발하게 활동하기보다는 아무것도 하지 않고 신체 활동을 억제하는 것, 즉 게으름을 피우는 것에 '고정hardwired'되어 있다는 것이다. 많은 사람이 틈만 나면 게으름을 피우려는 것도 바로 이러한 뇌에 새겨진 본능 때문이다.

하지만 뇌의 타고난 특성이 그렇다고 해서 게으름을 피우고 할 일을 미루면 영원히 조바심에서 벗어날 수 없을지 모른다. 비록 뇌는 게으름을 선호한다고 해도 해야 할 일이 있을 때 뇌는 그 게으름과 맞서 극복하기 위해 투쟁한다. 그러므로 뇌의 주인인 우리는 뇌가 투쟁에서 유리한 방향으로 나아가는 데 노력하지 않으면 안 된다. 다시 말해 게으름과 미룸을 극복하려는 노력을 해야만 뇌가 투쟁을 유리하게 이끌어간다는 것이다.

마티외 부아공티에 박사는 어떤 것이든 습관화하는 일은 어렵다고 말한다. 아무리 필요한 일이라고 해도 그것을 실천하기는 쉽지 않다는 말이다. 무언가를 행동으로 옮기려고 할 때 뇌 안에서는 갈등과 그것을 극복하기 위한 투쟁이 일어나는데, 이를 인지해야 좋은 행동을 습관화할 수 있는 첫걸음이 된다고 조언한다.

게으름 부리는 이유

뇌의 특성이 게으름을 선호한다지만, 그렇다고 또 모든 사람이 게으름을 피우는 것도 아니다. 틈만 나면 게을러지고 싶은 게 인간의 기본 욕구이지만 그 욕구를 이겨내고 게으름을 극복하는 사람도 있다. 게으른 사람에 대해 부지런한 사람은 단순히 의지 부족이라고 말할 수 있지만, 내면으로 더욱 깊이 들어가 보면 다양한 요인이 있을 수 있다. 물 밖으로 드러난 빙산의 모습처럼 표면적으로 드러난 모습은 게으름이라는 한 가지 모습으로 비치지만 물속에 잠겨 밖으로 나오지 않는 요인은 사람마다 다를 수 있다.

이것을 정확히 이해하는 것이 우선 되어야 한다. 아산대학교 정신건강의학과 임상 자문의이자 《게으름도 습관이다》를 쓴 최명기 교수는 게으름의 원인이 다음과 같다고 말한다.

1. 불안감

결과와 경쟁에 대한 두려움 등 불안을 느끼는 사람은 필히 딴짓을 한다.

2. 의욕 상실

'번아웃 증후군burnout syndrome'이나 '학습된 무기력'과 같은 요인으로 에너지가 고갈되어 그냥 아무것도 하기 싫다.

3. 분노

해야 한다는 것을 알지만 자신을 밀어붙이는 상사나 부모 등 누군가에 대한 분노 때문에 일하기 싫다.

4. 예민함

소음이나 주위 사람의 시선과 말 등에 신경을 빼앗겨 해야 할 일을 제대로 하지 못한다.

5. 외로움

목표를 상실하거나 개인적인 이유로 집단에서 소외감 등을 느끼면 일이 손에 잡히지 않는다.

6. 불만

자신의 뜻대로 되는 것이 하나도 없어 일하고 싶은 의욕이 생기지 않는다.

7. 동기 부족

도대체 무엇 때문에 일해야 하는지 알 수 없기 때문에 일을 시작하기가 어렵다.

8. 자기방어

어차피 해도 안 될 것 같아 하기가 싫다.

9. 자기조절불능

게으름을 피우고 싶지 않지만 자신의 행동이 통제가 되지 않는다.

대체적으로 수긍이 가는 것들이다. 분노와 예민함, 외로움 등은 쉽게 생각할 수 없는 요인들인데 이러한 것들도 게으름에 영향을 미칠 수 있다는 사실이 새롭다.

이러한 요인들에 대한 대응 방안은 최명기 교수의 책을 참고하기 바란다. 여기에 경험을 통해 느낀 몇 가지를 더 추가하고자 한다. 게으름을 부리는 혹은 일을 미루는 원인이 될 수 있다.

10. 불분명한 목적과 과제

해야 할 일이 명확하지 않거나 무엇을 해야 할지 모르는 경우 쉽게 일을 시작하기 어렵다. 새로운 사업을 시작하려는 경우를 예로 들자. 우선 어떤 사업을 해야 하는지 아이템을 구체화해야 하고, 그것을 하기 위해서 어떤 지식과 스킬이 필요한지 명확히 알아야 한다. 혼자 사업 아이템을 구상하고 시장분석을 해볼 수 있고, 먼저 사업을 시작한 선배나 친구를 만나 경험담을 들을 수도 있으며, 공공단체에서 지원하는 창업 프로그램에 신청할 수도 있다. 하지만 여러 가지 대안이 있을 뿐 이것을 해야 한다는 우선순위는 정해져 있지 않다. 실행하는 사람의 목적이나 의지에 따라 달라질 수 있다. 그런데 사업하려는 목적이 불분명하면, 해야 할 일 역시 명확해질 수 없고 쉽게 일을 시작할 수 없다. 이럴 때는 목적을 분명히 한 후 해야 할 일을 도출하고 우선순위를 정해 하나씩 실천해나가는 것이 필요하다. 이에 대해서는 뒤에서 별도로 깊이 있게 다룰 예정이다.

11. 경험과 지식 부족

자신이 가진 경험이나 지식, 스킬, 노하우 등이 부족하면 해야 할 일을 어떻게 접근해야 하는지 방법을 몰라 쉽게 시작하지 못한다. 직장을 그만두고 전문적으로 강의를 시작하려고 했을 때, 가장 필요했던 것 중 하나가 내 자신을 알리는 영업이나 마케팅 활동이었다. 우선 일반인이나 기업의 교육 담당자에게 나를 알려야만 강의 기회를 잡을 수 있었기 때문이다. 하지만 직장 생활을 하는 동안 줄곧 기획 업무만 하다 보니 영업이나 마케팅에 대한 경험은 가져볼 수 없었다. 또한 관련된 지식도 없었으니 무엇을 해야 할지 전혀 알 수 없었다. 가급적 많은 사람에게 나를 알려야 한다는 것은 알았지만 도대체 어떤 방법으로 어떻게 알려야 하는지 알 수 없어 고민만 할 뿐 선뜻 행동에 옮기기 어려웠다. 이렇듯 해야 할 일과 관련된 경험이나 지식이 부족하면 실행력이 약해진다.

12. 자만심

자신이 가진 역량에 비해 해야 할 일이 지나치게 쉽거나 만만해 보이면 천천히 해도 충분히 할 수 있다는 생각 때문에 게으름을 피우게 된다. 거북이와의 경주에 나선 토끼처럼 말이다. 아이러니하게도 약속 시간에 늦는 경우는 대부분 시간적 여유가 많았을 때이다. 친구들과 만나기로 약속하면 가장 먼저 나타나는 사람은 집이 제일 먼 친구이다. 집이 가까울수록 약속 시간에 늦게 나온다. 처음부터 시간이 빠듯하면 그 시간을 지키려고 노력하기 때문에 약속에 늦지 않거나 늦더라도 크게 늦지 않는다. 약속 시간까지 여유가 많았을 때는 느긋한 마음에 게으름을 부리고, 그것이 오히려 늦게 만드는 요인이 된다. 그러므로 방심하거나 자만하지 않으려는 마음 자세가 필요하다.

뇌는 자극이 있어야 움직인다. 자극이 없으면 지루함을 느끼고 집중력이 떨어진다. 해야 할 일이 만만해 보이면 뇌는 자극을 받지 못한다. 그러므로 이런 경우에는 경계심을 심어줌으로써 스트레스 호르몬으로 하여금 적절한 긴장 상태를 유지하도록 해야 한다. 아무리 단순해 보이는 일이라도 하다 보면 의외로 처리해야 할 일이 많은 경우가 빈번하다. 일을 미루면 그르칠 수도 있다는 생각을 가져야 한다.

13. 자신감 상실

자신감이 상실되어 두려운 마음이 앞서면 선뜻 일에 나서기 어렵다. 이제는 많이 사라졌지만 예전에는 TV 프로그램에서 연예인들이 번지점프를 하는 모습을 꽤 자주 볼 수 있었다. 가만 보면 그들의 반응이 천차만별이다. 자신이 있는 사람은 주저하지 않고 바로 뛰어내리지만 자신이 없는 사람은 시간만 끌 뿐 쉽게 뛰어내리지 못한다. 갈팡질팡 시간만 끌다가 끝내 포기하는 모습도 볼 수 있다. '내가 잘할 수 있을까?'라는 자기 자신에 대한 의심이나 '잘못되면 어쩌지?'라는 걱정, 그리고 주위 사람의 평가에 대한 지나친 의식은 더 이상 미룰 수 없는 시점까지 일을 미루도록 한다.

14. 과도한 목표

주어진 목표가 지나치게 쉬울 때도 게으름을 피우게 되지만, 반대로 자신이 할 수 있는 수준을 넘어서서 지나치게 어려운 일과 맞닥뜨리면 쉽게 일을 시작할 수 없다. 우리는 흔히 목표는 원대하고 크게 잡으라는 말을 자주 듣는다. 하지만 목표가 지나치게 크면 시작도 하기 전에 포기하고 만다.

예를 들어 1년 안에 중국어를 마스터하면 중국법인으로 발령받을 수 있다고 치자. 처음에는 중국법인에서의 근무가 마음에 끌려 '해볼까?' 하는 생각이 들 수 있지만 1년 만에 중국어를 제대로 구사하기 힘들다는 생각이 들면 시작을 망설이게 된다. 게으른 습관에서 벗어나기 힘든 사람은 실천 가능한 목표를 잡는 것이 중요하다.

15. 결과에 대한 확신 부족

해야 할 일의 결과를 확신할 수 없으면 일을 시작하기가 쉽지 않다. '이게 정말 될까?'라거나 '효과가 있을까?'라는 생각이 일을 가로막는 주범이다. 일을 하기 위해서는 시간이나 비용, 노력 등이 투입되어야 하는데 막상 일해서 얻는 것이 별로 크지 않을 수도 있다는 의심이 들면 '본전' 생각에 일을 시작하기가 쉽지 않다.

개인 브랜드 가치를 높이는 노하우를 알려주는 강좌가 있다고 해보자. 이틀 강의에 비용이 무려 60만 원이다. 만약 이 강의를 듣고 나서 개인 브랜드 가치를 높일 수 있고 그로 인해 창출하는 부가적인 수입이 60만 원을 상회한다는 확신이 들면 누구든 이 강좌를 수강하려고 할 것이다. 하지만 강의에 대한 효과를 확신할 수 없다면 선뜻 강좌를 수강하기 어렵다.

16. 결과에 대한 두려움

결과에 대한 두려움을 느끼는 경우에도 쉽게 행동으로 옮기기 어렵다. 수많은 직장인이 몸담은 회사에서 벗어나는 것을 로망으로 여기며 산다. 어느 날 홀연히 직장을 그만두고 자연인처럼 유유자적한 삶을 누리고 싶어 한다. 하지만 막상 직장을 관두고 나면 그 이후 벌어질 일들에 자신이 없다. 두려움이 앞선다. 무엇보다 경제적 안정을 이뤄낼 자신이 없다. 그러니 가슴속에 사표를 품고 술만 마시면 회사를 그만두겠다고 큰소리치다가도 다음 날 아침이면 아무 일 없었다는 듯이 책상 앞에 앉아 있는 것이다.

17. 너무 많은 생각

머릿속에 생각이 너무 많으면 실천으로 옮기기가 쉽지 않다. 게으름에서 벗어나기 위해서는 실행력이 필요한데 생각이 너무 많으면 이것저것 따지는 것도 많다. 이것도 옳고 저것도 옳은 것 같아 쉽게 결정을 내릴 수 없다. 일종의 선택 장애일 수도 있고 지나치게 신중한 것일 수도 있다. 성격유형검사의 일종인 디스크DISC에서 신중형 C형이 주로 이런 타입에 속한다. 지나치게 신중하다 보니 꼼꼼하게 따지고 분석하는 데 시간을 많이 소요하고 쉽사리 판단을 내리지 못해 행동이 늦어지는 경우이다.

18. 언제든 할 수 있다는 생각

일을 미루거나 게으름을 피우는 이유 중에는 지금 당장 아쉽지 않고 천천히 해도 된다는 생각도 있다. 오랜 기간 담배를 피워 건강이 염려된다고 해보자. 지금 당장 담배를 끊는 것이 좋지만 언제라도 마음만 먹으면 담배를 끊을 수 있을 것 같다면 금연을 미룰 수밖에 없다. 아직은 필요하지 않다고 여기기 때문이다. 이러한 종류의 게으름이나 미룸을 없애기 위해서는 머릿속에서 '나중에' 또는 '천천히'라는 생각을 없애야 한다. 일을 미루면 '나중에는 할 수 없을지 모른다'라고 생각하거나 '천천히 하면 반드시 후회할 일이 생길 거야'라고 여기고, 해야 할 일이 떠올랐을 때 바로 실천해야 한다.

19. 소심한 성격

성격도 일을 시작하기 어렵게 만드는 데 한몫한다. 소심하거나 내성적인 성격, 친화적이지 못한 성격을 가진 사람에게서 많이 볼 수 있는데 주로 사람과 관련된 일을 할 때 어려움을 느낀다. 윗사람을 찾아가 이야기해야 할 것이 있는데 어려워서 망설이거나, 동료에게 무언가 부탁해야 하는데 거절당할까 봐 망설이거나, 아랫사람에게 시켜야 할 일이 있는데 당당하게 이야기하기가 어려워서 망설이는 모습 등이 많이 나타난다.

20. 자신과의 타협(합리화)

이솝 우화 중에 〈여우와 신 포도〉라는 이야기가 있다. 길을 지나던 여우가 맛있게 익은 포도송이를 발견했다. 먹음직스러운 포도를 보고 여우는 그것을 따먹기 위해 수차례 도전한다. 하지만 아무리 뛰어올라도 여우는 포도가 달린 높이에 이르지 못하고 마침내는 포기하면서 한마디 한다. "저 포도는 시어서 먹을 수 없을 거야."

해야 할 일을 앞두고 늑장을 부리는 이유 중 하나는 이솝 우화의 여우처럼 자신을 합리화하거나 스스로 타협하는 것이다. 해야 할 일이 있는데 막상

하기가 귀찮아지면 '그래. 그거 굳이 안 해도 돼'라며 자신의 상황을 합리화한다. 이런 일은 주로 현재 처한 상황이 편안하거나 만족스러울 때, 즉 앞서 이야기한 컴포트 존에 머무를 때 그렇다. 뚜렷한 이유는 없지만 주어진 상황이 불편하지 않으니 편익을 포기하면 더욱 큰 육체적 편안함을 얻기 때문이다.

이렇듯 게으름과 미루기는 수많은 요인에 의해 일어난다. 게으름을 피우는 습관에서 벗어나려면 먼저 자신의 게으름이 어떠한 유형에서 비롯하는지 알아야 한다. 원인을 아는 것이 더 정확한 치료법이 될 수 있기 때문이다.

실행력을 높이기 위한 훈련 방안

누구나 게으름을 피우면 안 된다는 것을 알지만 막상 게으름에서 벗어나려고 하면 쉽지 않다. 특히나 그것이 고질적인 습관이 되었을 때는 더더욱 그렇다. 습관에 길들여지면 후회할 줄 알면서도 똑같은 일을 반복한다. 게임을 하느라 새벽이 되어서야 잠자리에 들고, 아침에 힘겹게 일어나면서 오늘은 일찍 자겠다고 다짐하지만 밤이 되면 또 새벽까지 게임을 한다. 간밤에 지나친 음주로 속이 쓰리고 온몸이 쑤실 때면 다시는 술을 안 마시겠다고 다짐하지만 저녁이 되면 다시 슬슬 술 생각이 떠오른다. 게으름 역시 마찬가지이다. 게으름을 피우고 나면 후회가 되고 심해지면 '난 왜 이럴까?' 하며 인생의 패배자가 된 듯한 자책감이 들고 자기 비하로 이어지지만 막상 기회가 주어지면 또 게으름을 피운다.

한번 습관으로 굳어진 행동은 고치기가 쉽지 않다. 뇌의 무게는 약 1.4킬로그램 내외로 몸무게의 2퍼센트밖에 차지하지 않지만 몸에서 필요한 에너지의 20퍼센트를 소모한다. 그래서 항상 신체와 에너지를 나누어 갖기 위해 경쟁하는데, 한편으로는 부족한 에너지를 아껴 쓰려는 강박증에 시달린다. 그로 인해 일어나는 현상이 패턴화, 자동화와 같은 것들이다.

패턴화는 새로운 방식보다는 늘 하던 대로, 익숙해진 방식으로 일을 처리하려는 경향이다. 자동화는 마치 기계가 움직이듯 의식을 기울이지 않고 반복적으로 일을 처리하려는 경향이다. 특정한 일이 습관화되면 뇌는 패턴화, 자동화에 따라 에너지 소모를 최소화하며 생각 없이 움직인다. 세계적인 축구 선수 네이마르는 축구 경기에서 아마추어 선수보다 불과 7퍼센트 정도만 뇌를 활용한다고 한다. 법력이 오래된 스님의 경우, 명상에 돌입한 상태에서 fMRI를 이용하여 뇌를 촬영해보면 평소보다 뇌의 활동이 저하하는 것을 알 수 있다. 그만큼 습관이 되어 익숙한 일은 힘들이지 않고 할 수 있는 것이다.

이렇게 비유해보자. 넓은 쟁반에 파라핀을 가득 채운다. 그것을 단단하게 굳힌 다음 뜨겁게 달군 쇠구슬을 이리저리 굴리면 쇠구슬이 지나간 자리에는 움푹하게 파인 흔적이 남을 것이다. 여기에 물을 흘려 보내면 당연히 물은 움푹 파인 흔적을 따라 흐른다. 그 길을 벗어나 다른 길로는 물이 흐르기 어렵다. 하나의 행동이 습관으로 굳어지면 뇌에서는 강력한 신경회로가 형성되는데, 이는 마치 파라핀을 채운 쟁반 위에 파인 홈과 같다. 홈을 벗어나서는 물을 흘려 보내기 어려운 것처럼 웬만해서는 그 신경회로를 벗어난 행동을 하기 어렵다. 많은 사람이 새해가 되면 의욕에 가득 차서 목표를 세우곤 하지만 작심삼일이라는 말처럼 며칠 만에 흐지부지 원래 생활대로 돌아가는 것도 바로 이 때문이다. 잘못된 습관을 고치기가 어려운 이유도 이와 동일하다.

하지만 담배를 몇 십년 피웠던 사람도 하루아침에 끊을 수 있는 것처럼 잘못된 습관도 노력만 하면 얼마든지 고칠 수 있다. 게으름도 마찬가지이다. 나 역시 젊은 시절에는 참으로 게으른 사람이었다. 주말이면 해가 중천에 떠오르도록 늦잠을 즐겼고, 게으름을 부리다 할 일을 못해 낭패를 당한 경우도 부지기수였다.

내가 대학을 갈 때만 해도 PC나 인터넷이 보급되지 않은 시절이었다. 대학 합격 여부를 확인하려면 지원한 대학까지 찾아가 결과를 봐야만 했다. 그 당시 내 점수는 커트라인을 오가는 수준이었다. 그런데 게으름 때문에 합격자 발표가 나고도 대학에 가지 않았고 결국 내 눈으로 명단을 확인하지 못했다. 지레짐작으로 떨어졌다고 여겼던 것이 컸지만 게으름도 한몫했다. 지금도 '만일 그때 합격했었으면 어떡하지?'라는 두려움 때문에 애써 그때 상황을 외면한다.

지금은 많은 훈련을 통해 게으름에서 어느 정도는 벗어났다. 지금 내 삶이 성공적이라고 말할 수는 없지만 그렇다고 잘못된 것도 아니니, 게으름을 벗어던진 것이 큰 역할을 했다고 할 수 있다. 습관이 된 게으름은 머리카락에 붙은 껌을 떼는 것처럼 쉽지는 않지만 그렇다고 불가능한 것도 아니다. 굳은 의지만 있다면 얼마든지 가능하다. 우선은 할 수 있다는 자신감부터 가지는 것이 좋다.

5초의 법칙 활용하기

게으름에서 벗어나는 가장 좋은 방법은 단순하지만 무조건 시작하는 것이다. 아무런 생각 없이 해야 할 일을 시작해야 한다. 머릿속에서 무엇을 해야 한다는 생각을 떠올리기도 전에 몸부터 움직이는 것이다. 일단 시작하면 무엇이든 이룰 수 있다. "시작이 반"이라는 속담은 그런 뜻에서 나온 것이다. 공부해야 하면 무조건 책상 앞에 앉아 책부터 펼쳐라. 중요한 약속에 나가야 한다면 무조건 길을 나서라. 운동하려면 무조건 도구를 챙겨 집을 나서라. 취업하려면 무조건 이력서와 자기소개서부터 작성하라. 그렇게 하면 상당수의 문제가 저절로 해결된다.

무조건 시작하기 위해서는 머릿속에 생각이 많아서는 안 된다. 여유 시간이 얼마나 있는지, 주위 사람의 시선은 어떠할지, 상대방이 어떤 반응을 보일지 등을 생각하다 보면 해야 할 일을 미룰 수밖에 없다. 뇌가 생각할 시간을 주지 말아야 한다. '할까? 말까?' 또는 '지금 할까? 나중에 할까?', '하기 싫은데…' 따위의 생각을 하지 말라는 것이다. 머릿속을 하얀 백지 상태로 만들어야 한다. 일반적으로 게으름은 생각을 많이 하기 때문에 나타난다. 집 앞 편의점에 아이스크림을 사러 나가려다가도 문득 '머리를 안 감았는데' 혹은 '옷 갈아입어야 하는데'라는 생각이 들면 귀찮다는 생각이 들고 망설이게 마련이다. 아무 생각 없이 그냥 집을 나서면 편의점까지 갈 수 있다.

한때 심각하게 불어난 몸무게를 줄이기 위해 아침 운동으로 수영을 하기로 했다. 출근해야 하니 적어도 아침 7시까지는 수영장에 도착해야 했다. 일산의 집에서 강남에 있는 회사 근처 수영장까지 가려면 늦어도 6시에는 출발해야 한다. 하루도 빼놓지 않고 매일 그 시간에 일어난다는 것은 이만저만 큰 고통이 아니었다. 달콤한 아침잠의 유혹을 떨쳐버리기가 오죽 어려운 게 아니었다. 그럼에도 불구하고 일단 자리에서 일어나 집을 나서면 상황은 끝이다. 눈곱을 뗄 필요도, 머리를 빗을 필요도 없다. 직접 운전해서 가고, 수영장에 도착하면 바로 옷을 갈아입으니 주변 사람을 신경 쓰지 않아도 된다. 그렇게 억지로 일어나 수영하고 나면 통쾌한 희열을 느낄 수 있었다. 수영을 포기하고 잠을 잔다고 해봐야 불과 30분 남짓이다. 하지만 30분 더 잠을 자고 나면 뒤끝은 후회로 다가온다. 힘들더라도 운동하고 나면 그 상쾌함이 말로 다 할 수 없다. 즉 무조건 행동에 옮긴 것, 그것이 체중을 줄일 수 있었던 가장 큰 성공 비결이다.

무언가 해야 할 일이 생각났을 때 실천하기 어려운 이유 중 하나는 뇌가 그것을 가로막는 것이다. 유튜브에서 엄청난 조회수를 기록한 멜 로빈스Mel Robbins는 행동하려는 본능이 생기는 순간과 뇌에서 행동을 막는 순간 사이에는 5초의 간격이 있다고 한다. 뇌는 편안함을 즐기고 게으름을 추구하려는 속성 때문에, 해야 할 일이 떠오르면 그것을 방해할 만한 구실을 찾아낸다. 그리고 5초가 지나고 나면 해야 할 일을 행동에 옮기지 않겠다는 결정을 내린다고 한다. 그가 행동을 강화하기 위해 내놓은 대책은 머릿속에 떠오른 생각이 무엇이든 5초 안에 실행하는 것이다. 이른바 '5초의 법칙'이다.

해야 할 일이 떠오른 순간과 뇌가 정신을 차리고 그것을 방해하기까지 5초의 간격이 존재하므로 그사이에 무조건 몸을 움직여 머릿속 생각을 실천하면 그다음 일은 자동적으로 따라온다는 것이다. 그는 이러한 방법을 통해 자신의 인생이 180도 달라졌으며, 전 세계 곳곳에서 수많은 성공 사례를 보고받았다고 책에 기술했다. 꼭 멜 로빈스의 말이 아니더라도 우리 모두는 생각이 많을수록, 그리고 여유가 많을수록 일을 미루고 게으름을 피우기 쉬워진다는 것을 경험적으로 잘 안다. 그런 면에서 뇌가 생각을 떠올리기도 전에 실행의 분위기를 만들어야 한다는 이야기는 일리가 있다.

대표적인 게으름의 증상은 해야 할 일을 시작하는 시간을 미루는 것이지만 아무리 게으른 사람도 일단 시작하고 나면 어느 정도는 할 일을 한다. 시작이 어려울 뿐이다. 이럴 때는 무작정 밀어붙이는 것도 하나의 좋은 전술이다. 친구와의 만남을 위해 집을 나서면 뒤돌아올 일이 없다. 운동하러 나섰다가 하기 싫다고 돌아오는 경우도 별로 없다. 거래처를 방문하기 위해 길을 나섰다가 시간이 남는다고 되돌아오는 일도 없다. 오히려 그런 행동이 귀찮아서 못 한다. 혹여 시작한 일을 마무리 짓지 못한다고 해도 괜찮다. 책을 펼쳐 들고 딴생각해도 괜찮다. 모니터를 보며 어떻게 보고서를 써야 할지 몰라 고민만 하다 끝나도 괜찮다. 그것 역시 하나의 과정일 뿐이다. 그렇게 매일 반복하다 보면 조금씩 좋아진다. 시작은 반이 아니라 어쩌면 전부일 수도 있다.

자이가르닉 효과 떠올리기

일단 시작하고 나면 가급적 끝을 맺는 것이 좋다. 자이가르닉 효과
Zeigarnik effect라는 것이 있다. 러시아 심리학자 블루마 자이가르닉Bluma
Zeigarnik은 식당에서 주문을 받는 웨이터의 모습을 보고 어떻게 그 많
은 주문 내용을 헷갈리지 않고 기억하는지 의문이 들었다. 식사를 마
친 자이가르닉은 그 궁금증을 해결하기 위해 웨이터를 찾아가 자신이
주문한 음식이 무엇인지 기억하느냐고 물었다. 그러자 웨이터는 머리
를 긁적이며 전혀 생각나지 않는다고 대답했다. 주문이 끝난 후에는
주문 내용을 완전히 잊어버린 것이다.

　이 현상에 궁금증을 가진 자이가르닉은 학교로 돌아온 후 한 가지
실험을 수행했다. 피실험자 164명을 모집한 후 A, B 두 그룹으로 나
누었다. 그리고 두 그룹 모두에게 공통 과제를 부여했다. A 그룹이 과
제를 수행하는 동안 아무런 방해도 하지 않았다. 반면 B 그룹이 과제
를 수행하는 동안에는 방해하거나 다 마치기도 전에 서둘러 다른 과
제로 넘어가도록 재촉했다. 실험이 끝난 후 두 그룹의 피실험자 모두
에게 과제 내용이 기억나는지 조사했다. 그 결과 과제 수행 도중 방해
를 받은 B 그룹이 A 그룹보다 2배 이상 많은 내용을 기억해냈다. B 그
룹이 기억해낸 과제 중 68퍼센트는 중간에 그만둔 과제였으며, 완료한
과제를 기억해낸 비율은 32퍼센트에 불과했다.

　자이가르닉 효과가 전달하는 메시지는 이렇다. 어떤 일을 제대로 마

치지 못하면 마음이 불편해지고, 완결하지 못한 과제는 잔상을 남겨 계속 기억 속에 남는다. 반면 완결 지은 과제는 기억에서 완전히 사라지고 만다. 뇌의 기억 용량은 한계가 있어 불필요하거나 용도가 폐기된 기억은 지워버려야 새로운 정보를 받아들일 수 있기 때문이다. 소형 저장 장치인 USB를 생각하면 이해하기가 쉽다. USB에 데이터가 가득 차 있으면 새로운 데이터를 저장할 수 없다. 과제 수행에 필요한 작업기억은 용량이 작기 때문에 불필요하게 남은 정보가 있다면 새로운 정보를 받아들이는 데 심각한 영향을 미친다.

게다가 작업기억은 지워지지 않는 기억이 남아 있으면 하나의 과제에서 다른 과제로 전환될 때 이전 과제 내용을 기억하기 어렵게 만든다. 과제 수행이 전반적으로 느려지게 하는 것은 물론 과제 간의 간섭으로 실수가 늘어나고 일의 효율도 저하할 수 있다. 해야 할 일을 제때 처리하지 않고 뒤로 미루면 그것은 계속 머릿속에 남아 마음을 불편하게 한다.

이는 다음 과제 수행에도 영향을 미친다. 미루는 일이 많아지면 많아질수록 머릿속에 남은 잔상과 마음의 불편함은 커지고, 그것이 심해지면 무엇을 해도 심리적인 부담감을 느낄 수밖에 없다.

하지만 처음부터 너무 많은 것을 하려고 하면 중도에 포기하게 된다. 한 가지 일을 꾸준하게 해 성과를 내는 일에 익숙지 않기 때문이다. 게으름을 피우던 사람이 책 쓰는 일을 무조건 하겠다고 책상 앞에 앉는다고 해서 종일 원고를 집필할 수 있는 것이 아니다. 순간적인 만족을 추구하는 뇌의 특성 때문에 글을 쓰다가도 자주 딴 길로 샌다. 아침부터 밤까지 의자에 앉아 있어도 성과는 지지부진하게 마련이다.

애써 이것에서 벗어나려고 하지 말아야 한다. 처음부터 칼로 무릎를 자르듯 단번에 게으름에서 벗어날 수 있으면 좋겠지만 대부분 사람은 그렇게 못 한다. 처음에는 일할 수 있는 시간도 적고 그로부터 얻어지는 성과도 적을 수밖에 없다. 이것을 받아들여라. 대신 시간이 가면서 점차 그 양을 늘려나가야 한다. 처음부터 이루고자 하는 목표가 지나치게 크면 사람은 쉽사리 의욕을 잃을 수밖에 없다. 하지만 조금씩 꾸준히 목표를 해나가면 변화가 일어난다. 담배를 피워본 사람은 알겠지만 금연의 최대 고비는 3주 차이다. 3주를 버텨내면 금연에 성공할 수 있지만 3주 안에 다시 담배를 피우면 담배를 끊을 수 없다는 것이다. 왜 3주일까? 뇌는 무언가를 꾸준히 3주 정도만 계속하면 새로운 신경회로를 형성하고, 그것이 습관으로 자리 잡는다고 한다. 기존에 있던 깊은 고랑은 메꿔지고 새로운 고랑이 만들어지는 것이다. 그러므로 단 한 번에 실행력을 높일 수 없다는 사실을 인정하고 더 긴 호흡으로 변화를 이끌어내야 한다.

주위의 비난과 시선 초월하기

게으름을 피우는 이유 중에는 주위 사람의 시선을 두려워하는 마음도 있을 것이다. 무엇을 하든 내 마음대로 할 수 있다면, 다른 사람의 시선을 의식하지 않아도 된다면, 게으름을 피우는 사람은 훨씬 줄어들 것이다. 자신이 한 일의 결과가 크든 작든 그것에 만족하면 되니 말이다. 하지만 자신이 한 일을 다른 사람이 볼지 모른다는 생각, 그리고 그 결과에 대해 좋지 못한 평가를 내릴지도 모른다는 생각이 시작을 주저하게 한다. 그래서 다른 사람의 시선을 의식하는 사람일수록 해야 할 일을 시작하기가 어렵고 게으름으로 빠져들기 쉽다.

인간의 사고와 행동이 다른 사람이 나를 바라보는 시선과 평판에 의해 크게 달라지는 것은 원시 시대부터 이어져 내려온 본능 때문이다. 인간은 다른 들짐승과는 달리 강한 이빨과 발톱, 근육 등을 가지지 못했다. 빈약한 신체 조건으로 거친 환경에서 살아남기 위해서는 다른 사람의 도움이 필요했고 생존을 위해 사회화를 무기로 선택했다. 인간의 대뇌화가 진행된 것도 이 때문이라는 주장도 있다. 그러다 보니 다른 사람이 나를 어떻게 바라보느냐 하는 시선은 삶에서 중요한 요소가 되었다. 다른 사람이 나를 믿을 만한 사람이고 정직한 사람이라고 여기면 집단 내에서 같이 어울릴 수 있지만, 그렇지 못한 경우 무리에서 쫓겨나 홀로 척박한 환경 속에 버려져야 했다. 생사의 갈림이 다른 사람 평에 달렸었기에 그 시선과 비난을 무시하지 못하게 된 것이다.

이러한 주위 사람의 시선은 '자신에 대한 판단'도 변화시킨다. 사람들과 어울려 같이 게임을 하는 경우를 예로 들어보자. 자신이 선택한 아바타가 주위 사람에게 매력적이라고 지지를 받을 경우, 볼품없고 초라한 아바타를 가진 이용자들에 비해 게임이 끝난 후에 실제 상황에서 더 자신 있고 개방적이며 사교적으로 행동했다는 실험 결과가 있다. 만일 자신이 선택한 게임 아바타가 그다지 대단하지 못하다고 주위 사람에게 평을 받으면 실제로 경기 결과도 좋지 못하게 나타나는 경우도 많다. 이는 무의식적으로 남의 기대에 맞춰 자신의 생각을 조절하기 때문이다. 이를 프로테우스 효과Proteus effect라고 한다.

스탠퍼드대학교 연구진은 피실험자들에게 가상현실 공간에서 키가 큰 아바타를 선택해서 타인과 상호작용을 하도록 했다. 그러자 실제 자기 모습과는 무관하게 자신감이 지속되었고, 일상생활에서도 더욱 적극적으로 행동했다고 한다. 자신을 어떻게 생각하느냐에 따라 행동이 달라질 수 있음을 나타낸다고 할 수 있다. 즉 타인의 시선보다 스스로 자신을 어떻게 바라보느냐가 더 중요하다는 것이다.

이러한 인간의 특성 때문에 우리 모두는 다른 사람이 자신을 바보나 무능력자로 취급하지나 않을까 하는 두려움도 한편으로는 가진다. 그러한 두려움이 지나치면 쓸데없이 타인의 시선을 의식하고 비난을 무서워하게 된다. 나와 상관없는 사람의 눈치까지 보고 그로 인해 해야 할 일을 못 할 수 있다. 하고 싶은 일이 있어도 선뜻 나설 수 없는 것이다. 사람들 앞에서 발표할 때 벌벌 떨거나 대중 강연에서 질문하고 싶은 것이 있어도 속으로만 되새기며 꾹 참는 것 등이 이러한 이유이다.

이렇듯 사람은 주위 사람을 의식하며 살아간다. 하지만 그것은 다른 사람에게 나로 인한 피해를 주지 않기 위함이지, 다른 사람의 비위를 맞추기 위함이 아니다. 다른 사람에게 피해를 주지만 않는다면 내가 어떤 페이스로 걷든 상관없다.

온종일 자리에 앉아 있었음에도 만들어내야 할 결과물에 별로 진척이 없다면 주위 사람이 '종일 한 게 겨우 이거야?'라며 타박할지도 모른다. 그런 타박을 받으면 의기소침해질 수밖에 없다. 위축되고 다른 사람의 시선이 더 크게 느껴진다. 그 시선을 의식하는 순간 내 페이스를 잃고 보여주기 위한 페이스로 말려들 수 있다. 그러면 오래갈 수 없다. 얼마나 많은 일을 하든 그 결과를 내가 책임질 수만 있다면 다른 사람을 의식할 필요가 없다.

먼 거리를 쉬지 않고 뛰는 마라톤은 자기 페이스를 지키는 것이 중요하다. 주위 마라토너들에게 휘말려 자기 페이스를 잃고 그 무리에 합류하면 반드시 위기를 맞는다. 처음에는 앞서 잘 뛰던 사람이 결승점이 가까워지면 순위권에서 멀어지는 것도 그 때문이다. 토끼와 거북이의 경주에서 거북이는 비록 작은 걸음이지만 꾸준히 경주에 임함으로써 토끼를 제치고 우승할 수 있었다. 느리더라도 꾸준히 하는 것이 중요하다.

비난에서도 자유로워질 필요가 있다. 사회적 자기보호 이론에 의하면 인간은 자신의 사회적 지위를 유지하고 자신이 중요하게 여기는 사람에게 인정을 받으려는 동기가 있다. 타인에게 호감을 얻으려는 목표가 위협을 받으면 스트레스 축이 활성화되어 코르티솔이나 아드레날린 등의 호르몬이 분비된다. 비난이 그러한 것 중 하나이다. 비난을 받으면 부정적인 감정과 정서가 생겨나며 해마와 편도체가 활동해서 그 기억을 강화하고 저장한다고 한다. 기분 나쁜 기억이 쉽사리 잊히지 않는다는 것이다. 칭찬을 받을 때 나오는 옥시토신은 5분 내에 혈류에서 사라지지만 비난을 받을 때 나오는 스트레스 호르몬은 2시간이 지나도 계속된다고 한다. 그러므로 주위 비난을 너무 의식하면 자신감을 상실하고, 자신감 상실은 할 일을 시작하기 어렵게 만든다.

사람이 비난하는 이유 중 대부분은 시기와 질투에서 비롯한다. 시기하거나 질투하지 않는 사람에게는 비난을 퍼부을 이유가 없다. 나보다 못 나간다고 생각하는 사람에게 비난을 퍼부어본 적이 있는가? 꼭 새겨들어야 할 말도 있지만 그런 것이 아니라면 비난에서 자유로워질 필요도 있다. '저들이 날 질투하는구나'라고 웃으며 지나가면 그만이다. 곱씹어 봐야 돌아오는 것은 상처뿐이다. 법적으로나 윤리적으로나 자신이 분명 잘못한 것임에도 그것을 자각하지 못한다면 큰일이지만, 문제없는 일을 하고도 그 결과에 대해 주위 평가를 두려워하여 전전긍긍하는 것은 자신을 움츠러들게 할 뿐이다.

'다음 기회는 없다'라고 생각하기

게으른 사람은 당장 해야 할 일이 있어도 '내일 하자'거나 '다음에 하지'라며 미루는 특성이 있다. 이것이 습관이 되면 참으로 고치기 힘들어진다. 무슨 일이든 해야 할 일을 뒤로 미루고, 미룬 일은 시간이 지나면 지날수록 부담으로 다가온다. 지금 당장 마음의 문을 열고 내 의식 세계에서 '내일부터'와 '다음에'란 단어를 삭제해야 한다. 무슨 일이든 해야 할 일이 떠오르면 당장 실천해야 한다. 누군가에게 전화해야 할 일이 생기면 당장 전화기를 들고 번호를 눌러야 한다. 나중에 하자고 생각하면 까마득하게 잊어버리고 하지 못할 수 있다. 또는 내가 원하는 시기에 바라는 결과를 얻기 어려울 수 있다.

내게는 '다음에 하지'라는 생각으로 미루었다가 겪었던 가슴 아픈 일이 있다. 첫 직장에서 만난 한 임원은 내가 직장 생활을 하는 데 꽤 많은 도움을 주었다. 직장 생활을 하는 25년 동안 업무로 인한 어려움을 겪어본 적이 거의 없는데, 모든 것은 그분의 도움이 있었기 때문이다. 우리나라 국민이 외환위기의 어려움에 빠져 신음할 때 편안하게 미국에서 유학 생활을 즐길 수 있었던 것도 그분이 나를 사내 장학생으로 추천해준 덕분이었다. 고맙고 소중한 존재가 아닐 수 없었다. 이후 직장을 옮기고 서로의 존재를 까맣게 잊고 지내다가, 이른 은퇴를 결정한 후 생각이 나서 연락하게 되었다.

이러저러한 이야기를 나누다가 내가 쓴 책을 들고 찾아뵙겠다는 약속으로 전화를 끊었다. 늘 마음 한구석에 고마운 마음이 있었기에 꼭 한 번 찾아뵙겠다는 생각은 진심이었다. 하지만 시간은 또 기약 없이 미뤄지고 말았다. 늘 무엇인가에 쫓기듯 지내다 보니 '다음에 찾아가자'라는 생각이 들었다. 그러던 어느 날, 그분이 돌아가셨다는 비보를 받았다. 나이가 그리 많은 것도 아니고 통화할 때까지만 해도 건강이 나쁘지 않았기에 그 소식은 충격이었다. 그때서야 절실하게 깨달을 수밖에 없었다. '다음에 하지'라고 미루면 그다음은 영영 오지 않을 수도 있다는 것을.

무언가 해야 할 일이 떠오르면 당장 실천에 옮겨야 한다. 만일 지금 하는 일을 중단할 수 없다면 하던 일을 마치자마자 제일 먼저 그 일을 시행하라. 그러지 않고 '나중에 언제 틈날 때' 하겠다고 미루다 보면 시기를 놓치고 피해를 입을 수도 있다. 지금 해야 할 일을 뒤로 미루는 것은 부메랑을 던지는 꼴이나 다름없다. 언젠가는 되돌아오기 때문이다. 안 좋은 것은 항상 다급한 상황이나 힘든 상황에 되돌아온다는 것이다. 그럴 바에야 차라리 미리 처리하는 것이 낫다. 뒤로 가면 갈수록 미뤄둔 일 때문에 더욱 힘들어지고 조바심은 더 커질 수 있으니 말이다.

할 일을 기록하고 지워나가기

할 일을 뒤로 미루는 이유가 망각인 경우도 있다. 뇌의 작업기억은 한계가 분명하기에, 해야 할 일이 떠올랐는데 당장 시행하지 않으면 시간이 지나면서 머리에서 지워버린다. 그랬다가 나중에 '아차' 하며 생각이 떠오른다. 이러면 시작 시간을 놓쳐버릴 수 있다. 언젠가 퇴근하고 돌아와 보니 알 수 없는 이유로 양복 한쪽 소매가 심하게 찢어져 있었다. 아마도 자동차 뒷좌석에 양복을 벗어두고 문을 닫다가 문틈에 끼었던 것 같다. 비싼 옷을 버릴 수 없으니 수선해야 하는데 그만 까맣게 잊고 말았다. 그러다가 막상 그 옷이 필요한 상황이 되어 입으려고 보니 찢어진 소매 때문에 입을 수가 없었다. 미리 수선했더라면 필요한 시기에 입을 수 있었겠지만 깜빡 잊고 미루는 바람에 그럴 수가 없었던 것이다.

다행히 이러한 실수는 큰 문제가 되지 않지만 상황과 경우에 따라서는 잊고 지낸 것 때문에 큰일이 발생할 수도 있다. 직급이 높은 사람을 모시고 거래처에 간다고 해보자. 거래처와 미리 약속이 되어 있지 않으면 곤란한 상황이 일어날 수도 있다. 그런데 급한 일 때문에 그만 깜빡 잊고 며칠이 지나고 말았다. 며칠 후에 문득 생각이 떠올라 약속을 잡으려 했더니 거래처 사정으로 방문이 어렵다고 한다. 이미 윗사람의 일정은 거래처 방문에 맞춰 조정되어 있는데 거래처는 미리 약속하지 않은 것 때문에 어렵다고 하니 이를 어찌할 것인가?

　고의는 아니지만 우리는 살면서 종종 이러한 실수를 한다. 이런 실수를 막기 위해서 하루에 해야 할 일을 글로 적어놓으면 효과가 있다. 잠들기 전 다음 날 할 일을 적어놓고 아침에 눈을 뜨면 바로 하나씩 하는 것이다. 아침에 할 일을 정리해보고 시작하는 것도 나쁘지 않다.

　뻔한 이야기이지만, 수첩이나 포스트잇을 이용하여 해야 할 일을 적어 잘 보이는 곳에 놓고 자주 체크하는 습관을 들여라. 글로 적는 것은 과제를 시각화하는 것이다. 정보를 처리할 때 시각화하면 뇌는 에너지를 최소로 소모한다. 지금 앉아 있는 공간을 글이나 말로 설명하려면 무척 어렵지만 이미지를 떠올리면 단순해진다. 별로 힘들이지 않고도 그 모습을 그려낼 수 있다. 복잡한 개념도 시각화하면 한정된 에너지원을 가장 효율적으로 활용할 수 있다. 이렇게 되면 전전두엽에 가해지는 부담을 줄이면서도 에너지를 효율적으로 사용한다.

　종이 위에 오늘 혹은 다음 날 해야 할 일을 적어놓으면 그 일들을 기억하느라 에너지를 소모하지 않아도 된다. 자이가르닉 효과처럼 처리하지 못한 일의 잔상으로 다른 일에 영향을 미치는 일도 없다. 뇌를 보다 안정적이면서도 효율적으로 활용할 수 있는 것이다. 더 나아가 해야 할 일을 기억하느라 뇌의 작업 공간을 불필요하게 점유하는 비효율을 제거하고, 더 가치 있는 일에 작업 공간을 할애할 수 있다.

　물론 가장 좋은 것은 무언가 할 일이 생각났을 때 뒤로 미루지 않고 바로 하는 것이다. 하지만 때에 따라서는 하던 일을 마무리하지 않으면 안 되는 관계로 어쩔 수 없이 미뤄야만 하는 경우도 있다. 이런 경우 할 일을 메모해두면 지금 하는 일이 끝난 후에도 잊지 않고 할 수 있다.

해야 할 일을 글로 적는 것은 실행력을 높이는 데 도움이 되기도 하지만 또 다른 장점이 있다. 작은 성취감과 보람을 느낀다는 것이다. 그날 해야 할 일의 목록을 작성한 후 하나씩 지워나갈 때마다, 자신이 완료한 일을 확인할 수 있고 은근 쾌감을 느낄 수 있다. 그때마다 작게나마 쾌감을 느끼게 해주는 도파민이 분비된다. 이것이 전전두엽으로 흘러 들어가면 일에 대한 집중력은 더욱 높아진다. 집중력이 높아지면 실행력이 높아질 것임은 분명하다.

마감 시간 정하기

해야 할 일에 끝내야 할 시간이 정해지지 않으면 귀찮다는 생각 혹은 지금 당장 닥친 문제 때문에 마냥 일을 미룰 수밖에 없다. 이를 막기 위해서는 데드라인을 정하는 것이 좋다. 중요한 것은 사소한 일까지도 마감 시간을 정해놓는 것이다. 일단 마감 시간을 정해놓으면 그 일을 정해진 시간까지 마치려고 노력하게 마련이다.

길을 가다가 오랜만에 반가운 옛 친구를 만났다고 해보자. 잠시 길에 서서 이런저런 이야기를 나누다가 "언제 한번 보자"라고 말을 맺고는 헤어진다. 하지만 이런 말은 그 사람을 다시 만날 생각이 없다는 말이나 다름없다. 정말 그 사람을 다시 만나야겠다고 생각하면 그 자리에서 약속을 잡아야 한다. 마감 시간 없이 일하는 것은 '언제 한번 보자'는 약속을 하는 것과 같다. 기약이 없기 때문에 의무감도 느끼지 못하고 굳이 만날 필요도 못 느낀다.

앞서서 이야기한 것처럼 인간의 뇌는 게으름을 선호하기 때문에 의무감이 없으면 나태해지기 마련이다. 꼭 지금이 아니어도 되니 하기 싫은 생각이 들면 미룬다. 뇌 안에서 일어나는 갈등과 투쟁의 과정에서 편안함이 승리하는 것이다.

이 원고를 쓰면서 언제까지 끝내야겠다는 마감을 정해놓지 않았다. 그러자 막연히 하기 싫은 날에는 원고를 거들떠보지도 않았다. '시간이 정해진 것도 아닌데 뭘…' 하는 생각이 들며 게으름에 빠져들었다. 이래서는 안 되겠다 싶어 마감을 정하고 나서야 원고에 집중할 수 있었다.

마감 시간, 즉 데드라인이라는 말은 역사적 의미로 죄수를 가둬두고 움직일 수 있는 한계를 나타냈다. 죄수가 그 선을 넘으면 간수에 의해 사살되었는데 '죽음의 선'이라는 의미에서 데드라인deadline이라고 불렸다. 데드라인에 대해서는 많은 심리학자의 연구가 이루어졌다. 그중 여키스-도슨 법칙Yerkes-Dodson law에 따르면 인간의 각성 상태가 높아질수록 성과가 향상한다. 하지만 각성 상태가 일정 수준을 넘어서면 오히려 그것으로 인해 고통을 받고 압도되거나 집중하지 못해 성과가 저하한다.

여기에서 각성이란 스트레스일 수도 있고, 중요한 일을 완수하지 못했을 때 예상되는 잠재적 결과와 그것을 완수하는 데 남은 시간에 대한 복합적 인식에서 비롯하는 긴장과 불안을 의미할 수도 있다. 뇌는 일을 미루고 싶어 하는 경향이 있지만 그것보다 불쾌한 일을 피하고자 하는 의지가 더 강하다. 이 때문에 마감 시간이 다가올 경우 각성 상태가 높아지고 서둘러 해야 할 일에 몰입하는 경향이 있다. 반대로 마감 시간이 없는 경우에는 각성 상태에 이르지 못하고 일에 몰입할 수 없게 된다. 그러므로 무언가 하고자 할 때 마감을 정해놓는 것은 아주 좋은 방법 중 하나이다.

앞에서 언급했지만, 인기 있는 테드 강연 중에서 '할 일을 미루는 사람들의 심리'라는 것이 있다. 꼭 한 번 찾아보기를 권한다. 이 강연을 한 팀 어번의 말에 따르면 일을 미루는 사람의 뇌는 다른 사람의 뇌와 다르다. 일을 미루지 않는 사람의 뇌에는 합리적 의사결정자가 주도권을 쥐고 있다. 하지만 게으름을 피우고 일을 미루는 사람은 합리적인 의사결정자 옆에 순간적인 만족감을 추구하는 원숭이가 나란히 있다. 일을 미루지 않는 사람은 무언가 해야 할 일이 생겼을 때 생산적인 일을 하기 위해 합리적인 의사결정을 내린다. 하지만 일을 미루는 사람의 경우에는 그 순간에 순간적 만족을 추구하는 원숭이가 의사결정 키를 잡고 당장 만족을 얻을 구실을 찾아낸다. '지금 약간 졸린 거 같으니까 조금만 자고 일어나서 하자'라거나 '좀 출출한 거 같은데 라면 하나 끓여 먹고 하면 어떨까?'와 같이 말이다. 평소에는 보지 않던 다큐멘터리도 그때는 재미있게 느껴진다.

순간적 만족을 추구하는 원숭이는 쉽고 재미있는 것만 추구한다는 문제가 있다. 그러나 삶이란 항상 즐겁고 쉬운 일만 주어지는 것은 아니다. 즐겁지 않고 힘들지만 해야만 하는 경우가 꽤 많다. 직장 생활이 그렇고, 미래를 준비하기 위해 자기 자신을 갈고닦는 일이 그렇다. 이럴 때 뇌 속에서는 합리적 의사결정자와 순간적 만족을 추구하는 원숭이 간에 갈등이 생기는데, 일을 미루는 사람은 늘 이러한 갈등 상황에 시달린다. 그리고 그 결과는 늘 원숭이의 승리이다. 합리적 왕국을 벗어나 쉽고 재미있는 왕국 '암흑의 놀이터dark playground'에 머무르는 것이다. 하지만 그곳은 죄책감과 불안, 공포, 자기혐오감 등으로 가득 차 있어 그곳에 머무는 시간이 길어질수록 부정적인 감정도 높아진다.

다행스럽게도 일을 미루는 사람에게는 수호천사가 있다. 늘 어디선가 내려다보고 지켜주는 역할을 하는데, '공포 괴물panic monster'이라고 한다. 이 공포 괴물은 일상의 대부분 시간 동안 휴면 상태로 지내지만 마감 시간이 다가오거나 무시무시한 후환이 예상되는 경우에는 어김없이 깨어난다. 원숭이는 공포 괴물이 무서워 그 순간에 어디론가 자취를 감추는데, 그때부터 합리적 의사결정자가 주도권을 쥔다. 비록 공포에 질리고 조바심에 시달리게 되지만 일을 완전히 망치지는 않는다는 것이다.

문제는 기한 없이 일을 미루는 데 있다. 마감 기한이 정해진 경우에는 비록 미룬 대가로 시간에 쫓겨 허둥지둥하지만 공포 괴물의 도움으로 일을 끝마칠 수는 있다. 반면 마감 기한이 없는 경우에는 공포 괴물이 나타날 수 없으므로 마냥 일을 미루게 된다. 미루기가 영원히 계속될 수 있고 그 결과는 불행으로 끝날 수 있다. 그리고 이것은 장기적인 불행과 후회의 원천이 되기도 한다.

팀 어번의 강의 내용이 뇌과학적으로 정확한 것은 아니지만, 우리는 마감이 정해져 있지 않을 때 일반적으로 게을러지고 해야 할 일을 뒤로 미루는 것만은 분명하다. 압박을 느끼지 않고 각성 상태에 이르기가 쉽지 않기 때문이다. 게으름을 벗어나고 할 일을 뒤로 미루지 않기 위해서는 마감 시간을 정하는 것이 필요하다. 두뇌의 가장 앞쪽에 자리 잡은 전전두엽은 계획을 수립하고 그 계획이 실행되었을 때 얻을 결과를 예측하여 실행을 이끌어낸다. 그래서 해야 할 일에 마감 시간이 주어지면 전전두엽은 그 일에 더욱 많은 의식을 쏟아붓는다.

마감 시간을 정할 때는 고려해야 할 것이 있다. 바로 '계획 오류 planning fallacy'라는 것이다. 뇌는 해야 할 일이 있을 때 그것이 완수될 때까지 걸리는 시간을 추정하는 데 기이할 정도로 낙관적인 성향을 가진다. 즉 일이 완료되기까지 걸리는 시간을 실제보다 과소평가하는 경향이 있다는 것이다. 이는 과거에 마감 시간을 지키지 못한 일이 대부분 외부적인 요인에 의해 그렇게 되었다고 여기기 때문이다. 누군가의 전화, 부모님의 심부름, 친구의 갑작스러운 방문 등등. 이러한 외부적인 요인만 없다면 충분히 자신이 추정한 시간에 일을 마칠 수 있다고 생각하는 것이다. 그러나 생각해보라. 계획한 시간에 계획한 일이 끝나는 경우가 도대체 얼마나 있단 말인가? 늘 생각보다 늦어지고 마감 시간을 맞추지 못해 허덕대는 것이 일상사 아닌가? 그러므로 마감을 정할 때는 실제로 예상하는 시간을 더 엄격하게 산출해야 한다.

마감 시간을 정하는 일은 자신에게 의무감을 부여하는 것이다. 전전두엽으로 하여금 해야 할 일을 반드시 끝내도록 감시하라고 족쇄를 채우는 것이나 다름없다. 게으름은 자신의 의지만으로는 쉽게 탈출하기 어렵다. 의지만으로 쉽게 탈출할 수 있으면 누구나 이미 게으름에서 탈피했을 것이다. 때로는 자신의 행위에 강제성을 부여할 필요도 있다. 비록 자신과의 약속이기는 하지만 그 약속을 지키려고 노력하다 보면 게으름에서도 벗어날 수 있다.

스스로 동기부여 하기

뇌는 자극이 없으면 지루해하기 때문에 자극을 좋아한다. 가끔 주위 사람과 끊임없이 티격태격하는 '싸움닭' 같은 사람을 볼 수 있는데, 이런 사람은 전두엽의 기능이 저하해 자극이 필요하기 때문이다. 싸움이 두뇌에 가해지는 일종의 자극이 되는 것이다. 실행력을 높이기 위해서는 뇌에 자극이 필요한데, 자극을 주는 방법은 두 가지가 있다. 하나는 긴박감을 형성하여 스트레스 호르몬 노르에피네프린이 분비되도록 하는 것이고, 다른 하나는 보상을 통해 쾌감을 느끼게 하는 도파민이 분비되도록 하는 것이다. 두 가지 모두 집중력을 높이고 일에 몰입하도록 만드는 데 효과가 있지만 전자와 후자는 장기적인 측면에서 나타나는 효과가 다르다. 가급적이면 스트레스 호르몬이 분비되는 것을 줄여야 건강한 삶을 유지할 수 있다.

보상은 뇌가 가장 좋아하는 자극이다. 어떤 보상이 주어질 때 뇌에서는 도파민과 엔도르핀 같은 신경전달물질이 분비되고 행동에 대한 강화가 일어난다. 뇌에 꾸준한 보상이 주어지면 실행력이 높아지는데 가장 좋은 방법은 스스로 자신에게 동기부여를 하는 것이다. 마땅한 동기가 있으면 사람은 그 동기를 충족하기 위해 주어진 일을 하지만 동기가 주어지지 않으면 자발성이 감소할 수밖에 없다.

동기는 내재적인 것과 외재적인 것으로 나눌 수 있다. 내재적 동기는 개인의 내적 요인과 수행하는 과제 자체에 동기화하는 것이다. 예를 들어 해야 하는 일이 자신의 흥미나 호기심을 충족시켜주거나, 일을 마쳤을 때의 성취감 등 자기만족감이 나타나는 것이다. 내재적 동기는 일하는 그 자체나 그로 인한 성취감이 보상으로 작용해 지속력이 강하다.

　반면 외재적 동기는 해야 할 일과 무관한 외적 요소, 즉 과제의 해결이 가져다줄 보상에서 비롯하는 동기이다. 일을 마쳤을 때 결과가 줄 수 있는 금전적 보상이나 인정, 명예 등이 외재적 동기 요인이다. 외재적 동기는 일의 결과에 보상이 주어질 때만 작용하기 때문에 내재적 동기에 비해 지속력이 약하다. 다시 말해 열심히 일해도 보상이 주어지지 않으면 흥미를 잃고 일하기 싫어지는 것이다.

　'자기결정성self-determination 이론'에 따르면 외재적 동기로 시작한 일도 내재적 동기로 발전할 수 있다. 자기결정이란 주어진 일에 어떻게 반응할지를 스스로 결정하는 과정이다. 사람은 특정한 과제에 대한 흥미나 호기심, 자기만족감 때문에 일하기도 하지만, 외적 보상 때문에 시작한 일도 자신에게 내면화하면 보상이 없는 경우에도 그러한 행동

일을 마쳤을 때 얻을 수 있는 결과	일을 마치지 못했을 때 얻을 수 있는 결과
·성취감 ·행복한 느낌 ·자신감 ·자기 효능감	·자괴감 ·외부의 비난 ·금전적 손실 ·무기력감

이 이어진다는 것이다. 그러므로 내재적 동기와 외재적 동기를 적절히 이용한다면 주어진 일을 수행하는 데 조금 더 도움을 얻을 수 있다.

우선 자신이 해야 할 일을 했을 때 얻을 수 있는 결과와, 일을 마치지 못했을 때 얻을 수 있는 결과를 비교해보자. 일을 마쳤을 때 얻을 수 있는 결과에는 성취감이나 행복한 느낌, 상쾌함 등이 들어갈 것이다. 못했을 때 나타날 수 있는 결과는 자괴감이나 외부의 비난, 또는 금전적 손실 등이 있다. 이처럼 얻을 수 있는 긍정적인 결과와 부정적인 결과를 비교해보면서 자신에게 일하고자 하는 동기를 부여해줄 수 있다.

외재적 동기는 많이 사용하면 효과가 사라지지만 필요한 경우에는 적절하게 활용하는 것도 좋은 방법이다. 그중 하나가 자신에게 보상하는 것이다. 예를 들어 이 책의 원고를 쓰기 시작한 지 이미 오랜 시간이 지났지만 결과에 대해 의문이 들고 꽤 자주 그만두고 싶다는 생각이 들곤 한다. 그래서 마음을 다스리기 위해 한 가지 약속을 했다. 원고를 탈고하고 나면 여행하기로 말이다. 거창한 여행이 아니어도 괜찮다. 스스로 만족스럽기만 하면 되니까.

만일 원고의 출간이 결정되면 또 다른 보상을 해줄 수 있다. 가족과 근사한 식당에서 외식하거나 평소 가지고 싶었던 물건을 사거나 등 다른 형태의 보상을 약속하는 것이다. 비록 외재적 동기부여이기는 하지만 이러한 요인에 의해 하기 싫은 일도 억지로 참고 할 수 있다. 그렇게 하다 보면 일이 완성되었을 때 따르는 성취감이 또 다른 만족을 불러오고, 그것은 내재적 동기로 전환될 수 있다.

보상이 굳이 커야 할 필요는 없다. 책을 읽기 위해 자리에 앉았다면

원고를 완성했을 때 부여하는 보상	원고가 완성되고 출판사에서 출간이 결정되면 얻는 보상
· 여행 · 가족과의 외식 · 갖고 싶었던 물건 구매	외재적 · 인세로 인한 금전적 수입 · 사람들로부터의 인정 · 작가로서의 명예 내재적 · 성취감

한 권을 다 읽을 때마다 자신에게 대견하다고 칭찬해줘도 좋다. 아니면 잠깐 짬을 내어 간단한 게임을 해도 좋다. 또는 하루에 정해진 목표를 달성하면 친구와의 약속을 허락해도 괜찮다. 직장인들 중에는 이러한 보상을 잘 활용하는 사람도 있다. 예를 들어 월급날마다 맛있는 음식이나 고급 와인을 자신에게 선물하거나, 몇 달간 돈을 모아 명품 가방을 선물하는 것이다. 내재적 동기만으로는 충분치 않을 경우 이러한 외재적 동기를 활용하면 동기를 더욱 끌어올려 실행력을 높일 수 있다. 주의할 점은 외재적 동기가 습관이 되면 즐거운 놀이처럼 여겼던 일도 재미없는 일이 될 수 있다는 것이다. 적당한 수준에서 조율이 필요하다.

게으름 수준 파악하기

게으름에 빠진 사람은 자기인식이 떨어질 수 있다. 자신이 게으름에도 불구하고 그 심각성을 느끼지 못하거나 '남들도 다를 바 없겠지'

하고 안이하게 생각하는 것이다. 그러므로 때로는 자기 자신에 대한 정확한 평가를 통해 자신이 얼마나 게으른지 객관적으로 들여다보고 스스로 깨달음을 얻어야 한다. 이것도 뇌에 가해지는 하나의 자극이 될 수 있다.

자신이 게으른지 여부를 분석적이고 통계적으로 확인해보기 위해 다음 질문에 답해보자.

1. 하루 중 깨어 있는 시간이 몇 시간이나 되는가? ( )시간

16시간 이상이면 정상.

14~15시간이면 다소 게으른 편.

12~13시간이면 게으른 편.

12시간 미만이면 상당히 게으른 편.

2. 깨어 있는 시간 중 무의미하게 빈둥거리며 흘려 보낸 시간의 비중이 몇 퍼센트나 되는가? ( )%

20% 이하이면 정상.

21~30%이면 다소 게으른 편.

31~50%이면 게으른 편.

50% 초과이면 상당히 게으른 편.

3. 친구들과의 약속에서 늦게 도착한 비율이 얼마나 되는가? (   )%

20% 이하이면 정상.

21~40%이면 다소 게으른 편.

41~60%이면 게으른 편.

60% 초과이면 상당히 게으른 편.

4. 지난 한 달 동안 자신이 무의미하게 흘려 보냈다고 생각하는 날은 며칠이나 되는가? (   ) 일, 이것을 30일로 나누어 비율을 구해볼 것 (   )%

10% 이하이면 정상.

11~20%이면 다소 게으른 편.

21~30%이면 게으른 편.

30% 초과이면 상당히 게으른 편.

5. 지난 한 달 동안 해야 할 일을 제때 하지 못하고 뒤로 미룬 경우는 얼마나 되는가? (   )%

20% 이하이면 정상.

21~30%이면 다소 게으른 편.

31~40%이면 게으른 편.

40% 초과이면 상당히 게으른 편.

6. 지난 한 달 동안 게으름 때문에 해야 할 일을 못한 경우가 얼마나 되는가?

(   )%

20% 이하이면 정상.

21~30%이면 다소 게으른 편.

31~40%이면 게으른 편.

40% 초과이면 상당히 게으른 편.

위 질문에 답하다 보면 막연히 생각했던 것보다 정확하게 자신의 성향을 파악할 수 있을 것이다. 평소 느끼는 것과 같은 성향이 나왔을 수도 있고 그렇지 않을 수도 있다. 중요한 점은 자신이 어떤 사람인지 분석적으로 확인하는 것이다. 이를 통해 막연하게 느꼈던 것에서 벗어나 객관적으로 자신을 바라볼 필요가 있다. 만약 자신이 생각했던 것보다 게으른 편이라면 지금부터라도 당장 생활 습관을 바꾸어야 한다.

7장

자기 삶의
주인이 되어야만 하는 이유

삶의 정체성과 조바심

모든 인간은 자기 삶의 주인이다. 고유의 모습으로 주어진 삶을 당당하고 자신 있게 살아갈 책임과 권리가 있다. 인간의 지문과 홍채와 개성이 다 다르듯, 모든 개인의 삶은 다른 사람과 달라야 한다. 모두가 부자가 될 필요도, 공부를 잘할 필요도, 기업의 사장이 되거나 고위 공직자가 될 필요도 없다. 없으면 없는 대로, 있으면 있는 대로 주어진 삶에 만족하며 살면 된다. 성공이 삶의 목표가 되지 않아도 된다. 자신에게 주어진 한계 내에서 삶에 충실하면 만족스럽게 살 수 있다. 그리하면 삶에서의 행복도도 높아질 수 있다.

안타깝게도 상당수 사람이 그렇지 못하다. 사회화를 진화의 도구로 선택했기 때문인지 몰라도 사람은 자신만의 고유한 삶의 모습을 추구하기보다는 주위 사람을 의식하고 따라가려고 한다. 왜 대학에 가야 하는지도 모르면서 무조건 대학에 가려고 하고, 지금 직장이 나쁘지 않음에도 주변 사람을 따라 퇴사한 후 여행을 떠나려 한다. 또한 적게 벌어도 충분히 만족하면서도 더 많은 돈을 벌고 싶어 발버둥을 친다. 그러다 보면 자신이 살고 싶은 대로 살지 못하고 주변의 기대 혹은 만들어놓은 기준에 따라 살아간다. 자신만의 정체성 있는 삶은 잃어버리고 주위 사람을 의식하여 남에게 그럴듯하게 보일 수 있는 삶에만 치중한다. 그 과정에서 주위 사람의 기대에 어긋날 것 같으면 스스로 괴로워하고 힘들어한다. 자기 삶의 주인임에도 주체적으로 살지 못하고 늘 주변 눈치를 보며 마치 노예처럼 얽매인 삶을 사는 것이다.

자기 삶을 주체적으로 살지 못하고 끌려다니다 보면 삶을 부정적으로 느끼고 결국에는 조바심까지 낼 수 있다. 무엇이 자기 삶을 주체적으로 살지 못하도록 만들까?

욕심, 질투, 비교, 열등감 같은 감정이다. 비교는 질투와 열등감 같은 감정을 불러오고 욕심으로 번져나간다. 이러한 감정들은 자기 자신의 모습을 있는 그대로 받아들이지 못하도록 한다. 늘 주변 사람을 의식하게 하고 그 안에서 자신을 비교 대상으로 여기게 한다. 자신보다 뒤처졌다고 여겨지는 사람을 보면 만족스러움을 느낄 수도 있지만 늘 시선은 위로 향하게 마련이다. 만족을 느끼는 순간보다는 불만족스러운 순간이 더 많다. 불만족이 많다 보면 언제나 만족에 대한 갈구가 자리 잡고, 그것을 손에 넣으려다 보면 삶은 늘 팍팍하게 느껴질 수밖에 없다. 인생이 느긋하고 여유롭게 느껴지지 못하고 늘 조바심에 사로잡혀 있을 것은 불을 보듯 뻔하다.

조바심 없는 인생을 살기 위해서는 욕심과 질투, 비교와 열등감 같은 감정에서 멀어져야 한다. 그런 감정들과 단절되어야만 주체적인 삶을 살 수 있고, 자기 삶의 주인이 되어야 만족감을 느낄 수 있다.

지나친 욕심

아주 먼 옛날 두 눈을 실명하여 앞을 못 보는 사람이 살고 있었다. 그의 평생 소원은 죽기 전에 눈을 떠보는 것이었다. 이런 안타까운 소문을 들은 부엉이가 소경을 찾아가 말했다.

"아저씨. 저는 밤에만 돌아다니고 낮에는 잠만 자기 때문에 그때에는 눈이 필요하지 않아요. 낮 동안 눈을 빌려드릴 테니 밤이 되면 다시 돌려주세요."

그러자 소경이 말했다.

"정말 고맙다. 밤에는 꼭 돌려줄 테니 낮에만 빌려다오. 나도 밤이 되면 잠을 자야 하니까 눈이 필요 없어."

"약속대로 밤에는 꼭 돌려주셔야 합니다."

소경이 다음 날 아침에 일어나 보니 세상이 너무나 눈부시게 보였다. 그날부터 눈은 낮이면 소경이, 밤이면 부엉이가 교대로 사용했다. 그런데 며칠이 지나자 소경의 마음에 욕심이 들어섰다.

"교대로 사용할 필요가 없지. 밤이 되어도 주지 말고 도망가자."

소경은 부엉이 눈을 가지고 멀리 도망가 버렸다. 밤에도 반짝이는 별을 볼 수 있어 너무나 좋았다. 그러나 날이 지날수록 점점 눈이 흐려지더니 다시 앞을 못 보게 되고 말았다. 그래서 소경은 다시 더듬더듬 부엉이를 찾아갔다.

"아저씨! 왜 약속을 저버리고 도망쳤나요? 눈이 없어서 먹이를 찾지 못해 굶고 있었어요. 그러니까 내 눈이 힘을 잃어버린 거예요."

부엉이는 이 말을 마치고 쓰러져 죽고 말았다. 소경은 땅을 치며 후회했지만 소용이 없었다. 부엉이는 먹지 못하여 죽었고, 이제는 소문이 나서 자기에게 눈을 빌려줄 부엉이도 없었다. 좋은 동반자 부엉이를 잃어버린 아픔에 그도 울다 지쳐 죽어버렸다.

동화 같은 이야기이지만 욕심이 삶을 어떻게 망가뜨려 놓는지 이 짧은 글을 통해 충분히 알 수 있을 듯싶다. 욕심의 뿌리는 자기가 가진 것에 만족하지 못하는 데 있다. 아무리 작고 볼품없더라도 자신이 가진 것에 만족하면 욕심이 생기지 않지만, 그렇지 못하고 더 가지고자 하기 때문에 욕심이 생기는 것이다. 대부분은 다른 사람과의 비교를 통해서 자신의 부족함을 느끼지만, 비교 대상이 외부에 있지 않아도 막연하게 더 많은 것을 갖고 싶은 내면의 욕심이 생겨나기도 한다.

물론 욕심이 나쁘기만 한 것은 아니다. 욕심이 없으면 발전이 없다. 자기가 할 수 있는 것보다 조금 더 욕심을 내면 더 많은 성취를 얻을 수 있다. 욕심을 발전적으로 활용하면 자기 자신을 업그레이드하는 데 큰 도움이 된다. 문제는 욕심이 지나친 데 있다. 탐욕은 반드시 불행을 가져온다. 앞의 소경과 부엉이의 우화처럼 말이다. 소경이 욕심을 부리지 않았다면 소경과 부엉이 모두 행복한 삶을 살았을 것이다. 소경이 가진 것을 넘어 지나친 욕심을 내면서 둘 다 불행한 결말을 맞을 수밖에 없었다.

사람들이 자주 쓰는 말 중에 "분수를 알라"와 "오르지 못할 나무는 쳐다보지도 말라"는 말이 있다. 자신이 가진 능력을 알고 능력에 맞게 처신해야 만족스러운 결과를 얻는 법이다. 물론 세상이 바뀌면서 원대한 목표를 세우고 자신의 한계를 뛰어넘는 성취를 이루는 것이 미덕이 되었다. 어느 정도는 욕심이 필요하다. 욕심 없는 삶만큼 갑갑한 것도 없다. 하지만 자신의 한계를 넘는 도전도 중요하지만 자신이 가진 능력에 비해 감당할 수 없을 정도로 많은 일을 하려는 것은 과욕이다. 욕심이 지나칠 경우 조바심이 날 수밖에 없다. 해야 할 일은 많은데 능력은 부족하니 선택은 둘 중 하나이다. 하려던 일을 포기하거나 모든 일을 대충 하거나. 어느 경우이든 최종적인 결론에 이르기 전에 결과에 대한 불안감이 들 수밖에 없다.

모처럼 하루 꿀 같은 휴일이 주어졌다고 해보자. 어렵게 맞은 휴일인 만큼 단 한 시간도 허투루 보내고 싶지 않을 것이다. 밀린 책도 읽고 싶고, 보고 싶었던 영화도 보고 싶을 것이다. 그러다 보면 은근 욕심이 난다. 평소 읽고 싶었던 책을 꺼내 읽다 보면, 그 책만 읽다 하루가 지나는 게 아깝게 여겨진다. 그러면 읽던 책을 슬그머니 밀어두고 다른 책을 집어 든다. 하지만 그 책도 오래 읽지는 못한다. 다급한 마음에 쫓기지 않는다면 충분히 재미있게 읽을 책조차도 서두르다 보면 탐탁지 않게 여겨진다.

영화를 볼 때도 마찬가지이다. 초반 20분 정도 영화를 보다가 지레짐작으로 영화가 재미없다고 판단한다. 시간이 아깝다는 생각이 들어 다른 영화를 찾아보기 시작한다. 그렇게 초반만 뒤적거리다가 시간만 보내고 처음부터 끝까지 집중해서 보는 영화는 별로 없다. 전형적인 조바심 환자처럼 우왕좌왕하며 헤맬 뿐, 제대로 끝마치는 일이 없다. 처음부터 책 한 권, 영화 한 편만 보겠다고 생각했다면 어렵지 않게 집중할 수 있었을 테지만 욕심을 부리다 죽도 밥도 안 되는 것이다.

욕심은 늘 조바심을 부르게 마련이다. 그렇다고 모든 욕심을 버리고 희망 없이 살라는 말도 아니다. 성장하고 발전하기 위해서는 늘 지금보다 나은 목표를 세우고 도전하는 마음가짐이 필요하다. 하지만 사람에게는 능력의 한계, 사용할 수 있는 자원의 한계라는 것이 있다. 감당할 수 없이 지나치게 큰 욕심은 눈을 멀게 함으로써 그 한계의 선을 넘어서게 한다. 자신이 가진 능력과 자원의 한계를 넘어서는 순간 마음속에서는 조바심의 싹이 자란다.

조바심을 다스리기 위해서는 욕심을 버려야 한다. 삶이 행복하다가도 욕심이라는 물감이 덧칠해지면 불행해지고, 사귀던 이성이나 배우자에게 만족스럽다가도 욕심이라는 조미료가 더해지면 불만족스럽다. 또 받는 월급이 만족스럽다가도 욕심이라는 물이 들면 자신이 초라해지기도 한다. 세상에 이토록 강력한 감정은 없을 듯하다. 그래서 욕심이 지나치면 만족을 모르게 된다. 99를 가진 사람이 1을 가진 사람을 도와주기보다는, 그 1을 빼앗아 100을 만들려고 하는 것이 욕심이다.

살리에리 증후군

대학에 갓 입학했을 때 영화 〈아마데우스〉가 선풍적인 인기를 끌었다. 천재라고 알려진 작곡가 모차르트의 일생을 다룬 영화인데 이 영화에는 주인공인 모차르트와 함께 살리에리라는 인물이 등장한다. 안토니

오 살리에리는 모차르트와 같은 시대를 살았던 이탈리아 작곡가이다. 황제 요제프를 알게 되어 궁정 소속 작곡가로 발탁되었고 1788년에 궁정 악장이 되었다. 당대 음악가로서 이를 수 있는 최고 자리에 이른 것이다. 그가 그루크와 공동으로 작곡한 오페라 〈다나이드Les Danaïdes〉는 파리에서 상연되어 성공을 거두었고 또 다른 오페라 〈오라스Les Horaces〉 역시 큰 성공을 이루었다. 이 외 40여 곡에 이르는 오페라와 발레 음악, 오라토리오 등을 작곡했다.

이렇게 보면 그의 삶은 성공한 것처럼 보인다. 평범한 사람이 그를 보면 부러움을 느낄 정도로 부와 권력을 누린 사람이다. 하지만 그는 늘 모차르트에게 열등감을 느꼈다. 똑같은 작곡가이지만 자신은 모차르트처럼 뛰어난 곡을 만들지 못하는 것에서 늘 패배감을 느끼고 한탄했다. 모차르트를 흠모하고 존경하면서도 그를 따라잡기 위해 발버둥을 쳤다. 하지만 노력으로도 타고난 재능을 이길 수는 없는 법. 종국에는 질투심에 사로잡혀 모차르트를 살해하고 만다.

영화 내용이 실제 내용과 같은지 다른지는 명확하게 밝혀지지 않았지만 만일 살리에리가 모차르트를 의식하지 않고 자신만의 삶을 살았다면 그의 삶은 분명 해피 엔딩이었을 것이다. 그러나 모차르트 옆에 있는 살리에리는 한순간도 행복하지 않았다.

살리에리는 모차르트만큼이나 훌륭한 음악가였다. 하지만 그는 자신에게 주어진 삶을 부정하고 천재성을 가진 모차르트의 벽을 넘기 위해 자신을 부단히 괴롭힌다. 모차르트를 질투하는 것은 물론 비교를 통해 열등감을 느끼기도 하고 그를 뛰어넘겠다며 터무니없는 욕심을 내기도 한다. 그 결과 그의 삶은 언제나 번민과 고통 속에 있어야 했다. 그가 자신에게 주어진 재능을 받아들이고 인정했다면, 모차르트의 천재성을 뛰어넘을 수 없다는 것을 수용하고 선의의 경쟁을 펼쳤다면 그의 삶이 그렇게 고달프지는 않았을 것이다. 훗날 사람들은 살리에리의 이름을 빌려 '열등 콤플렉스'를 '살리에리 증후군Salieri syndrome'이라 이름 붙였다.

우리나라에서 2014년에 개봉한 영화 〈상의원〉도 이와 비슷하다. 30년간 왕실의 의복을 제작해온 어침장 조돌석은 법도와 원리 원칙을 중요시한다. 그는 꽤나 실력이 있는 장인으로 6개월만 채우면 공을 인정받아 양반이 될 수 있었다. 어느 날, 왕의 면복을 손보겠다며 나선 왕비와 시종들이 실수로 면복을 불태운다. 미처 손쓸 틈이 없는 상황에서 누군가 궁궐 밖에서 옷을 잘 짓는다는 이공진을 추천하고 그를 불러들여 하루 만에 완벽한 옷을 만들어 바친다. 그것도 조돌석이 만든 옷보다 훨씬 편안하고 딱 맞게.

조돌석은 이공진이 기생의 옷이나 만드는 천한 인물이라고 생각하며 내심 무시하지만 자신을 믿고 따르는 모습에 마음을 열고 중전의 옷을 함께 만들기도 한다. 하지만 시간이 갈수록 상황이 달라진다. 이공진이 만든 옷은 멋지고 편한 옷으로 궁궐은 물론 일반 백성에게도 인정받기 시작해 유행을 주도한다. 왕까지도 이공진에게 자신의 옷을 만들어달라고 부탁할 정도로 인기는 높아져 갔다. 자신보다 천하고 못하다고 생각했던 이공진이 천재적인 기질로 점차 왕과 백성의 인기를 얻어가는 것을 보며 조돌석은 심한 질투와 열등감을 느낀다. 이공진이 궁궐에 들어온 후부터 늘 그를 견제하고 불안해하던 조돌석은 결국 천재성이라는 벽을 넘지 못하고 그를 죽음으로 몰아버린다. 그리고 그 자신도 일자리를 잃는다. 열등감과 질투가 만들어낸 왜곡된 행동이 타인은 물론 자기 자신의 삶도 불행하게 만들고 만 것이다. 이 역시 살리에리 증후군의 전형적인 모습이라 할 수 있다.

타인과의 비교

살리에리와 어침장 조돌석처럼 조바심의 원인을 조금 더 근본적으로 파고 들어가면 그 바닥에는 자기 자신을 누군가와 비교하는 마음이 자리 잡고 있다. 만일 비교 대상이 없다면 어떤 절대적인 개념과 비교하는 것일 수 있다. 우스개처럼 이야기하는 것이지만, 인간은 두 가지 기본적인 본능을 가지고 있다. 하나는 자기 자신을 다른 사람에게 자랑하고 싶은 마음이고, 다른 하나는 다른 사람을 헐뜯고 싶은 마음이다.

페이스북과 인스타그램, 트위터 같은 SNS가 인기를 끄는 이유도 알고 보면 이러한 본능과 관련되어 있다. 우리는 주로 자기 자신을 다른 사람에게 알리거나 자랑하고 싶을 때 SNS를 하곤 한다. 값비싸거나 맛있는 음식을 먹었을 때, 좋은 영화를 보았을 때, 명품 옷이나 가방을 손에 넣었을 때, 새로운 지식을 습득했을 때, 낯선 곳으로 여행을 떠났을 때, 유명인을 만났을 때, 승진했을 때 등 무언가 신상에 변화가 생겼을 때 주로 SNS를 통해 사람들에게 그것을 알리려고 한다.

자랑은 노골적으로 드러내지 않는다. 은밀하게 실마리를 제공할 뿐이다. 해외여행을 다녀와서 멋진 풍광 사진과 함께 "가끔은 삶의 여유를…"이라며 짐짓 허세를 떠는 식이다. '상쾌한 아침을 커피 한 잔으로 시작하는 여유'라며 커피를 들어 보이는 손목에 명품 시계가 있는 식이다. 그러면 보는 사람들이 알아서 '좋아요'를 눌러준다. '좋아요'의 숫자가 늘어나는 만큼 뿌듯함을 느낀다. 비싸거나 맛있는 음식을 먹었을 때도 노골적으로 드러내지 않는다. 그냥 '쏘쏘'라며 별것 아닌 것처럼 포장한다. 심혈을 들여 찍은 사진과 함께. 그러면 보는 사람들이 알아서 해석한다. 맛보다는 사진을 찍기에 좋은 음식을 만드는 가게가 인기를 끄는 것이 이러한 세태를 반영한다.

반면에 자신이 힘들거나 자랑할 일이 없을 때는 SNS에 글을 쓰지 않는다. 회사에서 잘렸거나, 진급에 누락되었거나, 실연을 당했거나, 취업 면접에서 낙방했을 때 페이스북이나 인스타그램에서 사실을 털어놓는 사람이 있는가? 위로받을 목적으로 힘든 사정을 드러내는 사람도 그중에는 있을 수 있지만, 대부분 사람은 자랑할 일이 없으면 SNS에서 멀어진다.

다른 사람을 흉보는 것은 또 어떤가? 두 사람만 모여도 다른 사람을 흉보는 것이 사람의 특성이다. 소위 말하는 '험담'이다. 친한 사람끼리 모이면 대화의 상당수는 다른 사람을 비난하는 것이다. 친한 사람끼리 모여 다른 사람을 침이 마르도록 칭찬해본 적이 있는가? 하지만 다른 사람을 침이 튀도록 흉본 경험은 누구나 있을 것이다. 직장인에게 '상사는 영원한 안주'라는 말이 있지 않은가.

이처럼 자기 자신을 자랑하는 것과 다른 사람을 흉보는 것은 인간의 타고난 본성인데 두 가지 모두 자신의 심리적 서열, 다시 말해 지위감을 높이기 위한 수단이다. 자신의 심리적 서열을 높이려는 마음은 기본적으로 다른 사람과 비교하는 것에서 비롯한다. 비교하는 마음이 없다면 군이 자신이 한 일을 다수의 사람이 보는 인터넷 공간에 드러낼 이유가 없다. 또한 누군가를 미워하고 비난할 이유도 없다. 비교하는 마음이 있기 때문에 자랑도 하고 싶고 흉도 보고 싶은 것이다.

자기 자신을 누군가와 비교하게 되면 좋은 것보다는 나쁜 것이 더 눈에 뜨이게 마련이다. 이것이 본성이다. 아래를 내려다보며 가진 것에 만족하기보다는 위를 올려다보며 더 많이 가지지 못한 것을 아쉬워한다. 자신을 누군가와 비교하는 순간 자신이 가지지 못한 것이 두드러져 보인다. 아무리 많은 것을 가진 사람도 자신보다 더 많은 것을 가진 사람을 보면 부족함을 느낀다. 999개를 가진 사람도 1,000개를 가진 사람을 보면 부러움을 느끼게 마련이다.

비교는 비교하는 대상과 자기 자신 모두에게 상처를 줄 수 있다. 비교하는 대상에게는 독설과 험담 등으로 흠집을 낼 수 있고 자기 자신은 열등감이라는 상처를 안겨줄 수 있다. 그리고 상대적인 열등감은 조바심을 유발한다.

이 글의 첫 부분에서 언급했던 조바심을 느끼는 순간들을 되돌아보자. 큰 시험이나 대학 입시를 앞두고 친구들보다 자기 실력이 뒤떨어진다고 느끼면 조바심이 생긴다. 경쟁 상대가 있기 때문이다. 절대적으로 자기 실력이 부족하다고 느낄 때도 조바심을 느낄 수는 있지만, 경쟁 상대가 없다면 자신의 실력이 부족하다고 해도 그다지 조바심을 크게 느낄 이유는 없다. 경쟁 상대보다 뒤처진다고 느끼고, 불리한 결과를 얻을 것 같다는 생각이 들기 때문에 조바심이 드는 것이다.

친구나 동료가 나보다 잘나가는 것을 보며 조바심을 느끼는 것도 당연히 비교 상대가 있기 때문이다. 내가 사고 싶은 물건이 품절될까 봐 조바심을 내는 것은 불특정한 누군가를 경쟁 상대로 비교하는 것이다. 홈쇼핑의 상품이 매진될까 봐 조바심 내는 마음도 마찬가지이다. 출근길 정체로 강의 시간에 제때 도착하지 못할까 봐 조바심이 나는 것은 경쟁 상대가 없다. 하지만 강사는 적어도 강의가 시작되기 전까지는 강의실에 도착해 준비를 마쳐야 한다는 보편타당한 개념과 비교하는 것이다. 실업자가 되어 경제활동에 대한 조바심을 느끼는 것은, 활발히 경제활동을 하는 사람과의 비교는 물론 가장으로서의 역할이라는 절대적 개념에 대한 비교이다. 사랑하는 사람과의 결혼에 조바심을 내는 것도 마찬가지이다.

대학을 졸업하고 취업하지 못하는 시기가 길어지면서 조바심을 느끼는 것도 이미 취업한 사람과 자기 자신을 비교하기 때문이다. 아니면 사회적인 관념이라는 절대적인 개념과의 비교일 수도 있다. 보편적으로 사람의 마음속에는 대학을 졸업하면 취직해야 하고, 취직을 못한 사람은 무능한 사람이라는 관념이 자리 잡고 있다. 그래서 대학을 졸업하고도 취업을 못 하면 자신이 무능한 사람으로 보일 수 있다는 생각이 조바심을 불러일으키는 것이다.

요즘처럼 초연결 사회에서는 비교의 대상과 순간이 더욱 많아지고 있다. 각종 매스미디어, 인터넷, SNS 등을 통해 수많은 사람의 소식을 거의 실시간으로 접한다. 연결 상대가 많아지면 그만큼 비교할 대상도 많아지고 질투가 나거나 상대적으로 열등감을 느끼는 대상도 많아질 수밖에 없다.

IT나 방송 기술이 그리 발달하지 못했던 과거에는 오프라인에서 만나는 내 주위 사람에게만 신경 쓰면 되었지만 지금은 그게 아니다. 굳이 알고 싶지 않은 사람, 나와 직접적으로 관련이 없는 사람의 일까지 강제적으로 알지 않으면 안 된다. 그만큼 신경 써야 할 대상도, 비교해야 할 대상도 늘었다는 말이다. 물론 나와 상관없는 사람이라고 여기고 대수롭지 않게 생각하면 그만이지만 사람의 특성이 또 그렇지 않다. 그러므로 누군가와의 비교에 의한 조바심 역시 늘어날 수밖에 없는 환경에 살고 있다.

언뜻 생각하면 비교라는 것이, 상대가 있거나 절대적인 비교의 개념이 있기 때문에 조바심을 유발하는 내부 요인이 아니라 외부 요인처럼 여겨질 수 있다. 하지만 자기 자신을 누군가와 비교하거나 절대적인 개념과 비교하는 마음은 자신의 내부에서 일어나는 감정적 반응이다. 그러므로 외부 요인이라기보다는 내부 요인에 가깝다. 즉 자신의 노력으로 충분히 통제하고 개선할 수 있다는 말이다.

삶의 정체성을 찾지 못하는 이유

샤덴프로이데

우리 속담에 "사촌이 땅을 사면 배가 아프다"라는 말이 있다. 일본에도 "남의 불행은 꿀맛"이라는 속담이 있다고 한다. 이 속담에 담긴 기본적인 감정은 시기와 질투이다. 다른 사람이 잘되는 것을 부러워하고 미워하는 마음인 것이다. 우리나라와 일본뿐만 아니라 세계 여러 나라에 이런 유의 비슷한 속담이 있는 것으로 봐서 시기와 질투는 어쩌면 인간의 기본적인 속성인지도 모른다. 인간뿐만 아니라 전지전능한 신들의 세계에서도 시기와 질투는 피해갈 수 없는 감정이다. 그리스 로마 신화에 나오는 제우스의 부인 헤라는 질투심이 강했다. 칼리스토는 헤라의 질투로 곰이 되었다가 제우스에 의해 큰곰별자리가 되었고, 이오는 암소가 되어 온 세상을 떠돌고 말았다. 또한, 헤라는 피톤이라는 뱀에게 레토를 지구 끝까지 쫓아다니도록 했고, 테베의 공주 세멜레를 꼬셔 제우스의 본모습을 보여달라고 애원하도록 해 광채에 못 이겨 불에 타 죽도록 만들었다.

《생태와 진화의 선구자Frontiers in Ecology and Evolution》 저널에 발표된 한 연구에서 질투를 느낄 때와 그렇지 않을 때의 뇌 움직임이 밝혀졌다. 카렌 베일Karen Bales 박사는 한 쌍의 거미원숭이를 이용하여 질투를 유발하는 실험을 했다. 암컷 거미원숭이를 낯선 수컷 거미원숭이 옆에 놓아둠으로써 수컷의 질투심을 유발한 것이다. 비교를 위해 낯선 암컷 거미원숭이 옆에 수컷을 놓아두는 실험도 병행했다. 이 실험을 하는 동안 MRI를 이용하여 뇌의 움직임을 관찰한 결과, 수컷 거미원숭이가 질투심을 느낄 때는 변연계의 전대상회라는 한 부위가 활성화되었다. 이 부위는 불안을 느낄 때 활성화되는 영역이며 신체적으로 고통을 느낄 때도 그렇다. 인간의 경우 사회적 고통을 느낄 때 이 영역이 활성화된다. 또한 질투심을 느낀 수컷 거미원숭이의 테스토스테론과 코르티솔이 증가했다. 이러한 호르몬이 증가했다는 것은 질투가 고통과 스트레스를 유발하며, 질투 나게 한 상대방을 억압하려는 욕구를 느낀다는 것을 의미한다.

놀랍게도 이 연구 결과는 사람을 대상으로 한 실험에서도 재현되었다. 일본 방사선의학종합연구소 박사 다카하시 히데히코高橋英彦는 남녀 성인 19명을 대상으로 옛 동창생들이 사회적으로 크게 성공하여 부와 명예를 얻은 모습을 상상하도록 요청했다. 그리고 그 순간의 두뇌 활동을 MRI를 이용하여 촬영했다. 그러자 변연계 바깥쪽에 있는 전대상피질이 활성화되었다. 성공한 동창생의 모습을 상상하며 이 부위가 활성화되었다는 이야기는 고통을 느낀다는 것이라고 할 수 있다.

반면, 동일한 실험 참여자들에게 그 성공한 동창생이 불의의 사고로 크게 다치거나 사업 실패, 배우자의 외도 등으로 불행에 빠진 상상을 하도록 요청했다. 그러자 이번에는 전대상피질의 활동이 멈추고 중격측좌핵이 활성화되었다. 중격측좌핵은 쾌감을 발생시키는 보상 회로의 영역에 속하는 부위이다. 앞선 실험에서 전대상피질의 활동이 활발했던 사람일수록 중격측좌핵의 활동 역시 활발하게 나타났다고 한다. 다른 사람이 잘되었을 때 시기나 질투심이 강한 사람일수록 그 사람이 잘못되었을 때 쾌감을 크게 느낀다는 것이다.

이처럼 사람은 겉으로는 주위 사람의 성공을 축하해주고 진심으로 기뻐하는 것 같지만 속으로는 질투와 시기심에 시달리는 경우가 많다. 남의 불행을 기뻐하는 이러한 감정을 샤덴프로이데schadenfreude라고 한다. 이 실험을 보면 시기와 질투는 어쩔 수 없는 인간의 기본적인 감정인 듯하다.

보상에 대한 중독

1953년에 제임스 올즈James Olds와 피터 밀너Peter Milner는 수면과 각성주기를 조절하는 중뇌 망상계를 표적으로, 쥐의 뇌에 전극을 꽂은 후 쥐들이 지렛대를 누르면 뇌에 전기자극을 가하는 실험을 했다. 그러나 전극은 목표 지점을 벗어나 '중격septum'이란 곳에 꽂히고 말았는데 이것이 뇌과학 역사에서 길이 남을 만한 발견의 실마리가 되었다. 전극이 삽입된 쥐는 우연히 지렛대를 누른 후 반복적으로 지렛대를 누르기 시작했다. 먹고 마시는 것도 잊어버린 채 한 시간에 무려 7,000번이나 지렛대를 눌렀고 지쳐 쓰러진 다음에야 비로소 지렛대를 누르는 것을 멈추었다.

쥐들은 물이나 먹이를 먹는 것보다 쾌감 회로를 자극하는 일을 더욱 좋아했다. 수컷들은 발정기 암컷을 무시하고 지렛대를 눌러댔고, 어떤 쥐는 모든 활동을 제쳐두고 한 시간에 2,000회씩 24시간 내내 자극을 취했다. 그 쥐들에게는 이 세상에서 먹고 자고 번식 행위를 하는 것보다 지렛대를 누르는 것이 더 즐거운 일이었다. 심지어는 지렛대를 누르느라 식음을 전폐하는 바람에 죽음에 이른 쥐도 있었다. 이렇게 쥐들이 지렛대를 누르도록 자극이 가해진 부위는 쾌감중추이자 보상중추라고 알려진 부위였다.

우리가 원하는 것을 손에 넣으면 쥐들이 그토록 탐닉했던 보상중추가 활성화되고 쾌감을 느끼게 해주는 도파민이 분비된다. 이런 자극은 다른 자극보다 쾌감이 크게 느껴진다. 그래서 같은 행위를 반복하고 싶어진다. 행위 한 번으로 만족하지 못하고 같은 행위를 통해 또 쾌감을 느끼고 싶어지는 것인데, 이것이 '중독'이다. 도파민 분비가 늘어나면 뇌는 도파민 수용체를 늘려서 늘어난 도파민을 모두 받아들이려고 한다. 한편 수용체가 늘어난다는 것은 그만큼 더 많은 양의 자극이 있어야 한다는 것을 나타낸다. 그래서 같은 행위를 더욱 자주 그리고 많이 하려고 한다. 술을 마시는 사람이 시간이 지날수록 더 많은 술을 마시거나, 도박하면 할수록 더 많이 도박에 매달리거나, 온종일 스마트폰을 놓지 못하는 것도 바로 이 때문이다. 한마디로 중독에 내성이 생기는 것이라 할 수 있다.

중독된 상태에서는 도파민 수용체가 늘어난다는 것이다. 이 상태에서 예전보다 자극을 줄이면 늘어난 수용체만큼 충족하지 못한다. 수용체는 더 많은 도파민을 달라고 하는데 자극을 줄이는 것은 도파민 분비를 줄이는 것이기 때문에 요구만큼 충족을 못 해주는 것이다. 그러면 안절부절못하거나 초조하고 불안해하는 등 금단증상이 나타난다.

욕심은 중독을 불러올 수 있다. 한번 돈의 맛을 알면 더 많은 돈을 벌고 싶다. 아무리 돈이 많아도 더 많은 돈을 가지고 싶어진다. 많은 돈을 벌수록 쾌감을 느끼기 때문이다. "이만하면 됐으니 이제 그만 벌어야겠다"라고 말하는 사람을 본 적이 있는가? 지위도 마찬가지이다. 지위가 올라가면 더 높은 지위로 오르고 싶다. 아무리 지위가 높아도 그보다 더 높은 지위로 올라가고 싶은 마음이 생긴다. 높이 올라가면 올라갈수록 쾌감이 커지고 그만큼 스트레스는 적어지기 때문이다. 그러니 중독의 굴레에서 벗어나기가 쉽지 않다.

문제는 개인 능력에는 한계가 있다는 것이다. 누구든 무한한 능력을 타고나는 사람은 없다. 돈이든, 시간이든, 돈을 만들어내는 능력이든, 어떤 것이든 한계가 있게 마련이다. 그러나 욕심은 개인이 가진 한계를 벗어나게 만든다. 오로지 도파민이 가져다줄 쾌감만 생각하게 할 뿐, 자신의 한계는 고려하지 않다 보니 '턱' 하고 제동이 걸릴 수밖에 없다. 더 많은 것을 가지고 싶고, 더 높은 자리에 오르고 싶은데 자신이 가진 역량은 그것을 뒷받침할 수 없는 상황에 놓이니 그것들을 놓칠까 봐 불안하고 초조해지는 것이다.

욕심이 많은 사람은 대뇌보다 소뇌가 활성화된다는 연구 결과도 있다. 독일 교수 막스 오테Max Otte는 피실험자들에게 금융 투자에 관한 여러 가지 질문에 답하도록 하고, 그동안 뇌를 MRI로 관찰하는 실험을 진행했다. 주어진 질문은 지금 당장 100달러를 받을 것인가, 아니면 4개월 후에 110달러를 받을 것인가였다. 이 실험에서 피실험자가 그 자리에서 100달러를 받는 선택, 즉 즉각적인 보상을 원하는 경우에는 소뇌에서 높은 수준의 활동을 보였다. 소뇌는 파충류에서도 발견되는 아주 오래된 뇌의 한 부분으로 기본적인 본능을 관장하는 기능을 포함한다.

반면에 4개월 후에 110달러를 받겠다고 답한 경우 의식적 사고에 활용되는 대뇌의 활동 수준이 높았다. 즉각적인 만족을 추구하는 사람은 소뇌의 반응이 높지만, 당장의 욕심을 참을 줄 아는 사람은 대뇌 전두엽의 반응이 높다는 것이다. 이 실험 결과는 욕심을 내는 것이 인간의 본능적 행동에 가깝다는 것을 말해준다. 이래저래 욕심이라는 것을 다스리기가 그리 쉬운 일은 아닌 듯싶다.

삶의 정체성을 확립하기 위한 훈련 방안

삶의 정체성 찾기는 잃어버린 것을 찾는 일이 아니라 만들어나가는 일이다. 즉 스스로 욕심, 비교, 시기, 질투, 열등감 등을 느낄 때 그것을 그대로 두면 그 감정에 휩싸인 삶은 피곤해진다. 질투에 관한 한 연구에 따르면 스스로 질투심이 높다고 응답한 참가자들의 세로토닌 수치가 낮게 나타났다. 세로토닌은 각성 상태를 유지해주고 기분을 쾌활하게 만들어주며 집중력을 높여주는 신경전달물질이다. 이 수치가 낮으면 우울증이나 강박장애와 같은 질병이 나타날 수 있는데 질투가 세로토닌 수치를 낮춘다는 것은 삶의 질이 낮아질 수 있다는 것을 의미한다.

　더 나아가 이러한 감정들이 주변 사람에게서 멀어지게 만듦으로써 사회적으로 고립될 수도 있다. 타인과 관계를 맺으며 교류하는 것이 인간의 큰 욕구 중 하나인데 사회적으로 고립된다면 그것은 감내하기 힘든 고통이 될 수 있다. 삶 자체가 부정되고 의미가 없게 된다. 덴마크 철학자 키르케고르Kierkegaard는 '행복의 90퍼센트는 인간관계에서 온다'고 할 정도로 사회적인 관계는 삶의 행복에 큰 영향을 미친다. 그래서 따돌림을 당할 때는 굶주릴 때와 동일한 신경 네트워크가 활성화되어 위협과 고통 반응이 일어난다.

긍정적인 사회적 관계를 많이 맺으면 행복지수만 올라가는 것이 아니다. 시카고대학교 교수 존 T. 카시오포John T. Cacioppo는 50세에서 68세 사이의 229명을 대상으로 한 연구에서, 외로운 사람과 건강한 사회적 관계를 맺는 사람 사이에는 혈압이 30만큼이나 차이가 난다는 사실을 발견했다. 또한 사회적 관계가 좋지 못한 사람은 뇌졸중과 심장병으로 사망할 위험도 현저히 증가할 수 있다고 한다. 좋지 않은 사회적 관계가 좋지 않은 건강 상태를 불러온다는 것이다. 결국 욕심이나 시기, 질투, 열등감 등의 감정에 휘말려 타인에게서 멀어지고 사회적으로 고립되는 것은 건강하고 행복한 삶에서 멀어지는 길이라고 할 수 있다.

따라서 그런 감정이 파고들 때는 적극적으로 그것을 부인하고 벗어나려고 해야 한다. 이러한 과정은 스스로 만들어가는 것일 뿐, 타고난 것은 아니다. 삶의 정체성을 찾기 위해서는 자신의 감정 상태를 의식하고 자꾸 그것을 바꿔나가려고 노력해야 한다.

내면적 지위감 추구하기

자신이 가진 것에 만족하지 못하는 이유의 근원은 돈과 명예이다. 더 많은 돈을 가지고 싶고 더 많은 명예를 누리고 싶기 때문에 가진 것에 만족하지 못하고 끊임없이 다른 사람과 비교하며 자신을 힘들게 하는 것이다. 그러나 돈은 인간을 행복하게 만들어주지 못한다. 돈이 없으면 하고 싶은 것을 못 하고, 가지고 싶은 것을 가질 수 없고, 가고 싶은 곳을 못 가니 불편하다. 그렇다고 해서 불행한 것은 아니다. 돈이 많다고 해서 늘 행복한 것도 아니고 돈이 없다고 해서 불행한 것도 아니다.

수입이 삶의 행복에 미치는 영향은 1~5퍼센트 정도에 불과하다고 한다. 학자들의 연구 결과에 따르면 돈에 대한 중요성을 강조하는 문화일수록 행복감을 느끼는 수준이 낮은 경향이 있다.

1978년에 사회심리학자 필립 브릭만Philip Brickman은 복권에 당첨되는 것이 사람을 행복하게 해주는지 알아보기 위해 한 가지 조사를 했다. 일리노이주에 사는, 5만 달러에서 100만 달러 사이의 복권 당첨자 22명을 추적하여 전반적인 행복감과 일상에서 얻는 행복감을 평가하는 설문을 요청했다. 그 결과 복권에 당첨된 사람이 그렇지 못한 사람보다 더 행복하지는 않다는 결론을 얻었다. 오히려 일상에서의 행복감은 복권에 당첨되지 않은 사람에 비해 다소 적은 것으로 나타났다.

심리학자 브릭만은 이번에는 사고로 장애가 된 사람들을 찾아가 그들에게도 동일한 조사를 시행했다. 그러자 사고를 당한 사람은 자신의 미래 행복이 일반 사람과 별반 차이가 없다고 느끼고, 일상의 행복감도 어떤 집단과 비교해도 차이가 나지 않았다. 이를 통해서 브릭만은 어떤 것을 성취하면 그에 따르는 만족감을 느끼지만 그 만족은 오래가지 못하고 새로운 무관심과 새로운 단계의 노력으로 대체된다고 말한다. 이는 즐거움을 같은 수준으로 유지하기 위해서는 더 높은 수준의 보상을 추구하는 쾌락의 쳇바퀴에 빠질 수밖에 없음을 나타낸다. 즉 돈은 더 많은 돈에 대한 욕심을 불러온다는 것이다.

또 다른 조사 결과도 있다. 미국에서는 가구 내 1인당 연간 수입이 7만 5,000달러, 일본에서는 연간 수입이 800만 엔을 넘으면 삶에서의 행복도가 거의 올라가지 않는다고 한다. 돈의 한계효용이 줄어든다는 것인데, 일단 돈에서 자유로워지면 수입이 늘어나도 행복도가 변하지 않음을 나타낸다. 그러니 돈에 대한 욕심은 단순히 가지지 못한 것에 대한 열망일 수 있다.

명예는 지위감이라는 감정과 관련되어 있다. 인간의 뇌는 지위감을 기본적인 생존 욕구인 의식주 못지않게 중요하게 여긴다. 동물의 세계에서 목숨을 걸고 서열 다툼을 벌이는 것처럼, 인간 사회에서도 서열에 대한 욕구는 무시할 수 없을 만큼 크다. 지위가 높아질수록 막강한 권력을 가지고 더욱 편안하며 쾌적한 삶을 누릴 수 있기 때문이다.

원숭이들을 대상으로 한 실험에서 지위가 높아질수록 코르티솔 수치가 낮아지고 건강은 좋아지며 상대적인 수명도 늘어나는 것으로 나타났다. 런던대학교 교수였던 마이클 마멋Michael Marmot에 의하면 교육이나 소득 수준보다 지위감이 인간의 수명을 결정짓는 중요한 요소이다.

자신의 지위에 위협을 받으면, 코르티솔이 급증하고 불안과 두려움에 시달리며 마음속에서 강렬한 감정을 느끼고 비관적 사고에 지배된다. 반면 지위감이 높아지면, 도파민과 세로토닌 분비가 왕성해지고 코르티솔 분비는 현저하게 낮아진다. 이러한 이유로 인간에게 가장 강력한 보상 중 하나는 돈이 아니라 지위의 상승이다. 사소한 지위 상승도 뇌에서는 보상으로 받아들인다.

인간이 명예를 추구하는 것은 자신의 지위감을 높이기 위해서이다. 좋은 대학에 가고, 서둘러 진급하고, 이상형인 이성과 결혼하고, 책을 펴내고, 방송 활동을 하는 것 등은 모두 일종의 명예이며 지위감을 추구하기 위함이다. 어쩌면 명예를 추구하는 것은 인간의 본능적 속성에 가깝기에 떨쳐버리기 힘들지도 모른다.

하지만 지위감이 반드시 외부적 요인에 의해 형성되는 것만은 아니다. 외부적 요인으로만 형성된다면 좋은 대학을 나오지 못했거나, 내세울 만한 직장에 다니지 못하거나, 번듯한 직업이 없거나, 사람들이 눈길을 잘 주지 않을 것 같은 이성과 결혼한 사람은 모두 지위감이 낮겠지만 사실은 꼭 그렇지도 않다. 그런 사람들 중에도 자신의 삶에 만족하고 높은 지위감을 가진 사람이 있다. 누가 봐도 성공한 사람, 부러울 정도로 돈이 많은 사람, 인기가 많은 사람 중에도 스스로 지위감을 갖지 못하는 사람이 많다. 특히 자신보다 힘 없는 사람에게 갑질을 일삼는 사람은 지위감이 낮은 사람이다.

외면적으로 드러나는 지위감보다는 내면적 지위감이 더 중요할 수 있다. 스스로 나에 대해 높은 지위감을 갖는 것으로, 요즘 많은 사람이 쓰는 자존감과 같은 의미일 수 있다. 스스로 자신을 귀한 존재, 의미 있는 존재, 가치 있는 존재라고 여기는 것이 외면적 지위감보다 훨씬 중요하다. 내면적 지위감이 향상하면 굳이 높은 명예를 얻기 위해 힘겹게 발버둥치려고 하지 않아도 삶이 만족스러울 수 있다. 굳이 다른 사람과 같은 모습일 필요는 없다. 나만의 모습으로 사는 것이 중요하다.

역량 한계 내에서 머무르기

욕심이 많은 사람은 자신이 가진 역량 한계를 고려하지 않고 무조건 많은 일, 많은 성과를 얻으려고만 한다. 자신의 역량을 살짝 넘어서는 일은 노력하면 달성할 수 있지만, 역량보다 많이 넘어서는 일을 하다가는 오히려 주저앉는다.

조바심을 떨쳐버리기 위해서는 한 번에 하나의 일만 하는 것이 좋다. 한 가지 일에 집중하는 것이 여러 가지 일을 동시에 하는 것보다 훨씬 높은 효율을 얻을 수 있다. 하지만 인간의 욕심은 하나의 일에만 집중하도록 내버려 두지 않는다. 그 결과로 만들어낸 산물 중 하나가 바로 멀티태스킹이다.

멀티태스킹은 동시에 여러 가지 일을 하는 것이다. 사람들은 멀티태스킹을 뛰어난 능력의 상징으로 여기지만, 멀티태스킹은 인간의 뇌 특성을 거스르는 대표적인 행동 중 하나이다.

신경과학자들의 연구에 의하면 멀티태스킹을 하는 동안 인간의 의식은 한 과제에 집중하지 못하고 여러 가지 과제 사이를 정신없이 넘나든다. 그로 인해 업무 정확도는 감소할 수밖에 없다. 또한 주의 집중이나 한 과제에서 다른 과제로 빠르게 전환하는 주의 전환 능력도 떨어지며, 외부 정보를 처리하는 시간도 길어진다. 인지능력의 저하로 사고력과 판단력이 감소된다는 결과도 있다.

미국 인지학자 해럴드 패실러Harold Pashler는 한 번에 두 가지의 의식적인 사고작용을 할 경우 인지능력이 하버드 MBA 과정을 밟는 수준에서 8세 정도로 떨어진다는 사실을 밝혀냈다. 또한 런던대학교에서 수행한 연구 결과에 따르면 인지 과제를 수행하는 동안 멀티태스킹을 한 사람은 마리화나를 피우거나 밤을 꼬박 새운 상태일 때와 비슷한 수준으로 IQ가 낮아졌다. 이들의 IQ는 평균 15점이나 떨어졌으며 그 결과 8세 수준의 지능으로 퇴화했다는 것이다.

이처럼 욕심을 부리면 오히려 하나의 일에만 집중할 때보다 효율이 크게 떨어질 수 있다. 효율이 떨어지면 아무리 많은 일을 붙잡고 있어도 기대하는 만큼 성과를 거둘 수 없다. 그렇게 되면 결과에 대한 조바심을 느낄 수밖에 없다. 자신의 역량 한계 내에서 할 수 있는 만큼만 욕심내지 않고 일하는 것이 오히려 조바심을 떨쳐버릴 수 있는 지름길이다.

게다가 욕심이 지나치게 많아서 결과가 좋게 나타나지 않으면 그것이 스트레스 반응을 일으킬 수 있다. 스트레스 축이 활성화되고 코르티솔이나 아드레날린이 분비되어 부정적인 감정 상태로 이어진다. 부정적인 감정이 조바심을 일으키는 촉매제가 된다는 것은 앞서 수없이 강조한 바 있다. 그러므로 목표는 높게 잡되 지나치게 욕심내지 말아야 한다. 자신의 수준, 자신이 가진 역량을 파악한 후 최선을 다했을 때 힘들게 도달할 수 있는 정도의 수준을 목표로 잡는 것이 바람직하다.

비교와 열등감 버리기

비교는 인간의 타고난 본성이다. 인간의 삶에서 나와 다른 사람을 비교하는 것을 도려낼 수만 있다면 삶은 마치 태풍이 불지 않는 바다처럼 언제나 고요하고 평화로운 모습을 간직할 수 있을 것이다. 누군가와 나를 비교하여 질투심을 느끼거나 자존심에 상처받을 일도 없다. 그리고 열등감을 느낄 일도 없을 것이다. 또 자기 자신을 자랑하고 싶어 안달이 날 일도 없고, 다른 사람을 깎아내리기 위해 비난할 일도 없을 것이다. 그냥 있는 그대로, 자신의 모습 그대로 살아가는 것만으로도 충분할 것이다.

하지만 비교가 없으면 인간 문명의 발전도 없었을지 모른다. 타고난 그대로에 만족하며 천 년이 지나도, 만 년이 지나도 그 모습 그대로 남아 있었을 것이다. 비교가 있었기에 주위 사람보다 더 나은 모습이 되고자 노력했고, 그것이 두뇌의 발달을 가져왔으며 지금과 같은 문명의 발전을 이루었는지 모른다. 지금의 문명이 긍정적인지 부정적인지는 판단하기 어렵지만 해를 거듭하면서 인간의 삶이 더욱 편리해진 것만은 사실이다. 어쩌면 비교는 장점과 단점을 모두 갖춘 야누스 같은 존재인지도 모르겠다.

비교는 인간의 타고난 본능에 가깝기 때문에 비교하는 마음을 완전히 버리기는 쉽지 않다. 마치 사춘기 아이들에게 이성에 대한 관심을 끊고 지내라는 것이나 다를 바 없다. 그렇기 때문에 인간은 더 행복해질 수 있음에도 자신을 불행의 길로 내모는지도 모른다.

비교가 좋지 않은 것은 누군가와 나를 비교할 때마다 내 가슴에 상처를 남기기 때문이다. 잘 알고 지내는 강사가 있다. 이 사람은 연간 적지 않은 강의를 함에도 불구하고 늘 자신이 다른 사람보다 강의가 적다고 떠들고 다닌다. 통계적으로 봐도 분명 자신이 다른 강사들보다 훨씬 많은 시간 동안 강의함에도 늘 비교하며 자신의 강의 시간이 적다고 불평을 늘어놓는다. 그 불평 속에는 다른 강사들에 대한 근거 없는 헐뜯음이 있음은 당연한 이야기이다. 비교하지 않으면 스스로 행복한 삶을 살 수 있음에도, 자신을 다른 사람과 비교함으로써 불행해짐은 물론 다른 사람을 불쾌하게 만들곤 한다.

주로 비교는 '나보다 잘난 사람'과 '나' 혹은 '상대가 가진 것'과 '내가 가지지 못한 것', 또는 '상대의 장점'과 '나의 단점' 등으로 이뤄진다. '나보다 못난 사람'과 '나'를 비교하거나 '내가 많이 가진 것'과 '상대가 가지지 못한 것', '나의 장점'과 '상대의 단점'을 비교하는 경우는 거의 없다. 오스트레일리아 정신과 의사 노먼 페더Norman Feather는 '키 큰 양귀비 증후군tall poppy syndrome'이라는 말을 만들어냈다. '키 큰 양귀비'란 질투 대상이 되는 사람을 말한다. 이 증후군은 정원사가 정원을 가꿀 때 키가 큰 양귀비는 쳐내는 것처럼, 또래에 비해 재능이나 성취가 뛰어난 사람을 깎아내리거나 비난하는 현상이다.

나보다 잘난 사람 또는 많은 것을 가진 사람, 뛰어난 장점을 가진 사람과 나를 비교하면, 상대적으로 나는 초라해지거나 없어 보이게 마련이다. 그것은 질투와 열등감을 만들어내고, 질투와 열등감은 나의 정신세계를 파괴한다. 잘나가는 사람, 돈을 많이 번 사람, 진급이 빠른 사람을 보며 나 자신을 비교하다 보면 나도 그 사람을 따라잡고 싶은 욕심이 생긴다. 이를 경쟁의식이라고 한다. 경쟁의식이 필요한 경우에 건전하게 발현되면, 자신의 능력을 가진 것 이상으로 발휘하고 분발할 수 있다. 하지만 때로는 불필요한 상대에게 불필요한 경쟁의식을 가지기도 한다. 만일 그들을 이길 수 없다고 생각하면 강박감에 사로잡히거나 포기하거나 열등감을 가질 수 있다. 상대에게 적개심을 가지고 맹목적으로 상대를 이겨야 한다는 의식은 조바심을 내는 원인이 된다.

그러니 스스로 다른 사람과 비교하지 않으려는 마음만 가져도 조바심은 훨씬 줄어들 수 있다.

문제는 비교가 인간의 본능적인 특성에 가까워서 담배와 같이 해로운 것을 알면서도 끊기 어렵다는 데 있다. 미국 26대 대통령 시어도어 루스벨트Theodore Roosevelt는 "비교는 삶의 즐거움을 빼앗아가는 도둑"이라고 했다. 비교는 열등감을 낳고 열등감은 다른 사람과의 비교를 습관으로 자리 잡게 만든다. 스스로 정신 건강을 갉아먹는 것이다. 우월감을 느끼는 것도 그 뿌리는 마찬가지이다. 타인과의 비교를 통해 얻어지는 감정이기 때문이다. 우월감을 느낀다고 해서 삶이 만족스러워지는 것은 아니다. 누군가와의 비교를 통해 우월감을 느끼는 사람은, 다른 한편으로는 자신보다 더 나은 사람과의 비교를 통해 열등감을 느낄 수도 있기 때문이다.

긍정심리학자 아들러는 사람의 마음을 움직이는 주요한 두 가지 요소로 열등감과 우월감을 꼽았다. 열등감은 다른 사람보다 자신이 가진 능력이나 특성이 부족하다고 느끼는 것으로, 이것이 마음속에 자리 잡으면 피해의식이 생기고 쉽게 상처받으며 불안한 마음을 느낀다. 우월감은 열등감에 대한 저항으로 오히려 타인에게 허세를 부리는 것이다. 다른 사람보다 자신이 탁월한 특성이나 능력을 가졌다고 생각하는 자기중심적인 사고이다. 우월감을 가지면 교만과 허세, 특권의식 등이 자리 잡고 주위 사람에게 강압적 태도를 취해 상처를 주거나 또는 그것으로 자신이 상처받기도 한다. 열등감과 우월감은 동전의 양면과 같다고 한다. 열등감이라는 동전을 뒤집으면 우월감이 나타나고 우월감이라는 동전을 뒤집으면 열등감이 나타난다는 것이다. 결국 열등감과 우월감은 떼려야 뗄 수 없는 감정이다. 비교나 열등감을 벗어던지려면 다음과 같은 마음가짐이 필요하다.

① 다른 사람도 내게 열등감을 느낄 수 있다

내가 아는 사람 중에 100억대 재산가가 있다. 평범한 사람으로는 생각하기 힘들 만큼 많은 재산을 가진 사람이기에 그가 늘 부러웠다. 그를 시기하고 질투하기까지 했다. 그러던 어느 날 그가 별로 필요하지도 않은 최고경영자 과정에 등록하는 것을 보았다. 물어보니 그는 공부보다는 최고경영자 과정을 졸업했다는 타이틀 그 자체가 더 필요했던 것이다. 돈이야 얼마든지 있으니 돈으로 그 타이틀을 사고 싶었으며, 그곳에서 만난 사람들과 인적 네트워크를 형성하고 싶었던 것이다. 알고 보니 내가 시기하고 질투하던 그는 은연중에 내가 가진 학력과 주변의 인맥을 부러워하는 마음이 있었다.

사람은 누구나 자신이 가지지 못한 것에 부러움과 질투를 느낀다. 많이 가진 사람은 그렇지 않다고 생각할 수 있지만 인간의 욕심은 한이 없는 법이다. 많이 가진 사람은 또 나름대로 더 많이 가진 사람과 자신을 비교하며 부러움과 질투를 느끼게 마련이다. 그러니 내가 부러워하는 사람도 나의 또 다른 측면에서 부러움을 느낄지도 모른다. 그렇다면 굳이 내가 그 사람과의 비교를 통해 가지지 못한 것에 열등감을 느낄 필요도 없다. 적어도 나는 그 사람이 가지지 않은 것을 가졌을 수 있으니 말이다.

누군가에게 질투와 열등감을 느낄 때에는 자신이 가진 강점이나 장점을 다시 한번 돌아보라. 이는 앞서 언급했던 장단점 찾기와 동일한 개념이다. 천천히 자신을 되돌아보다 보면 그 사람보다 뛰어난 면이 있을 것이다. 상대가 나의 장점과 강점을 부러워할 수 있다고 생각해 보면 좋다. 그 대상이 꼭 물질적인 것일 필요는 없다. 젊음, 건강, 성격, 친화력, 유머감각, 인간성 등 그 무엇이라도 장점과 강점이 될 수 있음을 명심하라. 그러면 마음이 편해질 수 있다. 이것이 비교하는 마음을 다스리는 첫 번째 방법이다.

② 비교는 얻는 것보다 잃는 것이 더 많다

두 번째 방법은 일시적인 조바심을 다스리는 방법과 동일하다. 일종의 인지행동치료인데, 비교가 긍정적인 것보다는 부정적인 것이 더 많다는 사실을 인지하는 것이다. 사람은 대부분 비교를 통해 마음의 상처를 얻는다. 나보다 어려운 처지에 있는 사람과의 비교를 통해 마음의 위안을 얻는 사람은 거의 없다. 보통 사람은 위를 쳐다보며 살기 때문이다. 산을 오를 때 오르막길에서는 발 아래 펼쳐진 아름다운 풍경을 감상하기 어렵다. 하지만 내려오는 길에는 아름다운 풍경이 한눈에 들어온다. 산을 오르는 것보다는 내려가는 것이 덜 힘들기 때문이다. 이처럼 위를 바라보고 걷다 보면 삶 자체가 힘들어질 수 있다. 그렇기에 의식적으로 그것을 인지하도록 해야 한다.

위에 있는 사람과 나를 비교하면 삶이 힘들어질 수 있다. 자신이 상처받을 수 있음을 깨닫고 비교를 멈추어야 한다. 한 달 동안 열심히 일해서 500만 원을 벌었다고 쳐보자. 그 돈으로 아껴 쓰면 한 달을 생활하는 데 부족함이 없을 수 있다. 씀씀이에 따라서는 어느 정도 저축도 가능하다. 그렇게 살면 삶은 만족스러워진다.

그런데 위에 있는 사람을 바라보는 순간 이야기가 달라진다. 고급차를 타고 명품 가방을 들고 비싼 옷을 입으며 해외여행을 즐기는 사람을 보는 순간 내가 만족하며 받아들였던 500만 원이 형편없이 작게 느껴질 수 있다. 그 순간 나는 불행의 나락으로 떨어지고 만다. 충분히 행복하게 살아왔고 앞으로도 행복하게 살 수 있는 여건임에도 스스로 비교를 통해 힘든 상황으로 자신을 몰아넣는 것이다.

비교는 대부분 부정의 결과를 가져온다. 건강한 비교를 통해 삶을 긍정적이고 발전적으로 이끌어가는 사람도 있겠지만, 비교는 늘 자신보다 위에 있는 사람을 대상으로 하기 때문에 그 끝은 상처가 될 수 있다. 스스로 상처받지 않으려면 나를 다른 사람과 비교하지 않는 수밖에 없다. 비교의 결과가 좋지 않다는 것을 알면 비교하려는 마음을 어느 정도는 다스릴 수 있다.

③ 감사일기를 쓴다

하지만 다짐만으로는 비교하고자 하는 마음에서 벗어나기 쉽지 않다. 따라서 보다 효과적인 방법을 찾을 필요가 있는데 그중 하나가 감사일기를 쓰는 것이다. 칭찬일기가 자신감을 갖는 데 도움을 주는 것처럼 감사일기는 자신이 가진 것에 만족하고 다른 사람과 비교하려는 마음을 억제하는 데 도움을 준다.

감사일기란 매일매일 자신의 삶에서 감사할 일을 찾아 그것을 글로 적는 것이다. 칭찬일기도 마찬가지이지만 생각해보면 누구에게나 하루에 몇 가지 정도는 감사할 일이 있다. 자신이 불행하다고 생각하는 사람조차도 찾아보면 감사할 일이 많다. 내가 아프지 않은 것도 감사할 일이고, 사랑하는 사람이 다치지 않은 것도 감사할 일이며, 하루 동안 큰일 없이 지나간 것도 감사할 만한 일이다. 꼭 쾌락이나 희열을 느낄 수 있는 일이 있어야만 감사할 일은 아니다.

감사일기는 과학적으로 효과가 검증된 방법이다. 마틴 셀리그만은 심각한 우울증 환자 50명을 대상으로 감사일기를 쓰도록 했다. 이들의 우울증 점수는 평균 34점으로 극단적인 우울증 범주에 속했다. 가까스로 침대 밖으로 나와 컴퓨터 앞에 앉았다가 다시 가까스로 침대 속으로 들어갈 정도였다. 이들에게 일주일 동안 매일 그날 감사한 일 세 가지를 적고 왜 감사한지 이유를 함께 적도록 했다. 그러자 그들의 우울증 점수는 34점에서 17점으로 내려갔다. 극단적 우울증 증세에서 경미한 수준으로 바뀐 것이다.

반면 행복 백분위 점수는 15점에서 50점으로 올라갔다. 50명 중에서 47명이 감사일기를 쓰고 난 후 덜 우울하고 더 행복해졌다고 느꼈다. 이 연구를 진행한 셀리그만에 따르면 지난 40년 동안 심리치료와 약물로 우울증을 치료했지만 그러한 결과를 목격한 것은 처음이었다. 감사한 기억을 세는 활동이 향후 6개월까지 행복감을 증진하고 좌절감의 징후를 감소시킨다고 한다.

캘리포니아대학교 로스앤젤레스캠퍼스의 마음충만 인지연구센터에 따르면 진심을 담아 감사의 마음을 표현하면 말 그대로 뇌의 분자 구조가 바뀌고 신경세포로 이루어진 회백질의 기능이 건강하게 유지되며, 더 행복해진다. 이 대학의 연구원들은 참여자들로 하여금 여러 가지 다른 감정을 경험하게 하고 그때의 뇌 활동을 MRI를 이용하여 관찰했다.

그 결과 감사의 마음은 두뇌의 여러 부위를 동기화하고 뇌의 보상 경로와 시상하부를 활성화했다. 시상하부가 활성화된다는 것은 호르몬 분비 작용이 활발하게 일어나 신체가 건강해지도록 해주는 것이라고 해석할 수 있다. 감사는 우울증 치료에 효과가 있는 치료제 프로작 Prozac과 마찬가지로 세로토닌 분비를 높이고 도파민 분비를 늘릴 수 있도록 뇌간을 활성화하는 효과가 있다고 한다. 불안과 초조 등 부정적인 감정이 줄어든다는 것은 불을 보듯 뻔한 일이다.

2009년 국립건강원NIH의 연구원들은 매사 감사 표현을 잘하는 사람이 시상하부에서의 활동이 더욱 활성화된다는 사실을 발견했다. 시상하부는 섭식과 수면을 포함하여 신진대사와 스트레스 관리 등 인체의 모든 활동을 제어하는 데 큰 영향을 미치기 때문이다. 시상하부의 기능이 활발하게 이루어지는 사람은 그렇지 않은 사람에 비해 운동 능력의 향상은 물론 수면, 우울증, 통증 등 모든 분야에서 바람직한 상태를 유지한다.

이 외에도 감사는 다양한 효과가 있다. 존 고든Jon Gordon 등에 따르면 감사는 가정과 직장 내에서의 대인관계를 향상한다. 감사가 타인은 물론 우리 자신에게도 즐거움과 만족감을 느끼게 함으로써 전반적으로 좋은 관계를 유지하는 데 도움을 주는 것이다. 영국 심리학자이자 건강 전문가인 로버트 홀든Robert Holden은 성인 전문가들을 대상으로 한 감사에 관한 설문 조사에서 평소 감사하는 마음을 자주 드러내는 근로자는 더 효율적이고 생산적이며 책임감이 높은 것으로 나타났다고 말한다. 직장에서 감사를 표현하는 것이 대인관계를 돈독하게 하고 친밀감과 유대감을 높인다는 것이다.

직장에서도 감사 표현을 자주 하는 직원은 더 많은 과제를 수행하며, 과제를 완수하기 위해 책임을 다하고 팀의 일원으로서 행복하게 일할 가능성이 높다고 한다. 또한 감사 표현을 하는 관리자는 팀원과 적극적으로 의사소통하고 사람들 사이에 공감과 공정심, 서로 아끼는 마음을 갖게 한다는 연구 결과도 있다. 그만큼 평소 감사한 마음을 갖고 사는 것은 일에서나 개인 생활에서나 긍정적인 효과가 있다고 할 수 있다.

놀랍게도 나 역시 감사일기의 효과를 직접 경험한 사람이다. 직장을 그만두고 경제적으로 힘들 때 우연히 감사일기를 알게 되었고 그날 당장 감사일기를 쓰기 시작했다. 하루에 감사할 만한 일을 다섯 가지씩 찾아서 썼다. 그러자 아주 놀라운 일이 벌어졌다. 감사일기를 쓴 지 얼마 되지 않아 강의 의뢰가 들어오기 시작했다.《주식회사 고구려》는 2015년도 문화관광부에서 주관하는 세종도서에 선정되어 재인쇄에 들어갔고, 새로 집필한 원고도 출판 계약을 하게 되었다. 이러한 일들이 감사일기를 쓴 덕분인지 아니면 우연히 시기적으로 맞아떨어진 것인지는 알 수 없다. 하지만 감사일기를 쓰는 것이 자신의 삶을 긍정적으로 바라보고 행복감을 느끼게 해주는 것만은 틀림없다.

누군가와의 비교로 마음이 답답할 때 감사일기를 쓰면, 내가 갖지 못한 것을 원망하던 마음이 가진 것에 대한 고마움으로 바뀔 수 있다.

감사일기를 쓰는 요령은 간단하다. 하루를 마감할 시점에서 지나간 시간을 돌아보며 감사할 만한 일을 찾아본다. 그 이유와 함께 감사한 내용을 적어본다. 내용이 길 필요는 없다. 감사한 내용과 이유가 포함되기만 하면 된다. 만일 하루 동안 특별한 일이 없었다면 그것만으로도 의미를 부여하여 감사하면 된다. '오늘 하루 아프지 않고 보낼 수 있게 되어 감사하다'는 식으로 말이다. 아래는 내가 직접 쓴 감사일기의 예시이다.

〈감사일기 예시 1〉

늦지 않게 내일 강의 준비를 잘 마칠 수 있어 감사합니다.

〈감사일기 예시 2〉

오늘 의경으로 복무 중인 아들이 다녀갔습니다. 비록 짧은 외출이었지만 얼굴을 볼 수 있어 감사합니다.

〈감사일기 예시 3〉

가족과 맛있는 저녁 식사를 함께했습니다. 감사합니다.

노자는 "만족할 줄 알면 욕되지 않고, 그칠 줄 알면 위태롭지 않다.

그 결과 오래오래 갈 수가 있다"라고 했다. 자신이 가진 것에 만족하고 감사하면, 시기나 질투를 느끼지 않고 자신의 페이스대로 오래간다.

감사일기는 굳이 남에게 보여주지 않아도 되므로 부담 없이 적을 수 있다. 적다 보면 자신이 가진 것이 비록 적을지라도 소중하게 여겨지고 다른 사람과의 비교를 통해 얻은 마음의 상처도 회복할 수 있다.

④ SNS 사용을 줄여라

비교하는 습관을 없앨 수 있는 네 번째 방법은 SNS 등에 노출되는 시간을 줄이는 것이다. 앞서 언급한 것처럼 컴퓨터와 통신, 인터넷 등의 기술 발달로 세계는 촘촘하게 압축되었고 신경 쓰지 않아도 될 사람의 이야기까지 속속이 알 수 있는 기회도 훨씬 많아졌다. 이러한 것을 무심하게 지나치면 상관이 없지만 현대인의 생활 습관은 그런 것조차 지나치지 못하게 길들여지고 말았다. 그러한 생활 습관은 무의식적인 비교를 가져오고 그 속에서 경쟁의식과 열등감을 불러온다.

가급적이면 SNS 등을 멀리하는 것이 좋다. 앞서도 언급했지만 페이스북과 인스타그램, 트위터 등에 올라오는 글을 보면 대부분 자기 자랑이다. 멋진 장소에서의 휴가, 군침이 도는 맛깔스러운 음식, 친한 친구와의 즐거운 시간, 명품 가방이나 옷, 업무 성과 등을 자랑하는 내용이 SNS를 도배한다. 실제로 별 볼 일 없는 사람도 SNS에서는 대단한 사람처럼 부풀려져 보일 가능성이 크다. 그러한 것을 보다 보면 자기 자신을 초라하게 여길 가능성이 있다. 특히나 SNS에서 만나는 사람은 자기 자신과 직간접적으로 관련이 있는 사람이기 때문에 시기나 질투를 느끼는 경우가 많다. 그러한 기회를 원천적으로 차단하는 것이 필요하다.

요즘 같은 세상에 SNS를 멀리하고 어떻게 살 수 있냐고 반문할지 모르지만 SNS 없이도 삶은 충분히 영위 가능하다. 굳이 남들 자랑하는 것을 보면서 속을 끓일 이유가 없다. '절이 싫으면 중이 떠난다'는 말처럼 다른 사람의 자랑에 상처 입는 것이 싫다면 그 공간을 멀리하면 된다. 이미 SNS에 익숙해진 사람이라면 그것을 멀리하는 것이 쉽지 않겠지만 천천히 멀어지는 연습이 필요하다.

지금까지 비교와 그로 인한 열등감에서 벗어나는 방법을 다루었다. 마지막으로 누군가와의 비교를 통해 질투심이나 열등감을 느낄 경우 장자의 이야기를 되돌아보면 좋을 것 같다. 《장자》의 〈인간세〉 편에 '무용지용無用之用'이라는 이야기가 나온다. '쓸모없는 것의 쓸모 있음'이라는 의미로 장자의 친구 혜자와 당시의 이름난 목수인 장석을 가상으로 등장시켜 대화를 나누는 내용이다.

혜자 : 언젠가 내 친구 장자에게 이런 비유를 들면서 불만을 털어놓았다네. 우리 집에 큰 나무가 있는데 몸통은 썩어 파였고, 울퉁불퉁 혹이 나서 먹줄로 잴 수 없고, 작은 가지는 오그라지고 꼬여서 목수들이 거들떠보지 않는다네.

장석 : 그랬더니 뭐라 말씀하시던가요?

혜자 : 장자가 말하길 '자네는 큰 나무를 가지고 있으면서 그것이 쓸

데없다고만 탓한다'고 하더군. '그러면 도끼날에 베이는 일이 없고 아무한테도 해를 입지 않을 텐데, 쓸모없음이 무슨 걱정거리가 되겠느냐'고 말일세. 자네는 혹시 이런 말을 들어봤나?

장석 : 소인이 제나라로 가는 길에 상수리나무를 보았죠. 그런데 배를 만들면 금방 가라앉고 관을 만들면 금방 썩고 그릇을 만들면 금방 망가질 나무였습니다. 재목이 못 되는 나무, 쓸데가 없는 나무였죠.

혜자 : 자네는 목수이니 누구보다 그 나무의 쓸모를 잘 알 테지.

장석 : 한데 그날 밤 소인의 꿈에 그 나무가 나타나더군요. 그리고 이리 말하더이다. '과일나무들은 열매가 익으면 빼앗기고, 큰 가지는 꺾이는 수난을 겪게 된다. 자기들이 타고난 재능 때문에 삶이 고통스러운 것이다. 그래서 나는 쓸 만한 구석을 없애려고 노력해온 지 오래되었다. 몇 번 죽을 뻔했지만 지금은 목숨을 잘 보존하고 있으니, 그것이 내게는 큰 쓰임인 것이다.' 소인의 짧은 생각으로 감히 아뢰건대, 아마 나무의 이 말과 맥이 통하는 말씀이 아닌가 하옵니다.

혜자 : 쓸모없음이 쓸모 있다? 그러고 보니 〈인간세〉 말미에 이렇게 쓰였다지? '사람들은 모두 쓸모 있는 것의 쓰임새有用之用는 알면서도 쓸모 없는 것의 쓰임새無用之用는 알지 못한다'고. 집에 돌아가서 그 큰 나무를 다시 봐야겠네그려.

장석 : 하면 사람에게도 무용지용이 해당될 수 있겠사옵니까?

'뒷산은 옹이 진 나무가 지킨다'는 말이 있다. 나무가 곧고 쭉쭉 뻗어 있으면 보기가 좋지만 그렇게 곧게 자란 나무들은 언젠가는 집을 짓는 재목으로, 또는 배를 만드는 재료로 잘려나간다. 옹이 지고 구부러진 나무는 집을 짓는 재목으로도 쓸 수 없고 배를 만드는 재료로도 쓸 수 없으니 늙도록 그 자리에 남아 숲을 이루고 산을 지키는 것이다. 누군가와의 비교를 통해 열등감을 느끼는 것보다 자신에게는 어떤 '쓰임'이 있는지 이 이야기를 통해 생각해봤으면 한다.

8장

해야 할 일의
우선순위를 명확히 하다

인간이 동물과 구분되는 가장 뚜렷한 특징은 이성적이고 논리적인 사고를 할 수 있다는 것이다. 감정에 따라 본능적으로만 행동하지 않고 상황과 필요에 따라 그것을 억제할 줄도 알고 알맞게 조절할 줄 아는 것이 인간의 특성이다. 이는 모두 전두엽이 발달했기 때문인데 그중에서도 전두엽 앞에 있는 전전두엽은 인간을 가장 인간답게 만들어주는 역할을 하는 곳이다. 전전두엽을 얼마나 잘 활용하느냐에 따라 한 인간으로서의 존재 가치가 달라질 수 있다.

전전두엽은 두뇌의 CEO로서 무언가 필요한 일을 계획하고 그것이 가져올 결과를 예측하며, 우선순위를 정해 차질없이 실행할 수 있도록 한다. 해야 할 일이 무엇인지 찾아내고 그것을 하지 않았을 때 일어날 수 있는 문제를 예상함으로써 미래의 어려움이 닥치지 않도록 대비한다. 다시 말해 시간과 비용 등 가진 자원을 적절히 분배함으로써 일을 조직화하고, 예상되는 장애 요인을 피해 일이 이뤄지도록 하는 것이 모두 전전두엽에서 관장하는 일이다. 전전두엽을 잘 활용하는 사람일수록 인생에서의 실패 가능성은 줄이고 성공 가능성을 높일 수 있다. 당연히 인생을 조바심 내지 않고 살기 위해서는 전전두엽을 제대로 활용할 줄 알아야 한다.

이 장에서는 전전두엽을 최대로 활용하여 원하는 결과를 얻을 수 있는 방안에 대해 설명하고자 한다. 다소 전문적인 부분이므로 어렵다면 건너뛰어도 상관없다.

실행력이 부족한 사람 중 상당수는 자신이 해야 할 일을 모르고 행여 안다고 해도 그것들 간의 우선순위를 정하지 못한다. 무엇을 해야 하고, 무엇을 우선적으로 해야 하는지 모르다 보니 우왕좌왕하는 현상이 나타날 수밖에 없는 것이다. 의외로 많은 사람이 자신이 처한 상황에서 해야 할 일을 잘 모른다. 더불어 일의 우선순위를 정해 순차적으로 실행하는 역량도 부족하다. 해야 할 일을 잘 모르고 우선순위를 모른다면 머릿속에 떠오르는 대로 막 하는 수밖에 없다. 그러다 보면 정작 중요한 일을 우선적으로 처리하지 못해 시간에 쫓기고 결과에 대해서도 초조하고 불안해진다.

우리는 해결해야 할 크고 작은 문제와 맞닥뜨리며 산다. 문제라는 것은 도달하고 싶은 목표가 있는데 현재는 그 수준에 도달하지 못해서 차이가 생기는 것을 말한다. 목표와 현재 사이에 차이가 없으면 문제가 아니다.

문제가 있으면 그 문제를 해결하기 위한 방안을 찾아야 한다. 인간관계가 원활하지 못해 늘 좌충우돌하는 사람은 타인과 안정적으로 교류하는 방안을 찾아야 하고, 경제적인 어려움에서 벗어나고 싶은 사람은 안정적으로 돈을 버는 법을 찾아야 하며, 자신의 브랜드 가치를 높이고 싶은 사람은 대중에게 자신을 알리는 방법을 찾아야 한다.

이렇게 목표와 현재 상태 사이의 차이를 해결할 방안을 과제라고 할 수 있는데, 이는 사람에 따라 다를 수 있다. 동일한 상황에 있는 사람이라도 그 상황을 벗어나기 위해 취하는 행동은 모두 다르다. 자신이 가진 역량에 따라, 금전이나 시간 그리고 사용할 수 있는 네트워크 등 보유한 자원에 따라, 문제를 받아들이는 심각성에 따라, 주위 환경이나 여건에 따라 취하는 행동은 사람마다 다르다.

게다가 문제를 풀어나가는 과제도 하나가 아니라 여러 가지가 될 수 있다. 안정적인 수입을 창출하기 위해 아르바이트나 창업을 할 수도 있고 또는 재취업할 수도 있다. 능력이 된다면 프리랜서로 컨설팅을 하거나 번역하거나 강연할 수도 있다. 진급하기 위해서는 밤 늦게까지 야근하며 열심히 노력하는 모습을 보여줄 수도 있고, 윗사람에게 손금이 없어지도록 아부할 수도 있으며, 실력을 인정받기 위해 다른 사람이 도전하지 않는 어려운 과제에 뛰어들 수도 있다.

욕심이 많은 사람은 이 모든 것을 다 하려고 한다. 그러나 사람의 재능이나 역량, 자원은 늘 한정되어 있기 마련이다. 문제를 해결하기 위한 과제들 중에는 상대적으로 중요한 것도 있고 중요하지 않은 것도 있다. 단기적으로는 성과를 기대하기 힘들지만 장기적으로는 가능한 과제도 있다. 때를 놓치면 소용없어 시급히 해야 할 것도 있고 그렇지 않은 것도 있다.

이런 것들을 고려하여 우선순위를 정할 필요가 있다. 자신에게 무엇이 시급한지, 더 중요한지, 더 파급 효과가 큰지, 더 큰 이득을 가져다 줄지 따져본다. 그 후에 시급하고 중요하고 파급 효과가 큰 것부터 순차적으로 진행해야 한다. 그래야만 주어진 재능과 역량과 자원의 한계 속에서 낭비를 최소화하면서 문제를 효율적으로 해결해나갈 수 있다. 과제들 간의 우선순위가 정해지지 않으면 상대적으로 덜 중요한 문제에 집중하거나 과제들 사이를 정처 없이 헤집고 다닐 수 있다.

아쉽게도 많은 문제가 정형화된 형태를 가지지 못한다. 산수 문제처럼 수식으로 해결할 수 있는 문제는 별로 없다. 개인의 주관과 판단에 따라 해결해야 할 문제가 대부분이다. 그렇다 보니 사람에 따라서는 문제를 해결하기 위해 해야 할 과제들을 명확히 찾아내거나 우선순위를 정하지 못한다. 주로 경험이 부족한 사람이 그러한 경향이 있지만 꼭 그런 것도 아니다.

나는 직장 생활을 하는 동안 환경을 분석하고 과제를 도출하여 우선순위를 정하고 실행하는 전략기획 업무를 밥 먹듯이 했다. 그리고 직장 생활 동안에는 나름 좋은 성과를 거두었다. 하지만 막상 내 자신의 문제에서는 그러한 체계적인 접근 방법을 적용하지 못했다. 갑작스럽게 직장을 그만두었으니 안정적인 수입을 창출하는 방안을 찾아야 했다. 그런데 25년을 직장이라는 우산 밑에서만 살아왔으니 그 방면으로는 젬병이나 다름없었다. 무엇을 해야 할지도 몰랐고 무엇을 먼저 해야 할지도 몰랐다. 모든 것이 막연하기만 하고 겁이 났다.

이처럼 문제 해결을 위한 과제를 명확히 찾아내지 못하고 우선순위도 정하지 못하면 당연히 자신이 가진 재능이나 역량, 자원을 효율적으로나 생산적으로 활용할 수 없다. 시간을 제대로 활용할 수 없고 마땅한 성과도 만들어낼 수 없다. 시간이 지날수록 마음은 더욱 초조해진다. 차근차근 하나씩 문제를 풀어나가는 것이 아니라 닥치는 대로, 손에 잡히는 대로 일을 벌이기 시작한다. 그러면 일이 더욱 꼬여나간다. 일이 꼬여나갈수록 조바심은 커지고 일을 서두르게 되며 수박 겉핥기 식으로 과제를 하거나 잘못된 방향으로 문제를 해결한다. 그렇게 되면 문제는 본질적인 측면에서 해결되지 않는다.

그래서 자신에게 주어진 문제를 해결할 수 있는 과제를 구체적으로 설정하고 우선순위를 정해 그것에 따라 의지를 가지고 실행하는 능력이 없다면, 시간이 지남에 따라 조바심을 느낄 수 있다.

문제 정의 명확히 하기

과제를 구체적으로 설정하지 못하고 우선순위를 정하지 못하는 문제는 세 가지로 쪼개볼 수 있다. 우선은 문제를 해결하기 위해서 무엇을 해야 할지 모른다는 것이고, 두 번째는 우선순위를 정하지 못해 닥치는 대로 일하는 것이다. 그리고 마지막으로는 실행하는 능력이 부족하여 생각만 하다 끝나는 경우이다. 이 중 실행력에 관한 문제는 앞서 다루었으므로 생략하고 이 장에서는 첫 번째와 두 번째 문제에 대해서만 다뤄보기로 하자.

문제를 해결하는 데 제일 먼저 고려해야 할 것은 문제를 제대로 정의하는 것이다. 문제가 잘못 설정되면 주어진 문제를 해결하는 것이 아니라 엉뚱한 문제를 건드리게 된다. 자기 다리가 가려운데 옆 사람 다리를 긁으면서 시원해지기를 기대하는 격이다. 군대를 다녀온 남자라면 쉽게 이해가 되겠지만, 간혹 사격장에서 자신의 표적지가 아닌 다른 사람의 표적지를 맞히는 사람이 있다. 사격이 끝나고 표적지를 점검해보면 자신의 표적지는 깨끗한데 옆 사람의 표적지에는 이상하게 많은 흔적이 남아 있다. 문제를 잘못 정의하면 이러한 결과가 발생할 수 있다.

어떤 마을 입구의 후미진 구석에 조그만 땅이 있다고 가정해보자. 이곳은 쓸모없는 자투리 땅인 듯 오랫동안 방치되어왔다. 후미진 구석이다 보니 밤이면 늘 어둡고 오싹한 느낌마저 들었다. 어느 날 그곳에 누군가가 못 쓰게 된 의자를 내다 버렸다. 며칠이 지나자 다른 사람이 못 쓰게 된 책꽂이를 가져다 버렸다. 그리고 또 며칠이 지나자 책상이 나타났고 서랍장이 나타났으며 낡은 TV와 냉장고, 세탁기도 모습을 드러냈다. 시간이 지날수록 못 쓰는 물건들이 자투리 땅에 쌓여갔고 어느 순간부터는 악취 나는 음식 쓰레기까지 등장했다. 그렇게 일 년 정도가 지나자 그곳은 악취가 진동하고 벌레가 들끓는, 누구도 가까이 가지 않으려는 버려진 땅이 되어버리고 말았다.

이 상황에서 당신이라면 이 문제를 어떻게 정의할 것인가? 만일 사람들이 비양심적이고 불법적으로 쓰레기를 많이 버린다면 문제 해결의 과제는 그에 초점이 맞춰져야 할 것이다. CCTV를 설치하여 쓰레기를 버린 사람을 추적하거나, 높은 벌금을 부과하여 재물의 손실을 입히거나, 쓰레기를 버린 사람의 명단을 공개하여 망신을 줌으로써 동일한 행위가 재발하지 않도록 해야 할 것이다.

반면에 사람들이 쓰레기를 버리는 것이 문제가 아니라 쓰레기를 버리도록 유도하는 환경이 문제라면 이야기가 달라진다. 어둡고 후미진 구석 땅, 사람의 눈길이 미치지 못하는 땅이 애초에 그럴 마음이 없는 사람까지 쓰레기를 버리도록 만든다면 그것은 양심의 문제라기보다는 환경의 문제일 수 있다. 이 경우에는 쓰레기를 모두 치우고 그곳에 꽃밭을 조성하거나 밝은 조명을 설치하여 쓰레기를 버릴 수 없는 환경으로 탈바꿈하는 것이 필요하다.

이처럼 문제 정의는 문제 해결에 대한 접근 방법을 바꾼다. 사랑하는 사람이 내 마음을 받아주지 않아 조바심을 낼 경우 내게 문제가 있는 것인지, 상대에게 문제가 있는 것인지 정확히 알아야 한다. 동료보다 진급이 안 되어 조바심이 난다면 그것이 능력의 문제인지, 인간관계의 문제인지, 처세술의 문제인지 알아야 한다. 시험에서 좋은 점수가 나지 않아 조바심이 난다면 그것이 공부 방법의 문제인지, 의지의 문제인지, 아니면 자신감의 문제인지 먼저 정확히 알아야 한다.

문제를 잘못 정의하면 갈수록 실제 문제와 해결 과제 사이에 괴리가 생기고 종국에는 문제 해결과 동떨어진 해결책을 실행하게 된다. 무직자 탈출을 위해 해야 할 일에 기업의 채용 시스템을 개선해야 한다는 과제를 도출하는 식의 접근 말이다. 그러한 일은 취업을 준비하는 사람으로서 할 수 있는 일이 아니다. 그러므로 제일 먼저 자신이 해결해야 할 문제가 무엇인지 정확히 정의하는 것이 우선 되어야 한다.

문제 해결을 위한 과제 도출

문제를 올바르게 정의하고 나면 다음 단계에서는 문제를 해결하기 위한 과제, 즉 해야 할 일을 도출해야 한다. 이 단계에서는 다소 논리적인 사고가 필요하다. 우선 문제를 해결하기 위한 해결 과제를 도출하는데 많이 쓰이는 도구 중 하나로 로직트리logic tree라는 것이 있다. '논리'라는 의미의 로직과 '나무'라는 의미의 트리가 결합한 용어로, 생각을 체계적으로 정리하고 구체화하는 논리 도구이다. 문제가 생겼을 때 원인을 깊이 파고들거나 해결책을 구체화할 때, 제한된 시간 속에서 생각의 폭과 깊이를 추구하는 것에 도움이 되는 기술이다. 문제의 원인이나 해결책을 나무 모양으로 논리적으로 분해하여 정리하는 방법이다. 여기에서는 문제의 원인이 아닌 해결 방법에만 초점을 맞춰 설명하겠다.

로직트리의 개념은 상당히 간단하다. 문제가 주어지면 그 문제를 해결할 수 있는 과제를 모두 도출해본다. 이것이 1차 해결 방안이다. 1차 해결 방안은 다시 또 그것을 어떻게 해결할 수 있을지 더 자세히 분해해본다. 이렇게 도출된 과제들이 2차 해결 방안이다. 2차 해결 방안 역시 덩어리가 클 수 있다. 그러므로 이것들을 다시 세부 과제로 쪼개본다. 이렇게 해서 도출된 과제들이 3차 해결 방안이다. 문제에서 3차 해결 방안에 이르기까지 모든 과제를 이렇게 반복적으로 쪼개면 문제를 해결하기 위해 수행해야 할 과제가 모두 도출된다. 로직트리의 장점은 생각의 폭과 깊이를 키워주는 것이다. 일반적으로 문제가 닥쳤을 때

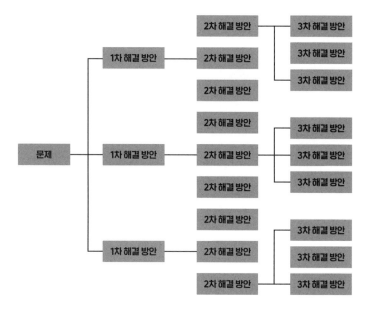

[문제 해결 과제 도출을 위한 로직트리]

사람들은 머릿속에 떠오르는 대로 아이디어를 낸다. 그러다 보면 생각의 폭이나 깊이가 충분하지 못할 수가 있다.

　예를 들어 최근에 이상하게 몸이 아프다고 해보자. 일반적으로 이문제에 대한 원인을 생각해보면 지나치게 무리해서 신체 에너지가 고갈된 것만을 생각할 수 있다. 하지만 몸이 아프다는 문제를 육체적인 측면과 정신적인 측면으로 나눈 후 각각에 대해 좀 더 세분화해 들어가면 미처 생각하지 못했던 원인을 떠올릴 수 있다. 이를테면 상사나 주위 동료들과의 인간관계로 스트레스가 극심한 상태에 이르렀다든지, 과도한 업무로 번아웃 증후군이 찾아왔다든지 하는 것이다. 이런

[경제적 문제 해결을 위한 방안]

경우에는 하루 휴가를 내고 쉰다고 해서 문제가 해결되지 않는다. 정
신과 치료를 동반하여 보다 장기적인 측면에서의 조치가 필요하다. 로
직트리를 이용하면 이렇게 생각의 폭과 깊이를 키울 수 있으므로 문제
해결을 위해 필요한 조치 사항을 조금 더 구조적이고 체계적으로 도출
해낼 수 있다.

나의 과거 이야기를 너무 자주 하는 것 같아 미안하기는 하지만 이 그림은 내가 갑작스럽게 직장을 그만두고 경제적인 어려움에 처했을 때 취한 방안들을 로직트리 형태로 나열해본 것이다. 나로서는 돌아보기 싫고 부끄러운 기억이지만 이것을 예시로 드는 이유는 조바심에 시달리는 사람들 중 상당수가 유사한 상황에 있을 것 같아서이다.

여기서 해결 방안은 반드시 3차까지 가야만 하는 것은 아니다. 2차에서 끝날 수 있는 해결 방안도 있고 3차를 넘어 4차나 5차까지 세분화해야 하는 것도 있다. 이 예시에서 ⑩번부터 ⑮번까지는 하위 단계로 더 세분화해야 하는 것들이다. 일반적으로는 3차 이상, 5차를 넘지 않는 것이 좋다. 너무 깊이 들어가면 지나치게 세부적인 해결 방안이 도출될 수 있기 때문이다. 그리고 해결 방안은 문제 해결을 위해 반드시 필요한 것이어야 하며 바로 행동으로 이어지도록 구체적인 것이어야 한다.

할 일의 우선순위 정하기

이렇게 해서 과제가 도출되면 그다음은 과제의 우선순위를 정해야 한다. 개인이 가진 시간이나 돈, 노력 등의 자원은 한정적일 수밖에 없다. 모든 과제를 한꺼번에 하려고 하면 자원의 한계로 제대로 수행할 수 없는 것은 물론 질도 낮아질 수밖에 없다. 과제가 정해지면 과제들 간의 우선순위를 정해 순위가 높은 과제부터 수행해야 한다.

과제의 우선순위를 정하는 방법은 여러 가지가 있다. 과제의 시급도와 중요도를 고려하는 방법이 있고 비용 대비 효과를 고려하는 방법도 있다. 각자 어느 것이 더 중요한지를 고려해 적합한 방법을 선택하여 사용하면 된다.

과제의 시급도와 중요도를 고려해 우선순위를 정하는 방법은 다음 과 같다.

· 모든 과제에 번호를 부여한다. 앞의 예시에서 3단계 해결 방안에 붙은 번호 가 과제의 고유 번호이다.
· 모든 과제에 대해 시급도와 중요도를 따져본다. 시급도는 과제를 얼마나 빨 리 수행해야 하는지를 나타내며, 중요도는 과제가 미치는 영향력이나 이 과 제를 하지 않았을 때 나타날 수 있는 부정적 파급 효과 등을 고려한다. 모든 과제의 시급도와 중요도는 0과 1 사이의 값을 가지며 상대적인 값이다. 값

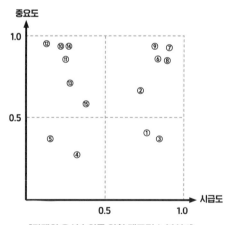

[과제의 우선순위를 위한 매트릭스 분석 1]

이 클수록 시급도와 중요도가 높은 것이라 할 수 있다. 이에 대한 판단은 각
자가 주관적으로 한다. 따라서 같은 과제라고 해도 사람에 따라 시급도와 중
요도는 달라진다.

· 각 과제의 시급도와 중요도를 아래 그림처럼 매트릭스 공간에 기입해본다.
나의 사례로 예시를 들면 매트릭스 분석 I 그림과 같다.

이 매트릭스에서 우선적으로 수행해야 할 과제는 중요도와 시급도
가 모두 높은 과제이다. 그러므로 ②번과 ⑥번, ⑦번, ⑧번, ⑨번 이 다
른 과제들보다 우선순위가 높다. 조금 더 들어가서 생각해보면 이 다
섯 개의 과제도 많을 수 있다. 이 사이에서는 우선순위가 없을까? 이
과제들 사이에서도 조금 더 중요도가 높고 시급도가 높은 과제를 먼저
수행해야 한다. ②번과 ⑦번 과제는 같은 분면에 있기는 하지만 중요

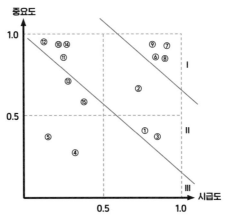

[과제의 우선순위를 위한 매트릭스 분석 2]

도와 시급도는 다르다. 따라서 이를 고려하여 과제를 선정하기 위해서는 분면 단위로 우선순위를 정하는 것이 아니라 사선으로 비스듬히 과제를 잘라내야 한다. 매트릭스 분석 2 그림처럼 말이다.

이 그림에서 과제의 우선순위는 Ⅰ 그룹이 가장 높으며 그다음이 Ⅱ 그룹, 그다음이 Ⅲ 그룹이다. 같은 그룹 내에 있는 과제들의 우선순위는 각자의 판단에 따라 달라질 수 있다. 이렇게 되면 앞서 ②번과 ⑥번, ⑦번, ⑧번, ⑨번은 같은 우선순위를 갖지 않는다. ⑥번, ⑦번, ⑧번, ⑨번은 같은 우선순위를 가질 수 있지만 ②번은 다른 네 개의 과제에 비해 우선순위가 낮아진다.

중요도와 시급도를 양 축에 놓지 않고 동시에 고려하면서 과제 수행의 난이도를 고려하는 방법도 있다. 즉 X 축은 비용이나 시간, 난이도를 고려한 수행 가능성을, Y 축에는 중요도와 시급도를 고려한 전략적

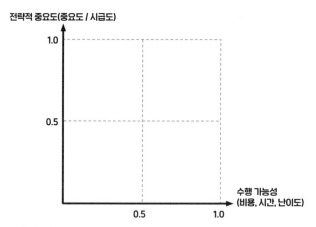

[수행 가능성 – 전략적 중요도에 의한 과제의 우선순위 매트릭스]

중요도를 따져볼 수 있다. 이렇게 축을 바꾸면 과제의 우선순위도 달라질 수 있다.

두 번째로 비용－효과 매트릭스는 한 축은 시간이나 투입되는 돈, 노력 등 비용을 고려하고 다른 한 축은 과제를 수행해서 얻을 수 있는 효과를 고려하는 것이다. 이 매트릭스에서 우선적으로 수행해야 할 과제는 I 그룹에 있는 것들이 된다. 비용은 상대적으로 적게 들면서도 효과는 큰 것들이기 때문이다. 만약 I 그룹 안에 속한 과제가 다수라면 그것들 간의 비용이나 효과를 다시 따져보아 가장 바람직한 과제를 우선적으로 수행해야 한다. 물론 I 그룹 내에서도 우선순위가 있을 수 있으므로 이 경우에는 오른쪽 위에서 왼쪽 아래로 비스듬히 사선을 그어 우선순위를 정할 수 있다.

이렇게 모든 과제의 우선순위가 정해지면 제일 순위가 높은 과제부

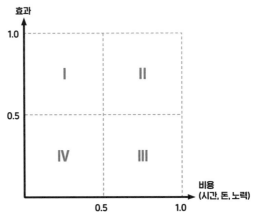

[비용-효과에 의한 과제의 우선순위 매트릭스]

터 순차적으로 진행해야 한다. 일반적으로 마음이 급하다 보면 이 과제를 조금 붙잡고 있다가 다른 과제로 넘어가고 또 다른 과제로 넘어가면서 마치 메뚜기처럼 오고 갈 수 있다. 하지만 이래서는 하나의 과제도 제대로 마칠 수 없다. 조바심이 나더라도 참고, 한 과제를 처음부터 끝까지 수행한 후 다음 과제로 넘어가는 연습이 필요하다.

이 내용들이 잘 이해되지 않거나 전문적인 측면으로 인해 어렵다고 여겨질 수 있다. 그렇다면 굳이 이 방법을 따르지 않아도 된다. 중요한 것은 분명한 목표를 가지고 달성할 수 있는 과제를 명확히 도출한 후 우선순위에 따라 중요하고 시급한 것부터 수행하는 습관이 몸에 배야 한다. 이런 과정 없이 닥치는 대로 해야 할 일을 중구난방으로 처리하다 보면 필히 시간에 쫓기는 일이 생긴다. 그것이 반복되다 보면 습관적으로 조바심에 시달릴 수 있다.

모든 것은 적당한 때가 되면 오는 법

《손자병법》은 전쟁에서 이기기 위한 방법을 담은 책이다. 이 책을 배우지 않고 토막으로만 들은 사람은 오로지 전쟁에서 승리할 수 있는 싸움의 기술을 가르치는 책으로 알 것이다. 하지만 사실 싸움에 앞서 승리할 수 있는 환경을 조성하는 것을 먼저 가르친다. 전쟁에서 이기기 위해서는 철저한 준비가 필요하듯, 조바심을 물리치기 위해서도 철저한 준비와 오랜 기다림이 필요하다. 준비가 안 된 상태에서 서둘러 조바심을 다스리려고 하다가는 실패를 맛보고 더욱 큰 조바심의 굴레로 빠져들 수 있다.

중국의 동부 지방에는 모소대나무라는 것이 있다고 한다. 대나무의 일종으로 땅에 심은 후 4년간은 죽순조차 보이지 않는다. '우후죽순' 이라는 말이 있는 것처럼 대나무는 한 해에도 키가 엄청나게 크게 자라는 식물이다. 그러나 모소대나무는 4년 동안 털끝 하나 보이지 않는다. 그럼에도 불구하고 농부들은 싹도 보이지 않는 땅에 매일 정성을 들여 물을 주고 공을 들인다. 이 모습을 본 다른 지방의 농부들은 이미 죽어버린 대나무에 쓸데없이 시간 낭비를 한다며 핀잔을 주기 일쑤이다.

하지만 4년의 시간이 지나고 5년째가 되면 모소대나무는 드디어 싹을 내민다. 이후 하루에 30센티미터씩 자라면서 6주가 지나면 키가 15미터까지 큰다고 한다. 최대로 큰 대나무의 길이는 무려 28미터에 이른다고 한다. 모소대나무는 땅속에 갇힌 4년 동안 마치 죽은 듯이 보이지만 그 긴 시간에 걸쳐 성장의 준비를 하는 셈이다. 그러다가 때가 되었을 때 땅을 박차고 나와 한 번에 성장을 마치는 것이다.

벼가 자라지 않자 벼 이삭을 잡고 끌어당겼던 송나라의 우매한 농부처럼 만약 모소대나무의 상태가 궁금해 땅을 파헤친다면 어떤 일이 일어날까? 아마도 15미터 또는 거의 30미터에 이르는 모소대나무의 모습은 볼 수 없을 것이다.

우리는 살면서 수없이 조바심을 내지만 조바심을 내는 것이나 그렇지 않은 것이나 결과는 크게 다르지 않다. 오히려 조바심을 내는 동안 자신의 내면은 정신적으로 육체적으로 피폐해지고 있음을 알아야 한다. 이를 깨닫고 조바심을 내는 습관을 다스릴 수 있다면 인생이 더 평온해지고 살 만해질 것이다.

조바심을 떨쳐버리는 길은 순탄치 않을 것이다. 꽤 힘든 노력과 오랜 시간이 필요할지도 모른다. 하지만 한 발 한 발 내딛다 보면 어느 순간에는 조바심에서 자유로워질 날이 올 것이다. 조바심을 떨쳐내기 위해서는 서두르지 않아야 한다. 조바심으로는 조바심을 물리칠 수 없다. 조바심과 결별하는 길은 마치 '우공이산'의 우화처럼 느리게 가야 한다. 마지막으로 그 이야기를 전하며 글을 마치고자 한다.

먼 옛날 중국의 황하 이북 지역에 '태행산太行山'과 '왕옥산王屋山'이라는 큰 산이 있었다. 이 두 산은 둘레가 700여 리이고 높이가 만 장에 달해 무척이나 웅장했다. 그 산의 북쪽에 '우공'이라는 아흔 살 먹은 노인이 살고 있었다. 그는 집 앞에 있는 커다란 두 산 때문에 멀리 돌아다녀야 하는 것을 늘 불편하게 여겼다. 그래서 하루는 두 산을 파 없애버리기로 결심하고 실행에 나섰다. 파낸 흙은 발해나 은토 북쪽에 버렸는데 흙을 나르는 거리가 너무 멀어 한 번 왕복하는 데 반 년이 걸렸다.

이런 모습을 보고 주위 사람이 모두 미쳤다고 손가락질하며 비웃었다. 하지만 우공은 자신이 죽고 나면 자신의 자식이, 또 그 자식이 죽고 나면 자식의 자식이 계속 산을 팔 것이니 아무리 산이 크고 높다고 해도 허물어버릴 수 있다고 했다. 이 소문을 들은 옥황상제가 두 산을 북쪽과 서남쪽으로 멀리 옮겨주었다. 그러자 드디어 길이 훤하게 드러났다.

참고 문헌

1장 일상을 위협하는 조바심이란?

1. 그리고리 L. 프리키온, 애너 이브코비치, 앨버트 S. 융(2017). 스트레스, 과학으로 풀다. 한솔아카데미

2. Hans Selye(1950), Stress and Adaptation Syndrome. British Medical Journal. June 17; 1(4667):1383-1392

2장 조바심이 삶에 미치는 영향들

1. 티모시 파이카일(2014). START, 시작하라!. 중앙북스

2. Clayton Christensen(1995). Disruptive Technology: Catching the Wave. HBR

3. 로버트 그린(2013). 마스터리의 법칙. 살림Biz

4. 앤절라 더크워스(2009). 그릿. 비즈니스북스

5. 남회근(2014). 맹자와 공손추. 부키

6. 마틴 셀리그만(2014). 마틴 셀리그만의 긍정심리학. 물푸레

7. Martin E.P. Seligman, W.H. Freeman & Co.(1975). Helplessness-On Depression, Development and Death, San Francisco

8. 프랭크 미너스(1997). 무력감에 빠졌을 때. 서울말씀사

9. 김경민, 김민경, 이상혁(2014). 불안 관련 장애의 신경생물학적 이해. Korean Journal of Biological Psychiatry;21(4):128-140

10. 조셉 슈랜드, 리 M. 디바인(2013). 디퓨징. 더퀘스트

3장 조바심을 떨쳐버리기 위한 뇌 습관 만들기

1. 프레데리케 파브리티우스, 한스 하게만(2018). 뇌를 읽다. 빈티지하우스

2. Flavell, J. H. (1979). Metacognition and cognitive monitoring: A new area of cognitive-developmental inquiry. American Psychologist, 34, 906 - 911.

3. 김영철, 김진혁, 김운형(2016). 아름다운 삶을 위한 인성교육. 좋은 땅

4. 쉬셴장(2019). 하버드 감정 수업. 와이즈맵

5. Festinger, L.; Carlsmith, J.M. (1959). Cognitive consequences of forced compliance. Journal of Abnormal and Social Psychology 58 (2): 203-210. doi:10.1037/h0041593

6. 공자(2016). 논어. 홍익출판사

7. James J. Gross, Matthew L Dixon et al.(2019). Emotion Regulation in Social Anxiety Disorder: Reappraisal and Acceptance of Negative Self-Beliefs, Biological Psychiatry: Cognitive Neuroscience and Neuroimaging 5(1) · August

8. Papez JW(1937). A proposed mechanism of emotion. Arch Neurol Psychiatry. ;38:725-43.

9. Mark F. Bear 등(2006). 신경과학: 뇌의 탐구(제3판). 바이오메디북

4장 나에게 '싫어요'를 누르지 않는 마음가짐

1. Khan Tanveer Habeeb(2016), A Study of Relationship Between Patience, Confidence and Stress Level among Adolescents, International Journal of Educational Research Studies, Sep.-Oct., Vol-II, Issue-IX

2. Ellen Lenney(1977). Women's Self-Confidence in Achievement Settings. Psychological Bulletin 84(1):1-13 · January

3. Psychology Dictionary Online. 2019.8.11

4. Self-esteem and self-confidence. The University of Queensland

5. 해럴드 힐먼(2014). 사기꾼증후군. 새로운현재

6. Geert-Jan Will, Robb B Rutledge et al.(2017). Neural and computational

processes underlying dynamic changes in self-esteem. eLife. Oct 24

7. 이케가야 유지(2013). 뇌는 왜 내 편이 아닌가. 위즈덤하우스.

8. 송민령(2017). 송민령의 뇌과학 연구소. 동아시아

9. Patrick Haggard, Benjamin Libet(2001). Conscious Intention and Brain Activity. Journal of Consciousness Studies, 8, No.11, pp 47-63

10. Thomas Metzinger(2000). Neural Correlates of Consciousness: Empirical and Conceptual Questions. The MIT Press

11. 모헤브 코스탄디(2016). 일상적이지만 절대적인 뇌과학 지식 50. 반니

12. 딘 버넷(2018). 뇌 이야기. 미래의창

13. 세스 고딘(2014). 이카루스 이야기. 한국경제신문사

14. Robert S. Chavez, Todd F. Heatherton(2015). Multimodal front striatal connectivity underlies individual differences in self-esteem. Social Cognitive and Affective Neuroscience. Vol. 10, Issue 3, March, Pages 364-370,

15. 마틴 셀리그만(2014). 마틴 셀리그만의 긍정심리학. 물푸레

16. Peter Hermann, J. Polivy(2001). The False Hope Syndrome: unrealistic expectations of self-change. International Journal of Obesity. 25, suppl 1, 80-84

17. 로이 F. 바우마이스터, 존 티어니(2012). 의지력의 재발견. 에코리브르

18. 프레데리케 파브리티우스, 한스 하게만(2018). 뇌를 읽다. 빈티지하우스

19. 트레이시 앨러웨이, 로스 앨러웨이(2014). 파워풀 워킹 메모리. 문학동네

20. Edin F, Klingberg T et al.(2009). Mechanism for top-down control of working memory capacity. Proceedings of the National Academy of Sciences of the United States of America. Apr 21; 106(16): 6802-6807

21. 데이비드 록(2010). 일하는 뇌. 랜덤하우스코리아

22. 샤론 베글리, 리처드 J. 데이비드슨(2012). 너무 다른 사람들. 알키

23. Jason S. Moser, et al(2017). Third-person self-talk facilitates emotion regulation without engaging cognitive control: Converging evidence from

ERP and fMRI. Scientific Reports

24. 제임스 W. 페니베이커(2016). 단어의 사생활. 사이

25. 추신수(2011). 오늘을 즐기고 내일을 꿈꾸다. 시드페이퍼

26. 이중톈(2007). 삼국지 강의. 김영사

27. C.J. Price et al.(1994), Brain activity during reading: The effects of exposure duration and task. Journal of Neurology. Dec.

28. 노먼 도이지(2008). 기적을 부르는 뇌. 지호

29. 존 레이티, 에릭 헤이거먼(2009). 운동화 신은 뇌. 녹색지팡이

30. 찰스 두히그(2012). 습관의 힘. 갤리온

31. Dana R. Carney, Amy J.C. Cuddy, Andy J. Yap(2010). Power Posing: Brief Nonverbal Displays Affect Neuroendocrine Levels and Risk Tolerance. Psychological Science. Sep. 20

5장 긍정적 사고로 뇌를 지킨다

1. Richard L. Metzger, Mark L. Miller et al.(1990). Worry changes decision making: The effect of negative thoughts on cognitive processing. Journal of Clinical Psychology. Jan.

2. 밀란 쿤데라(2012). 느림. 민음사

3. 류쉬안(2018). 심리학이 이렇게 쓸모 있을 줄이야. 다연

4. 대니 그레고리(2018). 내 머릿속 원숭이 죽이기. 매일경제신문사

5. 대니얼 네틀(2019). 성격의 탄생. 와이즈북

6. 샤론 베글리, 리처드 J. 데이비드슨(2012). 너무 다른 사람들. 알키

7. 다니엘 G. 에이맨(2008). 그것은 뇌다. 한문화

8. M. Justin Kim, Jin Shin et al.(2017). Intolerance of Uncertainty Predicts Increased Striatal Volume. Emotion. Vol. 17, No.6, 895-899

9. 조 디스펜자(2009). 꿈을 이룬 사람들의 뇌. 한언

10. 캔더스 B. 퍼트(2009). 감정의 분자. 시스테마

11. Raymond A. Mar(2018). Stories and the Promotion of Social Cognition. Current Directions in Psychological Science 27(4):096372141774965, June

12. 릭 핸슨, 포러스트 핸슨(2019). 12가지 행복의 법칙. 위너스북

13. Schultz W.(2015). Neuronal reward and decision signals: from theories to data. Physiological Review. 95. 853-951

14. 주희, 유청지(2005). 소학. 홍익출판사

15. 강신주(2006). 공자 & 맹자. 김영사

16. 서대원(2008). 주역강의. 을유문화사

17. Hamilton JP, Furman DJ et al.(2011). Default-mode and task-positive network activity in major depressive disorder: implications for adaptive and maladaptive rumination. Biological Psychiatry. Aug 15;70(4):327-33

18. 차드 멩 탄(2012). 너의 내면을 검색하라. 알키

19. 존 카밧진(2019). 왜 마음챙김 명상인가?. 불광출판사

21. Gregory N. Bratman, J. Paul Hamilton et al.(2015). Nature experience reduces rumination and subgenual prefrontal cortex activation. Proceedings of the National Academy of Science. July 14, 112 (28) 8567-8572

22. 김종건(2016). 노자의 인간학. 다산3.0

23. Benoit RG, Davies DJ, Anderson MC(2016). Reducing future fears by suppressing the brain mechanisms underlying episodic simulation. Proceedings of the National Academy of Science. Dec 27;113(52):E8492-E8501

6장 게으름이 습관이 되지 않으려면

1. 문요한(2007). 굿바이, 게으름. 더난출판사

2. 티모시 파이카일(2014). START, 시작하라!. 중앙북스

3. Matthieu P.Boisgontierhi, Boris Cheval et al.(2018). Avoiding sedentary behaviors requires more cortical resources than avoiding physical activity: An

EEG study. Neuropsychologia, Volume 119, October, Pages 68-80

4. 최명기(2017). 게으름도 습관이다. 알키

5. 하기와라 잇페이(2016). 성공비즈니스, 이제는 뇌과학이다. 올댓북스

6. 멜 로빈스(2017). 5초의 법칙. 한빛비즈

7. 정성훈(2011). 사람을 움직이는 100가지 심리법칙. 케이앤제이

8. 매슈 워커(2019). 우리는 왜 잠을 자야 할까. 열린책들

9. 맥스웰 몰츠(2019). 맥스웰 몰츠 성공의 법칙. 비즈니스북스

10. 매튜 D. 리버먼(2015). 사회적 뇌. 시공사

11. 장동선(2017). 뇌 속에 또 다른 뇌가 있다. 아르테

12. Nick Yee & Jeremy Bailenson(2007). The Proteus Effect: The Effect of Transformed Self-Representation on Behavior. Human Communication Research 33 pp 271-290. International Communication Association

13. 딘 버넷(2018). 뇌 이야기. 미래의창

14. 앨릭스 코브(2018). 우울할 땐 뇌과학. 심심

15. 루이스 코졸리노(2017). 애착교실. 해냄

16. 캐서린 러브데이(2016). 나는 뇌입니다. 행성B

17. Dean Burnett(2015). The Power of Deadlines. The Guardian, Apr. 20

18. 팀 어번. 할 일을 미루는 사람들의 심리. Youtube 강연. https://www.youtube.com/watch?v=CfzCYc0uCMI

19. Roger Buehler, Dale Griffin, Johanna Peetz(2010). The Planning Fallacy: Cognitive, Motivational, and Social Origins. Advanced in Experimental Social Psychology. Volume 43, Pages 1-62

20. 다니엘 G. 에이멘(2008). 그것은 뇌다. 한문화

21. Ryan, R.M.(1995). Psychological needs and the facilitation of integrative processes. Journal of Personality. Sep.: 63(3), 397-427

22. Ryan, R.M., Deci, E.L.(2000). Self-determination theory and the facilitation of intrinsic motivation, social development, and well-being. American

Psychologist. Jan.: 55(1), 68-78

23. 데이비드 록(2010). 일하는 뇌. 랜덤하우스코리아

7장 자기 삶의 주인이 되어야만 하는 이유

1. 이영직(2018). 행동 뒤에 숨은 심리학. 스마트비즈니스

2. 이케가야 유지(2013). 뇌는 왜 내 편이 아닌가. 위즈덤하우스

3. Karen L. Bales, Nicole Maninger et al.(2017). Imaging, Behavior and Endocrine
   Analysis of "Jealousy" in a Monogamous Primate. Frontiers in Ecology and
   Evolution. Oct: 5: 119

4. 애덤 알터(2019). 멈추지 못하는 사람들. 부키

5. Uehlinger M.(2006). Greed devours the brain. FIGU-Bulletin Nr. 62. www.figu.
   org

6. (Max Otte(2006). Der Crash kommt: Die neue Weltwirtschaftskrise und wie Sie
   sich darauf vorbereiten. Gebundenes Buch의 일부 내용을 발췌)

7. Stein DJ, Hollander E, Josephson SC(1994). Serotonin reuptake blockers
   for the treatment of obsessional jealousy. The Journal of Clinical Psychiatry.
   Jan:55(1):30-3

8. 키에르케고르(2014). 키에르케고르 선집. 집문당

9. 존 카치오포, 윌리엄 패트릭(2013). 인간은 왜 외로움을 느끼는가. 민음사

10. 그레고리 번스(2006). 만족. 북섬

11. 다치바나 아키라(2018). 행복의 자본론. 시목

12. 마이클 마멋(2006). 사회적 지위가 건강과 수명을 결정한다. 에코리브르

13. Diener, Ed and Seligman, Martin(2004). Beyond Money: Toward an Economy
    of Well-Being. American Psychological Society, Vol. 5, No. 1

14. 조셉 슈랜드, 리 M. 디바인(2013). 디퓨징. 더퀘스트

15. 알프레드 아들러(2015). 아들러 심리학 입문. 스타북스

16. 마틴 셀리그만(2011). 마틴 셀리그만의 플로리시. 물푸레

17. Glenn Fox(2019). What Science Reveals About Gratitude's Impact on the Brain. Mindful: healthy mind, healthy life. June 10

18. Sunghyon Kyeong, Joohan Kim et al.(2017). Effects of gratitude meditation on neural network functional connectivity and brain-heart coupling. Science Report; 7: 5058.

19. Prathik Kini, Sydney McInnis et al.(2015). The effects of gratitude expression on neural activity. NeuroImage 128 · December

20. Glenn Fox, Jonas Kaplan, Antonio Damasio, Hanna Damasio(2015). Neural correlates of gratitude. Frontiers in Psychology. 6:1491

21. Roland Zahn, Jorge Moll, et al.(2009). The Neural Basis of Human Social Values: Evidence from Functional MRI. Cerebral Cortex. Feb;19(2):276-283

22. Amie M. Gordon, Christopher Oveis, et al.(2012). To Have and to Hold: Gratitude Promotes Relationship Maintenance in Intimate Bonds. Journal of Personality and Social Psychology. Vol. 103, No.2, 257-274

23. 로버트 홀든(2010). 행복을 내일로 미루는 바보. 지식노마드

24. 장자(2019). 장자. 글항아리

8장 해야 할 일의 우선순위를 명확히 하다
1. 엘코논 골드버그(2008). 내 안의 CEO, 전두엽. 시그마프레스

나가는 글
1. 양산췬, 정자룽(2008). 중국을 말한다 1. 신원문화사

당신의 뇌는
서두르는 법이 없다

초판 1쇄 발행 2020년 2월 20일
초판 3쇄 발행 2020년 3월 5일

지은이 양은우
펴낸이 권미경
편 집 김효단
마케팅 심지훈, 강소연
디자인 김종민
펴낸곳 (주)웨일북
등록 2015년 10월 12일 제2015-000316호
주소 서울시 마포구 월드컵로32길 22, 비에스빌딩 5층
전화 02-322-7187 **팩스** 02-337-8187
메일 sea@whalebook.co.kr **페이스북** facebook.com/whalebooks

ⓒ 양은우, 2020
ISBN 979-11-90313-22-3 03190

소중한 원고를 보내주세요.
좋은 저자에서 좋은 책이 나온다는 믿음으로, 항상 진심을 다해 구하겠습니다.

이 도서의 국립중앙도서관 출판예정도서목록(CIP)은
서지정보유통지원시스템 홈페이지(http://seoji.nl.go.kr)와
국가자료공동목록시스템(http://www.nl.go.kr/kolisnet)에서 이용하실 수 있습니다.
(CIP제어번호: CIP2020004564)